上海大学海派文化研究中心
特别推荐

"310与沪有约"
海派文化传习活动专用词典

音序索引

a 啊	3	j 拑	76	s 酾	136
b 摆	6	k 揩	83	t 拖	153
c 扯	19	l 拉	90	v 勿	160
d 带	27	m 姆	103	w 挖	161
e 哎	47	n 唔	111	x 齐	167
f 发	48	o 喔	122	y 呀	176
g 介	54	p 派	124	z 喳	188
h 蟹	66	q 扦	128		

说明：左边字母是音序，中间文字是上海话例字，右边数字是词典正文的页码。

上海话小词典

(第2版)

钱乃荣 著

上海大学出版社
·上海·

图书在版编目(CIP)数据

上海话小词典/钱乃荣著. —2版. —上海:上海大学出版社,2018.12
ISBN 978 – 7 – 5671 – 3371 – 6

Ⅰ.①上… Ⅱ.①钱… Ⅲ.①吴语—方言词典—上海 Ⅳ.①H173 – 61

中国版本图书馆 CIP 数据核字(2018)第 276996 号

责任编辑 黄晓彦
美术编辑 缪炎栩
技术编辑 金 鑫

书 名	上海话小词典	
作 者	钱乃荣	
出版发行	上海大学出版社	
社 址	上海市上大路99号(邮政编码:200444)	
网 址	http://www.shupress.cn	
发行热线	021 – 66135112	
出 版 人	戴骏豪	
印 刷	江苏句容市排印厂	
经 销	各地新华书店	
开 本	787mm×1092mm 1/32	
印 张	8	
字 数	270 千字	
版 次	2018 年 12 月第 2 版	
印 次	2018 年 12 月第 2 次	
书 号	ISBN 978 – 7 – 5671 – 3371 – 6/H·360	
定 价	28.00 元	

再版说明

由著名语言学家钱乃荣教授编撰、上海大学出版社出版的《上海话小词典》一书,或因其收录词目接地气且首创按上海方言音序编排,凸显实用便民性,自出版伊始就受到广大读者欢迎。

有些读者反映希望配有朗读发音,如此学习语言更能得心应手,事半功倍。恰逢首版告罄将重印,我们请钱乃荣教授再一次审读,做了进一步修订;同时由钱乃荣教授自己为词目及例句配上朗读音频,方便读者学习上海话。

本次修订工作难免还有不足之处,恳请读者提出宝贵意见,使这部小词典不断打磨,臻于完善。

上海大学出版社

2018 年 11 月 19 日

上海话小词典

目录

凡例……………………………………… 1
本词典音序使用方法……………………… 3
上海话发音详解…………………………… 5
上海话最基础词语………………………… 11
音节表……………………………………… 15

词典正文 ……………………………… 1 – 194

附录　词目义类索引 ………………… 195 – 230

凡 例

这是一本普及版的上海话小词典,共收词语约5000条,浓缩汇总了上海方言日常生活中最为实用的词语,包括常用的上海话俗语、外来语、新流行语,遍及当今生活的各个基本方面。正文编排体例如下:

1. 正文所收词目按上海方言音系序列编排。词目使用考实的本字,这些字的绝大多数在20世纪80年代初经复旦大学"吴方言研究室"组织考证过。若本字外尚有使用较广的俗字,则在符号"◇"后说明。

有的词目中的难字或不存在于普通话的汉字,引用权威辞书《广韵》《集韵》《玉篇》等,说明该字的古音和古义,与上海话今读音释义严格对应。

词目中原有少数有音无字者,按第一、第二届上海方言国际学术研讨会上方言专家集体讨论所审定的汉字记写。词目的有些说明文字,也置于符号"◇"的后面。

2. 对每个词目,先列出上海话拼音。词目的注音,采用2006年"第一届上海方言国际学术研讨会"上通过的"上海话拼音方案(老派)"。除标注上海话的声母、韵母和单音节词声调外,在拼式中还隐含双音节、多音节词的实际连读变调。

词目中有两种读法者,若读音不同而释义相同,则不同读音之间用表示或者的符号"/"隔开;若读音不同、释义也不相同,则分行注音释义;若词目中要分两个或两个以上的语音单位(即"语音词")来连读,则用空格标出两个语音词之间的小停顿。

3. 词语的拼音后,是该词目的汉字写法。凡加括号"( )"的字,即可读可不读的字,前面分别进行注音。有的首字不同,在音序排列的不同场合出现。

4. 词目标注词性。分别用〈名〉、〈动〉、〈形〉、〈数〉、〈量〉、〈代〉、〈副〉、〈介〉、〈连〉、〈助〉、〈叹〉、〈拟〉来表示名词、动词、形容词、数词、量词、代词、副词、介词、连词、助词、叹词、拟声词。与普通话形义相同的词目只标注词性,不作释义。

5. 在词性之后,用[旧]表示在上海话历史上使用过的、如今很少见闻的词语；用[俚]表示俚语；用[詈]表示骂人的话。

  6. 同一词目下的不同词性之下的不同义项，用"①、②……"分别列出。释义后用"："引出例句，两个以上的例句之间用"｜"隔开。例句采用当今通行的上海话口语实例。

  7. 所收词目的释义，以上海话日常交际中的常见意义和用法为依据分立义项，某些出现于普通话中的用法和意义原则上不予收录。

  为了便于理解上海话的例句，免得在手册例句中随处解释，在正文最前面列有"最基础词语"一栏，其中列有上海话中最常使用的词语音、文字和释义。

  为方便检索，正文后有按词义分类的"词目义类索引"。

本词典音序使用方法

　　下面是按照字母表次序排列的上海话拼音声母、韵母表,其中带底纹的字母是韵母,其他字母是声母,声母中第二字母为 h 的,是浊音声母。各个声母和韵母后面的汉字都代表读此音的声母或韵母的发音。

a 啊	g 改高港隔	p 派泡胖拍
ak 鸭	gh 茄搞戆轧	q 起秋青曲
an 樱	h 蟹好亨黑	s 啥少生煞
ang 肮	hh 鞋号行盒	sh 站嘲重石
ao 拗	j 鸡焦酱脚	t 拖偷痛揭
b 摆报绷笔	jh 健乔强极	v 勿
bh 牌跑碰别	k 揩敲空掐	w 喂横温挖
c 采吵畅拆	l 里老冷辣	wh 无换黄划
d 带到打搭	m 买满猛麦	x 稀小新歇
dh 汏淘荡特	n 糯扭嫩热	xh 前邪详席
e 埃	ng 我外硬额	y 依妖央一
ek 厄	o 哑	yu 椅
en 恩	oe 暗	yh 盐摇洋药
er 耳	ok 恶	yhu 雨圆云月
f 付泛方发	ong 嗡	y 字
fha 维万房服	ou 欧	z 子做终扎

　　注:y、yh、yu、yhu 原为零声母字的标音法,这里作声母处理。

上海话发音详解

一、上海话的声母

上海话的声母一共有 26 个。

1. 上海话中,以下 17 个声母与普通话相同,上海话拼音标注与汉语拼音相同。

b(剥)　p(朴)　m(摸)　f(福)　d(答)　t(塔)　n(纳)　l(蜡)
g(鸽)　k(渴)　h(喝)　j(鸡)　q(妻)　x(希)
z(资)　c(雌)　s(思)

2. 以下 5 个声母,普通话没有,但是与英语的读音相同,就是通常称做"浊辅音"的声母。

bh[b](薄)　　dh[d](达)　　gh[g](轧)
sh[z](词)　　fh[v](服)

("[　]"内为国际音标注音)

这些声母,本拼音方案一律用"h"加在同部位发音的"清辅音"的后面表示浊音。这些声母相对应的清辅音依次是 b、d、g、s、f。

3. 还有 3 个声母,也是浊辅音声母,也在相对应的"清辅音"后面加个"h"。

jh[dz](旗)　　xh[z](齐)　　hh[ɦ](盒)

它们相对应的清辅音声母是 j、x、h。

4. 还有 1 个声母,是后鼻音,上海话中能做声母。

ng[ŋ](额)

5. 鼻音声母 m、n、ng 和边音声母 l 标音不分清浊。

二、上海话的韵母

上海话的基础韵母(即发音各不相同的韵)一共有 22 个。

1. 以下 9 个韵母与普通话读音相同:

i(衣)　　　　u(乌)　　　　yu(迂)

a(啊)　　　　　　o(哦)　　　　　　y(字)
en(恩)　　　　　　ong(翁)　　　　　er(而)

在这些音中,"yu(迂)"和"y(字)"两个音用的字母与普通话拼音不同,因为用"yu"是为了避免电脑上难以打出的"ü",用"y"而不用"i"作为"字"的韵母,是因为仍需要用 i 照顾到记写沪剧语音中"分尖团"的老上海话音(如"死 si"和"喜 xi"有别,"死 si"与"四 sy"也有别)。

2. 下面一个韵,与普通话"ye(耶)、yue(约)"中的"e"读音相同。

e[ɛ](埃)

3. 以下两个韵母与普通话的读音稍有不同,上海话读成口腔不动的单元音,但本方案中字母写法与普通话相同。

ao[ɔ](澳)　　　ou[ɤ](欧)

4. 上海话有两个鼻化音的韵:

an[ã](张)　　　ang[ɑ̃](章)

发音的方法是:鼻音与元音"[a]"、"[ɑ]"同时发出,因此与普通话的鼻音稍后发出的 an、ang,有点差别。

5. 上海话的4个入声韵读音如下:

ak[ʌʔ](鸭)　　ek[əʔ](扼)　　ok[oʔ](喔)　　ik[ɪʔ](益)

ak:读"阿"的短促音,如上海话"阿哥、阿弟"的"阿"。

ek:读如英语不定冠词"a"的发音。

ok:读"哑"的短促音,读如英语"book"中"oo"的发音。

ik:读如"已"的短促音,读如英语"is""it"中"i"的发音。

其中,"k"在韵母里是入声的标志,表示喉部的急促收尾音。

6. 上海话中有三个辅音能作韵母用,后面没有元音。

m(姆)　　　　　n(唔)　　　　　ng(鱼)

7. 上海话中还有一个韵为普通话、英语所无,但在德语、法语中有。

oe[ø](安)

它的发音,如发普通话"ü"的圆嘴唇口形,但把口张大点儿,就读出了"oe"音。

三、上海话中"i、u、yu"开头的零声母字的标音法

与普通话一样,标为"y、w、yu"。

如:yi 衣　　ya 呀　　yang 央　　yin 音　　yong 永　　yik 一　　wu 乌

we 喂　woe 碗　wang 汪　wak 挖　yu 淤　　yuoe 怨　yuik 郁

上海话中"i、u、yu"开头的字,有部分读浊音的零声母,拼写时就在第二字母的位置加上"h",用以区别读清音的零声母字。试比较:

意 yi,移 yhi;要 yao,摇 yhao;

污 wu,舞 whu;往 wang,黄 whang;

迂 yu,雨 yhu;怨 yuoe,圆 yhuoe。

其他浊音的零声母字,都用"hh"表示声母,试比较:

澳 ao,号 hhao;

呕 ou,后 hhou;

矮 a,鞋 hha;

爱 e,害 hhe;

暗 oe,汗 hhoe。

四、其他拼写法

1. yu 和 yu 开头的韵母,在与声母相拼时,除了与声母"n""l"外,都可省去"y",只写作"u"。如:贵 ju,券 quoe,许 xu,倦 jhuoe。但"女 nyu、旅 lyu"不能省。

2. "iou、uen"两个韵母,与声母相拼时,写作"iu、un",即与普通话拼音处理相同。如:救 jiu,昏 hun。

五、上海话的声调

上海话有 5 个声调,用 1 到 5 的五度来表示声调的高低,1 度最低,5 度最高。

1. 第一声阴平,读 52(低),读如普通话的第四声去声。

2. 第二声阴去,读 34(底)。

3. 第三声阳去,读 23(地)。

第二声和第三声调形相同,一个配清辅音开头的音节,所以高一点;一个配浊辅音开头的音节,所以低一点。

4. 第四声阴入,读 5(跌)。

5. 第五声阳入,读 12(蝶)。

上海话在说话中实际发音是有"连读变调"的。两字连读的连读调大致就是前字声调的向后字延伸。三字组以上的连读调,阴平字和阳入字领头的,也是第一字调的向后两字的延伸。其余三个声调都用先低后高再加上一个最低的低降调"21"构成。

所以,上海话在实际连读中,其实从两字组到五字组的词除了首字外,后面的字都失去了本字声调的原调,成为几组简单的连读调。

下面是连读调调型总表(A、B表示两式或用):

单字调	两字连读调	三字连读调	四字连读调	五字连读调
阴平 52	55 + 21	55 + 33 + 21	55 + 33 + 33 + 21	55 + 33 + 33 + 33 + 21
阴去 34	33 + 44	33 + 55 + 21	33 + 55 + 33 + 21	33 + 55 + 33 + 33 + 21
阳去 23	22 + 44	22 + 55 + 21	22 + 55 + 33 + 21	22 + 55 + 33 + 33 + 21
阴入 5	3 + 44	3 + 55 + 21	3 + 55 + 33 + 21	3 + 55 + 33 + 33 + 21
阳入 <u>12</u>	1 + 23	1 + 22 + 23	A. 1 + 22 + 22 + 23 B. 2 + 55 + 33 + 21	2 + 55 + 33 + 33 + 21

我们把表示连读调的两个数字用"下标"方式标在音节字母后,举例说明如下:

天 ti_{52},天堂 $ti_{55}\,dhang_{21}$,天落水 $ti_{55}\,lok_{33}\,sy_{21}$,天下世界 $ti_{55}\,hho_{33}\,sy_{33}\,ga_{21}$;

快 kua_{34},快手 $kua_{33}\,sou_{44}$,快手脚 $kua_{33}\,sou_{55}\,jiak_{21}$,快手快脚 $kua_{33}\,sou_{55}\,kua_{33}\,jiak_{21}$;

后 $hhou_{23}$,后头 $hhou_{22}\,dhou_{44}$ 后天井 $hhou_{22}\,ti_{55}\,jin_{21}$,后门口头 $hhou_{22}\,men_{55}\,kou_{33}\,dhou_{21}$;

一 yik_5,一级 $yik_3\,jik_4$,一末生 $yik_3\,mek_5\,san_{21}$,一天世界 $yik_3\,ti_{55}\,sy_{33}\,ga_{21}$,一本三正经 $yik_3\,ben_{55}\,se_{33}\,zen_{33}\,jin_{21}$;

热 nik_{12},热煞 $nik_1\,sak_3$,热天色 $nik_1\,ti_{22}\,sak_{23}$,热汤热水 $nik_1\,tang_{22}\,nik_2\,sy_{23}$/$nik_2\,tang_{55}\,nik_{33}\,sy_{21}$,热侬大头昏 $nik_2\,nong_{55}\,dhu_{33}\,dhou_{33}\,hun_{21}$。

由于"上海话拼音方案"在设计上的巧妙,可以不用数字标示声调,依靠声母和韵母的字母来暗示单字声调和连读调。

从上面的表可以看到,上海话中只有阴平单字调和阴平开头的连读调是直往下降的调型,本书在阴平声调开头的词条开头用" ' "符号标示出来。

其他声调大致都是由下往上升的。在一个字的拼音里,凡是声母第二字母是 h 的,和声母是 m、n、ng、l 的(第 1 条件),都为阳声调;韵尾有 k 的(第 2 条件),都为入声调。这样就在拼式上可以区分了阴去、阳去、阴入、阳入四个声调(阴去两个条件均无;阳去条件 1 有,2 无;阴入条件 1 无,2 有;阳入两个条件均有)。阴平声调单字调(和阴去一样两个条件均无)和阴平开头的连读调,就在开头的地方加一个符号"'",如"天下世界 'tihhosyga",用以标示与阴去声调的区别。

这样我们完全可以在这本词典中不标上数字,就能读出所有词条的声调和连读调了。

有的词条在注音中有一个空档,因为这个词条在发音中有个小停顿,即是用前后两个单字调或连读调分开来读的。比如,"荡马路"这个词条有两种发音:dhangmolu(22 + 55 + 21)和 dhangmolu(23 22 + 44)。前者三字连读,后者第一字和后两字分读,中间有很小的停顿,它们的声调有很大差异。但大多数词语只有一种读法。

上海话中有一个与连调规律例外的情况:否定词"勿(阳入字)"开头的三字组词语,不读阳入开头的"1 + 22 + 23"连读调式,而一定读成阴入开头的"3 + 55 + 21"调式,还有很少数的四字组"勿"字开头的词语只能读 A 式。这时,我们将字母 v 替换了 fh,如"勿开心"的拼式写为"vakkexin",用于反映这个三字组不读通常的"1 + 22 + 23"调式,而读"3 + 55 + 21"调式。

六、新派语音和老派语音的差异

方言是活的、变化着的语言,都会有内部差异。上海话的主要差异是:60岁以上的上海人说的多是老派语音,60岁以下的上海人说的多是新派语音或向新派过渡中的语音。本书采用老派音系注音。

新派语音是简化了的老派语音,老派与新派相比,主要有以下几个差别。

1. 老派鼻化音韵有 an、ang 两个韵,在新派中并成一个音。如:

"打(dan)≠党(dang)","张('zan)≠章('zang)","绷('ban)≠帮('bang)";新派合并为"ang"。

2. 老派入声韵中有 ak、ek 两个韵,在新派中并成一个音。如:

"杀(sak)≠色(sek)","辣(lak)≠勒(lek)","搭(dak)"≠"得(dek)";新派合并为"ak"。

3. 老派韵母能区分 oe、uoe 两个韵母,而新派合并成一个音。如:

"暗(oe)≠碗(woe)","赶(goe)≠管(guoe)","汉(hoe)≠焕(huoe)";新派合并为"oe"。

4. 老派韵母能区分 yu、yuoe 两个韵母,而新派合并成一个音。如:

"喂(yu)≠怨(yuoe)","雨(yhu)≠圆(yhuoe)","具(jhu)≠权(jhuoe)";新派合并为"yu"。

5. 老派韵母能区分 iak、ik 两个韵母,而新派合并成一个音。如:"结(jik)≠脚(jiak)","叶(yhik)≠药(yhak)";新派合并成"ik"。

由于语音的合并有一个漫长的过程,有的中年人在上面几项中,有些字音合并了,有些字音正在合并中或没有合并,所以上述情况大家都应该了解一下。好在第1、2项的字比较多,后三项都只有少量字,所以了解老派、新派的差异以后只要把上述的老派声母和韵母合并起来读就成了新派上海话语音。

上海话词语注音举例(括号内为普通话意思):

shanghe 上海　shanghe hhehho 上海言话(上海话)　whangpugang 黄浦江

'suzouwhu 苏州河　shyti 事体(事情)　mekshy 物事(东西)

bhekxian 白相(玩)　dan bhan 打朋(开玩笑)

ghak bhanyhou 轧朋友(交朋友)　cek yhanxian 出洋相(闹笑话,出丑)

'linfhekqin 拎勿清(不能领会)　dhaojianwhu 淘浆糊(混)

ao shaoyhin 拗造型(有意塑造姿态形象)　ghe 隑(靠)　kang 囥(藏)

yin 瀴(凉、冷)　dia 嗲　whakji 滑稽　sekyi 适意(舒服)

diklikgun yhuoe 的粒滚圆(非常圆)　sylindakdi 水淋沰渧(湿淋淋)

laoselaosy 老三老四(卖老)

上海话最基础词语

1. 数词

一 yik
二 ni/lian
三 'se
四 sy
五 ng
六 lok
七 qik
八 bak
九 jiu
十 shek
廿 nie
零 lin
半 boe
两 lian

2. 人称词

我 ngu 我。
阿拉 aklak 我们。
侬 nong 你。
㑚 na 你们。
伊 yhi 他、她、它。
伊拉 yhila 他们、她们。

3. 指别词

(1) 指别人、物

箇个 ghekghek/ghekhhek/迭个 dhikghek/dhikhhek 这个。

埃个 'eghek/'ehhek/伊个 'yighek/'yihhek 那个,另一个。

箇眼 ghekuge 这点。

埃眼 'enge/埃面一眼 'emiyiknge 那点。

(2) 指别地点

箇搭 ghekdek/迭搭 dhikdak ①这儿。②又用作"定指",指手指点处或说话双方预知的地方。

埃面 'emi/伊面 'yimi 那儿。

箇面 ghekmi 定指的远处。

(3) 指别时间

箇抢 ghekqiang 这段时间,或定指那阵子。

箇个辰光 ghekghek shenguang 这时候,或定指那时候。

箇歇 ghekxik 这会儿,或定指那时。

(4) 指别方式程度

箇能(介)gheknen/gheknenga 这么。

箇能样子 gheknenyhanzy 这样子,这么。

介 'ga 这么,只用在形容词前表示方式:箇件衣裳～难看!

4. 疑问词

(1) 问人

啥人 sanin 谁。

(2) 问东西

啥 sa/啥个 saghek 什么。

(3) 问时间

几时 jishy/啥辰光 sashenguang 什么时候。

(4) 问地点

阿里 hhali/阿里搭 hhalidak 哪里:侬从～来个?

(5) 问数量

几 ji/几化 jiho/多少 'dusao 几,多少。

(6) 问原因
为啥 whesa/哪能 nanen 为什么,怎么。
(7) 问选择
阿里个 hhalighek 哪个。
(8) 问方式程度
哪能 nanen 怎么。

5. 最常见词

物事 mekshy 东西。
事体 shyti 事情。
言话 hhehho 话(俗写作"闲话")。
自家 shyga 自己。
一家头 yikgadhou 一个人。
一眼眼 yikngenge 一点儿。
白相 bhekxian 玩。
摆 ba 放。
拨 bek ①给。②被。
勿 fhek 不。
呒没 mmek 没有。
老……个 lao…ghek 很。
邪气 xhiaqi 非常。
顶 din 最。
交关 'jiaogue ①很多。②很。
侪 she 都,全。
辣辣 laklak ①在。②在那儿。
辣海 lakhe 在那儿。
葛咾 geklao 所以。
……浪 lang ……上。
外头 ngadhou 外面。
里向 lixian 里面。
一趟 yiktang 一次。
脱 tek 掉。

脱 tek/脱仔 tekzy/得 dek/得仔 dekzy/告 'gao 和,与。
乃末 nemek①这下。②于是。③现在。
个 ghek/hhek①的。②地。
咾 lao①表示连接。②表示因果。
咾啥 laosa 等(表示列举未尽或列举后煞尾)。
哦 fha①吗。②吧。
唻 le 啦。
喔唷 okyo 表示感叹。
喏 'nao 表示给予。

音 节 表

(音节右边的页码指词典正文的页码)

A

a 啊	3
ak 鸭	3
an 樱	4
ang 肮	4
ao 噢	4

B

ba 摆	6
bak 八	6
ban 绷	7
bang 帮	7
bao 爆	8
be 扳	8
bek 拨	9
ben 奔	9
bha 罢	9
bhak 白	10
bhan 碰	10
bhang 旁	11
bhao 跑	11
bhe 办	12
bhek 荸	12
bhen 盆	12
bhi 皮	12
bhiao 嫖	13
bhik 别	13
bhin 平	14
bho 爬	14
bhoe 蟠	14
bhok 薄	14
bhong 篷	15
bhu 婆	15
bi 煸	15
biao 表	16
bik 瘪	16
bin 冰	16
bo 疤	17
boe 搬	17

C

ca 扯	19
cak 拆	19
can 畅	20
cang 窗	20
cao 抄	20
ce 搀	21
cek 出	22
cen 秤	23
co 叉	23
coe 穿	24
cok 戳	24
cong 葱	24
cou 臭	25
cu 粗	25
cy 吹	25

D

da 带	27
dak 搭	27
dan 打	28
dang 当	30
dao 刀	30
de 单	31
dek 得	31
den 蹲	31
dha 汰	32
dhak 踏	33
dhang 荡	33
dhao 淘	34
dhe 淡	35
dhek 凸	36
dhen 钝	36
dhi 电	36
dhiao 调	37
dhik 迭	38
dhin 停	38
dhoe 抟	38
dhok 毒	38
dhong 桐	39
dhou 头	39
dhu 大	40
di 低	41
dia 嗲	42
diao 刁	42
dik 跌	43
din 钉	43
doe 短	44
dok 笃	44
dong 东	45
dou 兜	45
du 多	46

E

e 哎	47
ek 盦	47
er 耳	47

F

fak 发	48
fang 方	49
fe 泛	50
fen 分	50

fha 哦	50	ghen 艮	61	hha 啊	69	jhiong 穷	77
fhang 房	50	ghok 搁	61	hhak 狭	69	jhiu 球	77
fhe 万	50	ghong 共	61	hhan 杏	69	jhu 俱	77
fhek 勿	51	ghou 趄	61	hhang 绗	69	jhik 倔	77
fen 文	52	ghuang 逛	62	hhao 号	69	jhuoe 倦	77
fhi 微	52	ghue 掼	62	hhe 咸	70	jhun 裙	78
fhok 服	52	go 挂	62	hhek 合	70	ji 鸡	78
fhong 凤	52	goe 干	62	hho 下	70	jia 姐	79
fhou 浮	52	gok 漖	62	hhok 镬	71	jiak 脚	79
fhu 扶	52	gong 工	62	hhoe 寒	71	jian 浆	79
fi 飞	52	gou 勾	63	hhong 红	71	jiao 焦	80
fok 福	53	gu 歌	63	hhou 厚	71	jik 苎	80
fong 风	53	gua 乖	64	ho 花	72	jin 精	81
fu 付	53	guak 刮	64	hoe 煤	73	jiu 九	82
		guan 光	64	hok 攉	73	ju 贵	82
G		guang 广	64	hong 烘	73	juik 厥	82
ga 介	54	gue 桂	65	hou 响	74	juoe 卷	82
gak 唊	54	guek 骨	65	hu 呼	74		
gan 梗	55	gun 滚	65	hua 歪	74	**K**	
gang 扛	55	guoe 罐	65	huak 豁	74	ka 揩	83
gao 高	56			huang 晃	75	kak 掐	83
ge 贱	56	**H**		hue 甩	75	kang 囥	83
gen 跟	57	ha 蟹	66	hun 昏	75	kao 敲	84
gek 伲	57	hak 瞎	66	huoe 欢	75	ke 开	84
ghao 搞	58	han 亨	66			kek 刻	86
gha 茄	58	hao 好	66	**J**		ken 揞	86
ghak 轧	58	han 夯	67	jhi 拑	76	ko 跨	86
ghan 梗	59	hang 吭	67	jhia 茄	76	koe 看	86
ghang 懑	59	he 喊	67	jhian 强	76	kok 酷	86
ghao 搞	59	hek 黑	68	jhiao 挢	76	kong 空	87
ghe 隁	60	hen 哼	68	jhik 极	77	kou 扣	87
ghek 个	60	hao 好	68	jhin 近	77	ku 苦	88

kua 快	88	mak 麦	104	nian 娘	117	po 怕	126
kue 块	88	man 猛	104	niao 绕	117	pok 朴	126
kuoe 宽	89	mang 望	104	nik 热	117	pu 潽	127
kuek 阔	89	mao 毛	104	nin 人	118		
kun 睏	89	me 蛮	105	niok 肉	118	**Q**	
		men 门	106	niong 浓	119	qi 扦	128
L		mek 没	106	niu 牛	119	qia 筥	129
la 拉	90	mi 面	107	noe 男	120	qiak 雀	129
lak 辣	91	miao 瞄	108	nong 侬	120	qian 抢	129
lan 冷	92	min 腽	108	nu 糯	120	qiao 跷	130
lang 浪	92	mo 麻	108	nyu 女	120	qik 七	131
lao 老	93	moe 满	109	nyoe 软	121	qin 轻	134
le 来	96	mok 木	109			qiu 秋	134
lek 了	97			**O**		qu 械	134
len 轮	97	**N**		o 喔	122	quoe 劝	134
li 练	97	n 唔	111	oe 暗	122	qiuk 曲	135
lian 两	98	na 佴	111	ok 恶	122		
liao 撩	98	nak 捺	111	ong 嗡	123	**S**	
lik 立	98	nao 喏	111	ou 伛	123	sa 酾	136
lin 拎	99	ne 乃	112			sak 煞	136
liu 熘	100	nen 嫩	113	**P**		san 生	137
lou 劙	100	ng 五	113	pa 派	124	sang 霜	138
lu 撸	100	nga 孲	113	pak 掰	124	sao 烧	138
loe 乱	100	ngak 蘁	114	pan 㚻	124	se 三	139
lok 六	101	ngan 硬	114	pang 胖	125	sen 深	139
long 弄	101	ngao 嗷	115	pao 泡	125	sek 涩	140
lou 漏	101	nge 癌	115	pe 伾	125	sen 椁	140
lu 锣	102	ngou 藕	115	pen 喷	125	sha 惹	140
		ngu 我	116	pi 剕	125	shak 闸	141
M		ni 研	116	piao 漂	126	shan 长	142
m 姆	103	nie 廿	117	pik 撇	126	shang 上	142
ma 买	103	niak 捏	117	pin 拼	126	shao 嘲	144

she 绽	144	toe 蜕	158	xhian 详	167	yhou 有	180
shek 十	145	tok 托	158	xhik 捷	168	yhu 雨	182
shen 盛	145	tong 痛	158	xhin 寻	168	yhuik 月	182
shik 拾	146	tou 鼓	159	xhiu 就	168	yhun 运	183
sho 茶	146	tu 拖	159	xi 稀	168	yhuoe 圆	183
shoe 缠	147			xia 扅	170	yi 依	184
shok 凿	147	**V**		xiak 削	170	yik 一	184
shong 重	147	vek 勿	160	xian 相	170	yin 洇	186
shou 寿	147			xiao 小	171	yo 唷	187
shu 坐	148	**W**		xik 雪	173	yok 渰	187
shy 是	148	wak 挖	161	xin 新	174	you 幼	187
so 砂	149	wan 横	161	xiong 胸	175	yun 熨	187
soe 酸	149	wang 柱	161	xiu 修	175	yuoe 鸳	187
sok 缩	149	we 喂	161	xu 嘘	175		
song 松	150	wek 殟	161	xuik 嗉	175	**Z**	
sou 馊	150	wen 稳	161	xuoe 拘	175	za 喳	188
su 酥	151	wha 坏	162			zak 着	188
sy 书	151	whak 划	162	**Y**		zan 眽	189
		whan 横	162	ya 呀	176	zang 装	189
T		whang 黄	162	yan 央	176	zao 照	189
ta 拖	153	whe 喂	163	yao 妖	176	ze 孆	189
tak 搦	153	whek 囫	164	yha 爷	177	zek 折	190
tang 烫	153	when 混	164	yhak 药	177	zen 真	190
tao 讨	154	whoe 换	164	yhan 洋	177	zo 炸	191
te 摊	155	whu 糊	165	yhang 旺	178	zoe 转	191
tek 脱	155	woe 碗	166	yhao 舀	178	zok 粥	191
ten 吞	156	wu 焐	166	yhi 伊	179	zong 中	192
ti 舔	156			yhin 营	179	zou 走	193
tiao 跳	157	**X**		yhok 浴	180	zu 做	193
tik 贴	157	xhi 齐	167	yhong 用	180	zy 痣	194
tin 听	158	xhia 斜	167				

上海话小词典

A

a 啊

a 啊 〈叹〉表示敷衍答应:好~!我去个啊!

'a 挨 〈动〉①轮:一个一个~过来打针。②顺着:~腔~调唱。

a 矮 〈形〉

aden 矮凳 〈名〉矮小的板凳。

adenden 矮墩墩 〈形〉个子矮而结实。

'asypiklin 阿司匹林 ◇英语 aspirin 的音译。

'ayhi 阿姨 〈名〉①妈妈的妹妹。②托儿所保育员。③儿童称一般中青年妇女。④邻里妇女通称。⑤新称帮佣者。⑥[旧]妻的子女对妾的称呼。

azy 矮子 〈名〉矮个儿。

ak 鸭

ak 鸭 〈名〉鸭子。

akbang 鸭膀 〈名〉鸭翅膀。

akbhu 阿婆 〈名〉婆婆。

akdiala nian 阿爹拉娘 表示不满、吃惊、责怪等情绪的感叹语:侬做得像啥,真是~!|喔唷~,一锅子饭侪烧焦脱!

akfi 阿飞 〈名〉身着奇装异服、举止轻佻的青少年。

akgong 阿公 〈名〉公公。

akgu 阿哥 〈名〉哥哥。

akjia 阿姐 〈名〉姐姐。

aklak 阿拉 〈代〉我们。

akmaoakgou 阿猫阿狗 指随便什么小人物:~也能做大事体。|像瑳种便当个生活,~侪会做个。

akmoklin 阿木林 〈名〉乡愚,什么也不懂易上当的人。◇英语 a moron 的音译。用字兼及意义,从农村来的人,因迷信五行缺木,名字上常带"木""林"等字。

akpuakpu 阿潽阿潽 〈形〉气愤至极到无力的地步:瑳桩坏消息气得我爷爷~,病倒几日。

akquikxi 阿屈死 〈名〉[詈]不识事、不识货、不内行的人。又称"屈死 quikxi"。

aksao 阿嫂 〈名〉嫂子。

akshy 阿是 像问听者是不是,实际并不问。如:伊拉爷娘~,老宠伊个。

akxian 阿乡 〈名〉讥称乡下人。

akdhe 鸭蛋 〈名〉①鸭生的蛋。②喻指零分:我一点考勿出,吃只~。

akdhoulok 鸭头绿 〈形〉如鸭头上的绿色。

akzengoe 鸭肫干 〈名〉干鸭肫。

akdhexi 压台戏 〈名〉①压轴戏。②最后最大的本事。

akfakmao 压发帽 〈名〉睡时保护发型的帽子。

aksoedhi 压岁钿 〈名〉过春节时大人馈赠给小孩的钱。

'akya 啊呀 〈叹〉表示着急、惊呼：~，我个洋伞勿见脱了！

'akyaya 啊呀呀 〈叹〉①表示兴奋、惊讶：~，伊一脚踢得几化准啊！②表示着急、惊呼：~，车子开脱咪！

an 樱

'andhao/'yindhao 樱桃 〈名〉

'angulok 鹦哥绿 〈形〉如鹦鹉头上的绿色。

ang 肮

'angse 肮三 〈形〉①原是"减价、跌价"的意思。此义在上海话中引申开来，含义扩展作，跌份儿，降低身份：辩个人 ~个事体侪做个，面子也勿要个！②差劲,品质不好的,不正派的：伊辩个人真是个 ~货！辩种 ~物事我勿要个！③不上路,不像话：伊打小报告辩种事体也会做，~勿啦！④弄僵：乃末 ~了！弄得勿二勿三,勿好脱大家交代了。◇英语 on sale 义的引申。

ao 噢

'ao 噢 ①〈叹〉表示答应、知道：~，我去做,我勿会忘记脱个！②〈助〉表示叮嘱：灯管勿要忘记买 ~！

'aosannen 噢声能 一口答应：请伊帮忙,伊 ~ 。

ao 凹 〈形〉

ao 拗 〈动〉折：棒头被我一 ~ 二。

aoao 坳坳 〈名〉低下去的地方：侬立上来,勿要立辣 ~ 里向。

aocenlan 拗春冷 冬天不太冷,但接着春寒料峭,人感到特别冷。

aodhoe 拗断 〈动〉①中断交往：从此以后我脱伊 ~ 了。|一桩事体就拿十年朋友 ~ 了。②生意、工作上断绝关系：吵了一场,阿拉两个厂 ~ 了！

aofen 拗分 [俚]强行勒索钱财,骗钱：辩批瘪三, ~ 拗得厉害,总有一日要上山坐牢个。

ao sou 拗手 把手腕弯折过来。

ao soujin 拗手劲 两人对拗手腕比手劲。

'aodhekme 奥特曼 〈名〉①落伍的人,落后于潮流的人,形象姿态也傻：辩眼也勿懂,真是 ~ 。②对外地人的戏称：辩两个侪是 ~，要告伊拉讲普通话个。③形容很有正义感的青年：今朝碰着个 ~，辣要紧辰光里助了我一臂之力。◇英语 out man 的音译。

aomentong 奥闷痛 〈名〉难以言明的痛楚压在心里说不出：朋友辣关键辰光离开我,我真有点 ~ ！

aomiao 奥妙 〈形〉深奥微妙：伊拉两个人关系有点 ~ 。

aojhiao 凹拷 〈形〉曲折阻挠：辩个案件里向有交关 ~ 个情节辣海。

'aolao 懊忸 〈动〉懊悔：我 ~ 吭没去参加比赛。|我拿一只艺术花瓶敲碎了,交关 ~ 。〈形〉后悔。◇忸,《集

韵》去声号韵郎到切:"懊憹,悔也。"
'aonao 懊恼 〈形〉心里别扭,懊悔烦恼。
ao shaoyhin 拗造型 ①塑造个人,整理造型,打扮。②摆出一个架势、姿态:我就要拍照了,侬好~了。
'aosyke 奥斯开 〈动〉①体育运动或游戏中要求暂停。②重新来过,不算数。◇英语 ask(for time out)的音译及引申。

B

ba 摆

'ba 巴 〈形〉土气,不入时:辣介大个派对里,侬哪能穿得瓾能~!

ba 摆 〈动〉①安放:钞票~~好。|碗~辣台子浪。②显示,炫耀:~魁劲。|~噱头。

'baba 爸爸 〈名〉

ba bhusak 拜菩萨 贿赂:假使瓾趄要上瓾个博士点,阿拉一定要~。

badhukou 摆渡口 〈名〉渡口。

'bazy 巴子 〈名〉乡下人;土里土气的人,没见世面、没见识的人;落伍的人:侬瓾个人~一个,以后勿要~兮兮。

ba bhin/babhin 摆平 〈动〉①将东西放平。②协调各方,平息事端使各方都无意见:两个单位个纠葛~了。③硬使对方屈从:伊敢出声,就~伊!④躺下:吃了饭要~了。|大家扛头扛脚,拿伊~辣地浪。⑤睡觉。⑥把人杀掉:~伊。

babiaojin 摆标劲 故意显示自己的才能,显身价,又不肯帮助别人。

ba dhite 摆地摊 在地上设摊做小生意。

badhushoe 摆渡船 〈名〉渡船。

bagongga 摆弓架 装样子,摆架子:侬勿要弓架摆得好来死,纸老虎一只!勿要再辣外头~了。

bajhi 摆件 〈名〉放在房间里作装饰的物件。

baju hhehho 摆句言话 ①表个态,给个承诺:阿拉今朝只要侬~,以前个绕轧就一笔勾销。②发个指示:老李侬现在就~出来,阿拉就照侬去办。

baposy 摆POSE ①摆个架势;做出让人觉得很特别的姿势:要讲侬就快点讲,勿要拉瓾搭一歇歇~,一歇歇酷,再勿讲我要走了!②装模作样:侬勿要~了,我侪晓得了!③发傻:侬看伊~个样子,可笑勿可笑!

batangge 摆瞪盖 脚下使绊子:伊摆了一只瞪盖,我掀脱一跤。

batedhou 摆摊头 〈名〉摊贩。

ba 'tedhou 摆摊头 〈动〉设摊。

batoknong 拜托侬

bak 八

bak 八 〈数〉

bak 擘 〈动〉①分开,掰开:拿盒子盖头~开来。|嘴巴随便哪能~伊勿开。②自行分开:蚌壳~开来了。③叉开:两脚~开。◇《广韵》入声麦韵博厄切:"擘,分擘。"

bakbak 伯伯 〈名〉

bakbaofhe 八宝饭 〈名〉

bakxinzok 八仙桌 〈名〉供八人用餐的大方桌,用红木、楠木等硬木做成。

bak bhizy 擘辫子 用手编辫子。

bakdak 百搭 〈名〉①扑克、麻将牌中的牌,可与其他牌自由搭配。②喜欢与各种人搭上关系的人:小王是个~,可以脱交关人合作。

bakdekgao 百得胶 〈名〉①各种物体都能粘得住的胶水。②甩也甩不掉的人,常用于恋人:算我霉头触到西伯利亚,碰着一个~! ③事事有份的人。④交际广泛:伊是路道粗,~。

bakgejhun 百裥裙 〈名〉有许多同样大小的直褶的裙子。

bakuejin 摆魁劲 自以为是地摆架子;摆出傲慢的架势:懂仔一眼眼,要~! 又称"摆魁 bakue/ba 'kue"。

bakyhicang 百叶窗 〈名〉一种可遮光线的窗,用整排的横片制成,用绳线或木制引手可以开合控制光线。

bakyhik 百页 〈名〉一种形薄如纸的豆制品。◇也写作"百叶"。

bakyhoufhen 百有份 爱管闲事,件件事都介入:啥个事体伊侪要来插一脚,真是个~!

ban 绷

'ban 绷 〈动〉①束缚:凳子榫头松开来了,用根绳子~牢伊。②张着、支撑着:~琴。|~绒线。|物事勿要袋得忒多,当心袋袋~破脱。

'banban ngan 绷绷硬 〈形〉东西非常硬。

'ban ngan 绷硬 〈形〉组织结构很硬:小张两块肱二头肌~!

'ban shanmi 绷场面 撑场面:吮没钞票还要大办酒水,绷啥个场面!

ban 迸 〈动〉豁开,裂:冰拿水缸~坏了。|~开来一条缝。|~坼。◇《广韵》去声诤韵比净切:"迸,散也。"

bancak 迸坼 〈动〉东西开裂有缝:此地忒干,侬看墙壁侪~了。|木头~。

'banbu 泵补 〈名〉长柄、橡皮做的抽水马桶气吸通水工具。◇英语 pump 的音译。

'bango 崩瓜 〈名〉长圆形、有浅绿色网纹的薄皮易裂的西瓜。

'bantek 崩脱 〈动〉破裂:一只西瓜~。|两个人个关系~了。

bang 帮

'bang 帮 〈介〉和,跟:我昨日~芳芳打脱两只电话。介词"帮"由动词"帮"虚化而来,新派用。〈连〉和,跟:我~伊是同学。

'bangbang mang 帮帮忙 ①多关照,给点面子:朋友~,勿要拆我个台脚了! ②叫人别添麻烦,别帮倒忙,省点事吧:谢谢侬~,有啥事体自家想办法了。③对方方表示不满或异议:~,啥人相信侬个言话就要倒霉了。④算了吧:~噢,介小儿科个物事还要拿出来显宝! |~,侬去学几年再来帮我讲。

'bangqian/'bang 'qian 帮腔 〈动〉帮人说话。

bang 磅 〈量〉英制称重单位。一磅合 0.4536 千克。◇英语 pound 的音译。

bangcen 磅秤 〈名〉台秤或落地秤。◇磅,源自英语 pound。

bao 爆

bao 爆 〈动〉在滚油中微炸或用滚水稍煮:油~虾|~鸡丁。

bao caomiho 爆炒米花 把米加工成爆米花。一般是先把大米放入密闭的铁罐里,转动铁罐均匀加热,到罐内压力达 2 千克/平方厘米时,突然打开罐盖,米即成为爆米花:㑚眼炒米花弄堂外个摊头浪爆个。

baohhng 爆鱼 〈名〉油炸的鱼块。

baonin 爆人 〈名〉能干、厉害的人。我勿敢去脱伊一道做事体,伊是个~!

bao 趵 〈动〉①物体突然跃起:火烧得旺,柴~起来了。|油锅里个油溅着水~起来了。②绽:一到清明,杨柳俖~出新芽来了。◇《集韵》去声效韵巴校切:"趵,跳跃也。"

bao dhihhozok 煲电话粥 没完没了地打电话:伊夜到一~,就吪没辰光做别个事体了。

baobexingoe 宝贝心肝 〈名〉

baogaode 报告单 〈名〉正式报告成绩或情况的表格类文件。也特指学生的成绩单。

'baogu 包裹 〈名〉

baokao 报考 〈动〉

baozy 报纸 〈名〉

baolinjhiu 保龄球 〈名〉◇保龄,英语 bowling 的音译。

baomu 保姆 〈名〉女佣。

baosenga 保身价 爱惜自己的身体:㑚个人老~个,衣裳着得老多个。

be 扳

'be 扳 〈动〉①拉,牵引:㑚个小囡拿一根石条子~倒又~起。|一根牛绳~断脱了。②使物转向:我拿㑚只钉子~转来了。③挽回:败局~转来,比分~平。◇《集韵》平声删韵逋还切:"扳,引也,《春秋传》,扳隐而立之。"布还切:"扳,挽也。"

'be codhou/'becodhou 扳差头 找岔子:我就是怕伊来扳我差头,真吃勿消。

'be jikdhou(goe) 扳节头(管) 掐手指头(常用于计算):多~是一种健身方法。|阿拉家底勿宽余,要~过日脚。

'be qiaksy 扳骹丝 找岔子:事体做得蛮好,伊还要来~。|象牙筷浪~故意找岔子。

'be 掰 〈动〉将物分拆开:请侬拿㑚只盖头~开来。

be 挷 〈动〉绊:一勿当心,拨石头~脱一跤。◇《集韵》去声谏韵博幻切:"挷,绊也。"

be 板 〈动〉①被干后的硬结的薄片结住:衣裳浪浆糊~了一大块。②不灵活,死板。

bebik 板壁 〈名〉屋内用木板分割的墙壁。

bedhin 板定 〈副〉一定,总归:礼拜日,我~要到阿姐屋里去个。

bejik 板结 〈形〉物体因失去水分而收缩变硬。

be mikong 板面孔 ①翻脸:啥体~？②绷着脸:爹爹常常~教训人。

bebe lokshek sy 板板六十四 死板得很:辩个人做随便啥事体总归~,吭没半点灵活性。◇又作"版版六十四"。

besek 板刷 〈名〉洗衣用的无柄刷子。

'bezy 杯子 〈名〉

'bedhou 班头 〈名〉班次:今朝我轮着个~辰光勿好。|长途汽车廿分钟一个~。

bezan 班长 〈名〉

'bedaku 背带裤 〈名〉裤腰上装背带的裤子。

behhou(dhou) 背后(头) 〈名〉背后。

besy/be 'sy 背书

bexin 背心 〈名〉

bek 拨

bek 拨 〈动〉给:我~侬一本书。〈介〉①给:我一本书送~侬。②被:礼物~我送脱了。

bekdhou 钵头 〈名〉钵儿。陶制器具,较盆小,用来盛饭、菜、水等。

beknong yikhhak sycebik 拨侬一盒水彩笔 给你点颜色瞧瞧:侬再硬,~!

ben 奔

'ben 奔 〈动〉

'ben 畚 〈动〉用簸箕撮:所有个垃圾侪要~脱。

bencaogangmok 本草纲目 又笨又吵又戆又木。"木"指动作迟钝,"吵"又作"草":侬个人真是~!

bendhihhehho 本地言话 〈名〉本地话。◇"言",俗写作"闲"。

bendhinin 本地人 〈名〉①早已在上海定居的居民以及他们的后代,特征是能说上海话。②较长久居住本地的人,能说本地话。

bensan 本生 〈副〉本来:我~是勿叫伊来个,后来想想叫伊也勿错。

bensek 本色 〈形〉本来的颜色。一般指未漂白过的白色。

benshy 本事 〈名〉本领:侬有啥个~,侪拿出来!|做随便啥事体,侪要点~个。

bha 罢

bhafhekle 罢勿来 免不了:辩桩事体~要我去做脱。

bhadhou 牌头 〈名〉①靠山:隍~要隍得硬。②批评:伊拨上级吃~了。◇又写作"排头"。

bhae 拜哎 再见。

bhaguek 排骨 〈名〉①带肋骨的猪肉:糖醋~。◇又称"大排骨"。②瘦得看得出条条肋骨的人。

bhaguek menyu 排骨美女 〈名〉很瘦的漂亮女性:我宁可看胖女人,勿要看到~。◇又称"排骨美人"。

bhaguek nigao 排骨年糕 〈名〉一种风味小吃,用大排骨和扁条形年糕加酱油等调料做成。

bhazao 牌照 〈名〉

bhazy 牌子 〈名〉①招牌。②挂在人或物体上以示名称的硬纸片、木片或塑料等质料的片子。③信誉:大家再勿注意质量,阿拉公司个~也要敲脱了。④注册商标。

bhak 白

bhakhho 白话 〈动〉讲,讲话,谈:我今朝到侬屋里来~~。

bhakliaoliao 白醪醪 〈形〉脸色白无血色:侬看伊生仔辂趄病以后,脸色一直~。◇醪,脸色苍白的颜色。《集韵》上声筱韵朗鸟切:"醪,面白也。"

bhaklin 白领 〈名〉

bhakbaozy 白报纸 〈名〉大张白纸。

bhakbe 白板 〈名〉①麻将中的一张无花色的牌。②形容某人长得很白的脸:伊长得并勿高,倒是一个~。③喻从未经历过某事的人:伊是块~,叫伊做靠勿住。③喻生意或业务零成交,没生意的状态:今天开棚一天,吃了一只~。

bhakguekjin 白骨精 〈名〉①瘦得过分的女人:现在社会高头就是行辂种瘦得像~一样个女人。②白领、骨干、精英的合称:阿拉公司里有好几个~,高薪阶层。

bhakgu 白果 〈名〉银杏树的果实。

bhakho 白花 〈动〉生霉菌,发霉:箱子里的衣裳~脱了。

bhakkesy 白开水 〈名〉①煮开的水,内不加任何东西。②比喻淡而无味、没有任何可引起注意的内容:伊上课上勿来,完全是~。

bhakledhi 白兰地 〈名〉用葡萄、苹果等发酵蒸馏制成的名酒。◇英语 brandy 的音译。

bhakli 白鲢 〈名〉鲢鱼。

bhakshakdhe 白煠蛋 〈名〉带壳水煮的鸡蛋。◇煠,《广韵》入声洽韵七洽切:"煠,汤煠。"

bhakwhudhe 白和蛋 〈名〉带壳水煮的鸡蛋。一般指已去壳的。

bhakshan/bhak shan 拔长 〈动〉很快伸长:辂个十八岁小青年一下子人~了。

bhaktak(yhou) 白脱(油) 〈名〉黄油。◇白脱,英语 butter 的音译。

bhakti 白天 〈名〉

bhakwuju 白乌龟 〈名〉因忌讳"鹅"与"我"同音而对"鹅"的别称。

bhakzeji 白斬鸡 〈名〉白煮后切开的鸡块。◇斬,俗写作"斩"。

bhak huguoe 拔火罐 拔罐子。

bhan 碰

bhan 碰 〈动〉①两物体突然接触:

~门｜硬~硬。②遇见；试探：几年前~着过伊｜~~额角头。◇①义项，可与"闯"通用；②义项，只能用"碰"，不能换用"闯"。

bhanbhikdhou zoewe 碰鼻头转弯 ①遇阻拐弯：笔直朝前走，~就是8号。②碰钉子回头：伊就是听勿进别人个劝告，勿晓得~！

bhandekshakghek sa 碰得着个啥 倒了霉，遇到很不幸运的事时，说此话：今朝我倒一百廿四个霉，真~！

bhankokjin 碰哭精 〈名〉[詈]动辄要哭的孩子。

bhan ngagokdhou 碰额角头 碰运气：我也勿晓得抽得着奖，现在是去~！

bhanshak dhudhoujulek 碰着大头鬼了 不顺利，遇到大麻烦了：我今朝伤辣伊个手里，碰着一百个大头鬼了！

bhanshak nong soengu ludhao'cu 碰着侬算我路道粗 字面意义是碰到你算我本事大，通常用作反语，对于对方的行为无计可施时，说此话：喔唷，~！乃末有侬辣海，我只好吃煤球！

bhan 甏 〈名〉坛子。

bhanjhi 螃蜞 〈名〉螃蟹的一种，体小，生长在水边。

bhang 旁

bhangbi 旁边 〈名〉

bhangbin 棒冰 〈名〉冰棍儿。

bhangdhou 棒头 〈名〉棍子。

bhao 跑

bhao 跑 〈动〉①走：呒没事体侬勿要~到我房间里来。｜外头~一~。②奔跑：伊~得再快也追勿上第一名了。◇跑，在上海话中常指共同语中的"走"。一般不是具体地指双脚移动的走时，都可以用"跑"代"走"用，也可用"走"说。注释①中所举两例，"跑"都未指具体的双脚移动，第一句可省"跑"字，第二句可用"转"代之，而"钟停了，勿走了"只能用"走"。因是一种具体的移动。老上海话里，①义项读音为"bao"，今郊区仍保留有此音。

bhao lu 跑路 〈动〉离开：侬勿答应办辩桩事体，阿拉就~！

bhaobin 刨冰 〈名〉一种冷饮。刨制成的冰粒。

bhaoga 跑街 〈名〉旧商店雇用专在外面推销商品的人。

bhaohha 跑鞋 〈名〉低帮布面胶底鞋。

bhaojhun 抱裙 〈名〉方形的、包婴儿用的被。

bhaoqi 抱歉 〈动〉

bhao 暴 〈形〉①短暂：~腌咸菜。②突然：~冷。◇《广韵》去声号韵薄报切："暴，猝也，急也。"

bhao 爬 〈动〉用硬物刮物：~洋山芋皮。◇爬，《广韵》平声豪韵苏遭切

"搔"字注:"爬刮。"《字汇》蒲交切:"爬,爬刮。"

bhe 办

bhegaga 办家家 过家家玩儿。

bhe 䒒 〈动〉爬:小囡辣床浪向~。◇《集韵》衔韵皮咸切:"䒒,涉也。"《篇海》:"䒒,不能行也。"

bheoe 背暗 光线被遮住:侬写字辰光,勿要~。

bhesy/bhe 'sy 背书

bhesy 倍司 〈名〉音乐演奏中伴随主旋律的低音。◇英语 bass 的音译。

bhezy 痱子 〈名〉夏天皮肤上起的红色或白色的小疹,很刺痒。

bhek 荸

bhekdhao 荸萄 〈名〉葡萄。

bheklendhou 勃伦头 〈名〉皮肤上隆起的一块:头浪生了两只热疖头,两个~要出脓了。

bhekxhi/bhikxhi 荸荠 〈名〉

bhekxian 白相 〈动〉玩。

bhekxianngu 白相我 要弄我,寻我开心:答应好个事体为啥赖得无影无踪,勿要~好哦?

bhekxiannin 白相人 〈名〉游荡无业的流氓统称。

bhekxianxian 白相相 玩儿。

bhekxianxin 白相心 〈名〉玩的劲头和兴味儿:小囡~一重,功课就退下来。|侬人老大了,还~介重。

bhen 盆

bhence 盆菜 〈名〉放在大盆子里的、经过搭配的荤素生菜,可以直接烧炒。

bhenzy 盆子 〈名〉

bhen 坌 〈动〉用铁等农具翻掘土地:~烂泥。

bhi 皮

bhi 皮 〈名〉皮肤。〈形〉顽皮:辫个小鬼头真正~了吭没底个。〈动〉玩:男小囡会得~末聪明呀。|~水。|~烂泥。

bhida 皮带 〈名〉用皮革或人造革制成的束裤、裙的腰带。

bhidhe 皮蛋 〈名〉松花蛋。

bhidheqin 皮蛋青 〈形〉如松花蛋的那种青绿色。

bhigakzy 皮夹子 〈名〉钱包。

bhihha 皮鞋 〈名〉

bhihhayhou 皮鞋油 〈名〉鞋油。

bhi 鐾 〈动〉把刀在缸沿、皮布上略磨:~自来火。|拿剃刀~~快。|鞋子浪个烂污泥~脱点再进房间。◇《集韵》去声霁韵蒲计切:"鐾,治刀使利。"

bhi mek(sy) 鐾墨(水) 毛笔蘸了墨之后在砚台或墨水瓶口边上擦去一些墨水。

bhidang 便当 〈形〉方便;容易:勿要啥事体侪想得忒~,一旦做仔就会碰着困难!

bhidhiaozy 便条纸 〈名〉附有贴胶、易拉下的留言纸。

bhilidi 便利店 〈名〉

bhini/bhinik 便宜 〈形〉

bhidhou 被头 〈名〉被子。

bhiniok 被褥 〈名〉褥子。

bhifongdhou 避风头 躲过人祸；避过某事、某运动最剧烈的阶段：灾难来个辰光，~也来勿及！

bhiqi 脾气 〈名〉

bhijiu 啤酒 〈名〉◇啤，英语 beer 的音译。

bhishao 肥皂 ◇有些普通话为 f 声母的字，在上海话中保留古音，读作 bh，如"防止"的"防"，"缚牢"的"缚"，"肥皂"的"肥"。

bhishaofen 肥皂粉 〈名〉洗衣粉。

bhitaktak 疲塌塌 〈形〉①疲乏不思动的样子。②吊儿郎当不听劝说的样子。

bhitak 疲沓 〈形〉①厌倦了：十几年历史课教下来，我也真是教~了。②由于申斥、责罚次数过多，再说再管已不起作用了：现在再哪能对伊也吭没用场，伊已经拨伊拉爷打得~。

bhitak 疲塌 〈形〉拖拖拉拉，无精打采的样子。

bhitek 疲脱 〈形〉懈怠、厌倦：新家生买来辰光天天注意保养老好，日脚一长，也就~了。|小人刚刚用新簿子辰光，认认真真写字，写到后来，就~，字变得七歪八牵。

bhiao 嫖

bhiao 嫖 〈动〉①玩弄女人。②[俚]戏耍，玩弄：阿拉老老实实个人，侬勿要~我！

bhik 别

bhik 别 〈动〉①转动：~转身体。②追赶，比高低：我又~勿过伊。|~苗头。

bhikbhik tiao 别别跳 〈形〉心跳得厉害。

bhikfeakshak 别勿着 想得到而得不到：像舒能介好个老婆侬是~个！

bhik miaodhou 别苗头 比高低，争风头：辣穿衣裳高头，我脱伊~，总归别勿过伊。

bhikshy 别墅 〈名〉

bhikzen 别针 〈名〉①一种有弹性的针，尖端可开可扣，用来把布片或纸片等固定在一起或固定在衣物上。②别在胸前、领口上的装饰品。

bhikdhou 鼻头 〈名〉鼻子。

bhiklian 鼻梁 〈名〉

bhikmao 鼻毛 〈名〉鼻子毛儿。

bhik 'yao 蹩腰 扭伤腰部，损腰。

bhikjiak 蹩脚 〈形〉①差：侬个功课真~！|~个物事勿要来冒充名牌。②差劲：侬个人真~！③扭了腿或脚。

bhikjiakhu 蹩脚货 〈名〉劣质的货物或人。

bhikbhok 枇杷 〈名〉

bhin 平

bhin 平 〈形〉
bhindhoujhi 平头钳 〈名〉平头非尖头的镊子,用于镊邮票等。
bhindigu 平底锅 〈名〉一种底部平齐的扁形锅子。
bhinfhang 平房 〈名〉只有一层的房子。
bhingu 苹果 〈名〉
bhingulok 苹果绿 〈形〉如苹果一样的绿色。
bhinjiakku 平脚裤 〈名〉一种衬裤,裤管较一般短裤短,前后裤裆之间用一块横条布连结。起源于运动员的短裤。
bhinxin 平信 〈名〉不挂号的一般信件。
bhin 瓶 〈名〉
bhindhe 评弹 〈名〉一种苏州方言弹唱形式的曲艺,是评话和弹词的合称。
bhin lianxin 凭良心 出自肺腑。

bho 爬

bho 爬 〈动〉干,做,劳动:侬勿要~了,可以歇歇了。
bhoqile 爬起来 ①从地上起来。②起床。
bhozokgoe 爬竹竿 爬竿。
bho 扒 〈动〉用手或工具使东西聚拢或散开:伊一直辣海~烂泥。|拿眼草~拢来。

bhofen/bho'fen 扒分 赚钱,尤指赚外块:伊拉男人辣外面~勿要忒起劲噢!
bho 齙 〈动〉①牙齿露在外边:~牙。②牙齿不齐:辩个人牙齿~出~进个。◇《集韵》去声祃韵步化切:"齙,齿出貌。"《字汇》:"齙,齿不正也。"

bhoe 蟠

bhoe 蟠 〈动〉曲,盘屈:~脚坐。|手脚~辣一筑堆。
bhoe 跰 〈动〉蹒跚;走路前后脚朝内交叉的样子:辩个人走起路来~发~发。|~足球。◇《集韵》平声桓韵蒲官切:"跰,蹒跚跛行貌。"
bhoe 澫 〈动〉水旋转地溢出:落雨水要~。|阴沟里个水~出来了。◇《集韵》平声桓韵蒲官切:"澫,水洄也。"
bhoe 迷 〈动〉躲藏:伊~辣房间里勿出来。|勿要兜兜~~,胆子大点跑出来!◇《集韵》换韵薄半切:"迷,去也。"《集韵》语韵口举切:"迷,去,藏也,或作弄。"
bhoeyhamao(mao) 迷野猫(猫) 捉迷藏。
bhoemi 拌面 〈名〉加油、酱油后冷拌的面条。

bhok 薄

bhok 薄 〈形〉

bhokdao 薄刀 〈名〉菜刀。◇又称"菜刀 cedao"。

bhokkekxiong 博克胸 〈名〉拳击。◇英语 boxing 的音译。

bhokxiaoxiao 薄器器 〈形〉单薄的样子:天冷了,侬着个衣裳还是~个。

bhok 缚 〈动〉捆,束:拿根绳子来~人。

bhok 匐 〈动〉趴着:~辣地上。｜~辣台子浪写字。◇《广韵》入声尾韵蒲北切:"匍匐,伏地貌。"

bhong 篷

bhong 篷 〈名〉

bhongsong 蓬松 〈形〉线状物一丛,乱而松:头发~。

bhong 埲 〈动〉烟尘杂起:汽车开过,泥土~得一面孔。◇《广韵》上声董韵蒲蠓切:"埲,塕埲,尘起。"

bhong 鬔 〈形〉头发散乱:~松。◇《广韵》平声东韵薄红切:"鬔,鬔松,发乱貌。"俗写作"蓬"。

bhongcakcak 蓬拆拆 圆舞曲声调。

bhu 婆

bhu(bhu) 婆 (婆) 〈名〉

bhudhao 葡萄 〈名〉

bhudhao 蒲桃 〈名〉核桃。

bhudhounga 伏豆芽 用黄豆制作豆芽。比喻无工作或不参加工作待在家中:拨伊生活做勿做,天天辣屋里~。◇"伏"俗写作"孵",但声母不合。"伏"读 bh,保留上古音。

bhusakxinshan 菩萨心肠 〈名〉软心肠,善良、富有同情心。

bhuyhinga 步行街 〈名〉只能步行、不准车辆通行的观光街道。

bhuzy 簿子 〈名〉本子:写字~。

bhu 伏 〈动〉孵:~小鸡。｜~太阳(晒太阳)。｜~辣地浪勿起来。◇《广韵》去声宥韵扶富切:"伏,鸟菢子。"上海话用的是上古音,声母读 bh,不读 fh。俗写作"孵 fhu",但声母不合。

bi 煸

'bi 煸 〈动〉把菜、肉等放在热油中略为炒一炒:勿要忘记脱辫点竹笋烧之前先拿伊~一~,否则勿好吃个。

'bi 屄 〈名〉女性生殖器。

bi 扁 〈名〉

bidhou 扁豆 〈名〉

biji 扁尖 〈名〉嫩笋加盐做成的笋干。

bitaktak 扁塌塌 〈形〉扁的样子:伊只鼻头~个。

'biao 飙 液体急速地从小洞里射出:一勿当心,瓶里个水~了出来。

'biaodifhuhhao 标点符号 〈名〉用来表示停顿、语气以及词语性质和作用的书写符号。借喻下流的口头语:辫个人卖相倒蛮好,一开头就满嘴个~。

'biaojin 标劲 〈名〉傲慢、很瞧不起人的样子。

'biaowhu 标舞 〈名〉国际标准交谊舞。
'biaozy 标致 〈形〉漂亮。
bicanzy 臂撑子 〈名〉胳臂肘子。
'bidhou 边头 〈名〉边上。
'bilangxian 边浪向 〈名〉边上。
bisy 秘书 〈名〉
bixifak/bi xifak 变戏法 变魔术。
bixi 变死 找死,作死。
'biyhi 边沿 〈名〉四旁尽处。

biao 表

biaoxiongdhi 表兄弟 〈名〉①表兄表弟。②表弟。

bik 瘪

bik 瘪 〈形〉
bikdhang 瘪塘 〈名〉金属等物受压后凹下去的地方。
bikdiksensy 瘪的生司 〈形〉身无分文。◇英语 empty cents 的音译转义。
bikse 瘪三 〈名〉乞丐。也泛指饥瘦、衣衫褴褛、聚众哄抢的无业者。◇英语 begsir 的音译。
biktaktak 瘪塌塌 形容扁瘪、口袋空虚,只剩薄薄的一层:㔉个人面孔~。|袋袋里呒没钞票,~。
bik 滗 〈动〉挡住容器里的东西倒出液体:药渣要~出来。◇《广韵》入声质韵鄙密切:"滗,去滓。"
biktek 瘪脱 〈形〉①原凸起的器具压扁凹下了下去:㔉只镬子盖头~了。②泄气了。由皮球泄气后瘪了引申而来:前几天伊还是五斤吼六斤,现在~了。③被强势压垮了。由器物被硬物压瘪引申而来:㔉个人受勿起威胁,人家吓伊一吓,伊就~!④自知理亏了,无话可说:伊刚刚还辣辣瞎三话四,拨我一句言话就笃~!
bikzydhoe 瘪子团 〈名〉小团子,无馅,做时用手按出一个凹形。
bikbik tin 毕毕挺 〈形〉非常挺。
bikdhe 笔袋 〈名〉袋形的放笔用的文具,替代过去的铅笔盒。
bikdok(sy) shek 笔笃(势)直 笔直竖立着。
bikjiben 笔记本 〈名〉①记笔记用的本子。②笔记本电脑的简称。
bikjibhu 笔记簿 〈名〉笔记本。
biklik sy shek 笔立势直 笔直竖立着。
bikgok(lok) 壁角(落) 〈名〉墙壁的四角,墙角。
bikwhak 笔划 〈名〉笔画。
bikji 哔叽 〈名〉全羊毛织物,适宜做套装。◇日语サージ的音译。
bikloksanqin/bikloksan 'qin 碧绿生青 〈形〉很绿。

bin 冰

'bin 冰 〈名〉
'binbin yin 冰冰滢 〈形〉非常凉。
'bindhang 冰糖 〈名〉结块呈冰状的白糖。

'bin yin 冰瀴　〈形〉冰冷。

'binjhilin 冰淇淋　〈名〉一种冷饮,用奶油等制成。◇英语 ice cream 的意译和音译。

'binsang 冰霜　〈名〉一种冷饮,用碎冰加果汁香料制成。

'binxian 冰箱　〈名〉

'binzoe 冰砖　〈名〉砖状冰糕。

'bingao 冰胶　结冰。

bin 鋲　〈动〉①双方用力抵住相持不下:拔河比赛真紧张,双方~辣海交关辰光。②相持拖延:勿要~辰光,快点走。◇《广韵》去声映韵陂病切:"鋲,坚。"《玉篇》卷十八金部彼病切:"鋲,固也。"俗写作"屏"。

bin 'sang 迸伤　因太用劲而伤身体:昨天搬只箱子,~脱了,今朝动也勿好动。

binfheklao 屏勿牢　支撑不下去,熬不住:我~要讲两句了。

binjian 屏僵　〈动〉相持不下,互不让步:事体已经~,吰没商量余地了。

bingoe 饼干　〈名〉

bingoetin 饼干听　〈名〉原装饼干的马口铁罐。◇听,英语 tin 的音译。

bo 疤

'bo 疤　〈名〉

bo mak 把脉　〈动〉诊脉,按脉。借指了解实情。

bo wu 把污　从后面用手托起小孩两腿并使其分开,让其大便。

'bojik 巴结　〈动〉①趋炎附势,奉承:伊只会~上司。②勤俭:巴巴结结过日脚。〈形〉①努力,勤奋:伊工作交关~。②勤俭,会算:伊日脚过得邪气~。

'bomang 巴望　〈动〉盼望:我~伊早点回来。

boga/bo 'ga 把家　〈动〉主持家务:老婆会~,我俙勿关。〈形〉善于管家,勤俭持家:伊老~个。

'bosou 把手　〈名〉①门窗、抽屉等的拉手。②器物上手拿的地方:提盂浪个~。

bosy/bo 'sy 把尿　从后面用手托起小孩两腿并使其分开,让其小便。

bowen 把稳　〈形〉稳当,可靠:伊做事体邪气~。

boxi 把细　〈形〉仔细:生活~,办事顶真。|小王做随便啥个事体侪老~个。

boe 搬

'boe 搬　〈动〉

'boe 'zoedhou 搬砖头　①抄袭:看到人家搬自家个砖头,心里总会勿舒服。②把上家的钱拿到下家,从中获利:伊拉做牚生活其实老简单,~。

'boe shan 搬场　〈动〉搬家。

'boe zy 搬嘴　〈动〉把张三的话搬给李四听,有时客观上起挑拨作用;搬弄口舌:伊是一个~姑娘。

boe 半　〈数〉表示一半。

boebifong/boebi 'fong 半边风 〈名〉半身不遂。

boeboe lokseknik 半半六十日 形容很长时间（指应该短时间能做完的事耽搁了较长时间）：侬进去买样物事，我等仔侬~！

boedhaoti 半导体 〈名〉①特指半导体收音机。②导电能力介于导体与绝缘体之间的物质及制件。

boesefhek(ge)ga 半山勿(尷)尬 ①进行到一半，未完成：生活做得~，就掼脱走了。②两头不着落：我立辣当中，~个。

boeyhabo 半夜把 半夜时分：有常时电视看到~。

boeyhafhe 半夜饭 〈名〉夜宵。

bokyikji 搏一记 ①拼一下：阿拉今年要~，考个好大学。②赌一下：今朝我是~，赢勿着输脱拉倒！

bok 剥 〈动〉①去掉外面的皮或壳：~橘子。｜~糖炒栗子。②扯、硬脱：~裤子。｜~衣裳。｜~田鸡。

'buce 菠菜 〈名〉

budin 布丁 〈名〉用面粉、牛奶、鸡蛋、水果等制成的西餐点心。◇英语 pudding 的音译。

'bulibe 玻璃杯 〈名〉①玻璃制成的杯子。②[旧]酒吧中的女招待的贬称。

'bulicang 玻璃窗 〈名〉

'bulidhebe 玻璃台板 〈名〉写字桌上的玻璃平板。

'bulizy 玻璃纸 〈名〉透明得如玻璃一样的薄纸；特指透明塑料纸。

C

ca 扯

'ca 扯 〈动〉撑开：~旗。｜~篷帐。

ca 扯 〈动〉①分开，悬开：侬脱伊要~开一段距离。②分到各方，分摊：辩笔账大家~~开，~到各家头浪个钞票吭没多少。③撕：~纸头。

'cadhou 差头 〈名〉出租汽车。旧称"出差汽车"。◇英语 charter（租赁）的音译。1919 年上海祥生出租公司初创时仅有一辆出租车，每出租运客一次称"一差"，是 charter 的缩略用法。

cak 拆

cak 拆 〈动〉①把合在一起的东西打开：~衣裳。②撤，拉：~尿｜~烂污。③下，生：雌鸡~蛋。④拆坏：~骨头。

cak bhanjiak 拆棚脚 拆台：大家要互相支持，勿要彼此~。

cakcoe 拆穿 〈动〉揭穿：伊拉做个花样劲侪拨我~了。

cakcoeban 拆穿绷 露底，露出破绽：我再也勿要屏下去了，再屏马上就要~了！

cakcoe 'xiyhanjin 拆穿西洋镜 露底，揭穿真相：侬要隐瞒，我偏要~！

cak dhejiak 拆台脚 拆台：朋友道里要合作，勿要互相~。

cakkong laoshouxin 拆空老寿星 完全掏空：想勿到碰着一个老鬼，脱伊合伙，结果~！

cakgabhan/cak gaban 拆家棚 ①把家产任意挥霍或把家产任意挥霍的人：辩个小开，爷娘γ积蓄拨伊~拆光快了。②无故把东西拆坏，或无故把东西拆坏的人：蛮好个一只钟，拨侬~拆坏脱了！③全部弄光：横竖横，~。

cakkong 拆空 〈动〉完了，一场空：~老寿星，统统完蛋！

cak lewu 拆烂污 做事不负责任：做事体要认认真真，勿要混过去算账~。

caksy/cak 'sy 拆尿 〈动〉小便。

cakwu/cak wu 拆污 〈动〉大便。

cak 撤 〈动〉抽去：~骨头。

cak 㧁 〈动〉冻裂，爆裂，开裂：皮肤开~了。｜墙壁~开一条缝。◇《广韵》入声陌韵丑格切："㧁，裂也，亦作坼。"

cak 皵 〈名〉皮肤开裂后形成的缝隙：皮肤浪向有几条~。◇《广韵》入声陌韵丑格切："皵，皴皵。"

cakdang 插档 ①插入空档。②排队时插进队去：大家排好队，勿要~！

cakdhou 插头 〈名〉为接通电路，把电线接插到插座上去的装置。

cakxiao 插销 〈名〉门窗上的金属闩。

cak lakzok 插蜡烛 ①到场装样子：

我又勿会发言,到场插插蜡烛凑个数。②站在谈恋爱的男女之间而不避开:侬看伊拉两个人介要好辣海,我马上走开,勿要辣当中~。

cak ngakua 插外快 占意外的便宜:一心想~个人,常常反而吃瘪。

cakpok 插朴 〈名〉电器插头。◇朴,英语 plug 的音译。

cakshangcakhho 插上插下 不相上下:我脱伊比起来,大家~,差别勿大。

cak zy 插嘴

cakbe 擦板 〈名〉洗衣用的搓板。

cakbok/cak bok 赤膊 〈动〉

cakbokgongzy 赤膊工资 〈名〉指基本工资;不附加奖金的纯工资。

cakdhou 赤豆 〈名〉赤小豆。

cakdhougao 赤豆糕 〈名〉掺有赤豆的用糯米粉制成的糕。

cakdhouzong 赤豆粽 〈名〉由糯米加少量赤豆包成的粽子。

cakguaklak 'xin 赤刮辣新 崭新:辩张五元头~。

cakni 测验 〈动〉

caksao 叉烧 〈名〉一种先烤后烧的肉食品。

can 畅

can 畅 〈副〉足够,很长一段时间:一顿酒水吃~吃~。|我等~等~,伊还勿来。

canbhongco 敞篷车 〈名〉没有篷子的车。

'can shanmi 撑场面 支撑表面的排场,引申指维持面子:今朝新店开张营业,希望侪来帮我~。|我今朝一定讲两句庆祝个话,脱侬~。

can 掌 〈动〉①用力挂物;自内支物使充盈:袋袋快点~牢,我要倒米进去。|肚皮~饱了。②斜着支撑;勉强支住:辩扇门要拿根~棒~起来。◇《集韵》去声映韵耻孟切:"掌,支柱也。"又作"撑"。

cang 窗

'cang 窗 〈名〉窗子。

'cangli 窗帘 〈名〉

cang linso 闯邻舍 访邻居,串门。

cang dhokjiakxi 唱独脚戏 ①上海滑稽剧的一种。一人独演,或两人搭档表演。②独自撑着:侪勿来帮忙,我一个人辣~。

canggong 唱功 〈名〉戏曲和歌曲的演唱水平:辩个人~真吥没言话讲!

canggu/can 'gu 唱歌 〈动〉

cangsegu/cang 'segu 唱山歌 唱民歌。喻念书、说话等不往心里去:伊读书是辣~,唱过就算数。

cang xi 唱戏

cao 抄

'cao 抄 〈动〉①手插入时将衣服抬起:两只手~辣棉袄下面。②誊写。③抄袭别人的作品、作业当作自己所作的。④搜查并没收:~靶子。⑤从侧或较近的小路过去：~近。⑥用匙取食物：蛋汤~点吃吃。⑦用铲刀、铲子之类工具取物：辩眼垃圾要~光。◇《集韵》平声爻韵初交切："《说文》，叉取也。"

'cao jhinlu 抄近路　①走近路，直穿近路。②走捷径。

'cao 'sybu 抄尿布　把尿布包系在婴儿下身。

'cao 'tang 抄汤　用匙盛汤。

cao 吵　〈动〉

caokak 吵客　〈名〉爱吵闹的人：店里赶走了几个~，清静多了。

caoxianmo 吵相骂　吵架。

cao 炒　〈动〉将食物放锅中加热并随时翻动使熟，炒菜时要先放油：糖~栗子。｜~青菜。

cao lanfhe 炒冷饭　原指在热锅中把冷的饭炒热。喻指旧事重提、旧话重讲、旧事重做：依辩门课勿要重备了，炒炒冷饭末可以咊。

cao lanfhedhou 炒冷饭头　重复：辩本书我看过了，用勿着再去~。

caoce 炒菜　〈名〉用炒的方法制作的菜肴，如炒猪肝、炒腰花之类。

cao ce 炒菜　〈动〉在锅里用油做菜。

caogaobhak 炒茭白

caohonin 炒虾仁

caomakfen 炒麦粉　〈名〉炒熟的面粉。用开水和了吃。

caomi 炒面　〈名〉加油和作料炒的熟面条。◇当干粮吃的炒面上海人说"炒麦粉"。

caomiho 炒米花　〈名〉爆米花儿。

caoyaoho 炒腰花

cao 耖　〈动〉田耕后用耙再把大块泥粉碎：依去~遍田。◇《广韵》去声效韵初效切："耖，重耕田也。"

cao 草　〈形〉差劲，无用：辩场球踢得~！

caodhou 草头　〈名〉苜蓿的嫩叶。

caoji 草鸡　〈名〉私家喂养吃谷物长大的鸡。与机械化饲养的各种肉用鸡或蛋用鸡相区别。

zaolok 草绿　〈形〉如新草色。

caoqin 草青　〈名〉草鱼。◇又称"草千"。

'caozy 草纸　〈名〉便纸。

'cao 'ji 操机　玩电脑，在电脑上打游戏：一~，就是一天！

'cao mangba 操网吧　在网吧上网：做了一天功课吃也吃力煞了，等歇阿拉一道去~。

'cao yha 操夜　熬通宵：~白相游戏，到天亮还津津有味。

'cao 'xinsy 操心思　操心。

caopiao 钞票　〈名〉

'caoshy 超市　〈名〉

ce 搑

'ce 搑　〈动〉①加入，混入：~沙。｜~水。｜~谷。②携手：依~牢我走。③扶：老人走勿上去，依去~一把让伊上去。

'ceyikbo 搀一把　扶一下:侬搀我一把,让我爬上来。

'ce 撕　〈动〉用手推翻、推倒:一桌酒水全部~光。|伊~我一跤。

ce 睬　〈动〉理睬:我勿~侬。

cedongce 嗲冬嗲　〈名〉一种用手指形态以决输赢或次序先后的游戏。

cefhe 菜饭　〈名〉同"咸酸饭"。

cegoe 菜干　〈名〉干菜。

ceke 彩铅　〈名〉彩色铅笔。

cek 出

cek dhao 出道　〈动〉旧指满师;现常指成熟,能独立处事:辫个小囡已经~了,爷娘勿要再担心伊啥了。

cek dhou 出头　〈动〉①出面:只有老王敢~脱阿拉讲两句话。②熬出来了:辫眼讨厌生活今朝总算做~了。③用在整数之后表示有零数:我等侬等了两年~了。

cekfongdhou 出风头　显耀自己;有光彩,很神气:侬今朝名牌笔挺,到啥地方~去啊?

cekhodhou/cek 'hodhou 出花头　想出新花招:伊拉又要~来骗我老太婆了。

cek 'hoyhanjin 出花样经　出花招;别出心裁:蛮好个事体做做,伊又要新~。

cekjin/cek 'jin 出精　〈形〉至极,到顶点:辫个人笨得~。|伊坏得~!

cekjincekgua 出精怪　想出歪点子,提出怪要求:正经个事体伊勿做,总归要~脱人家作对。

cek ju 出鬼　〈动〉发生了意料不到的怪事:伊约我到场,伊自家倒溜走,~了!

cekkak 出客　〈形〉①[旧]漂亮,时尚:辫两件衣裳真~。②[旧]大方,见世面,做事气派:侬看伊拉个场面几化~。

cekkong/cek 'kong 出空　〈动〉①东西完全取出,留出空处:场地已经全部~,可以容纳五百人操练。②不附带别的,不受他事牵制:今朝我~身体来参加活动个。

cekkongsenti 出空身体　腾出空来,抽出身来专门做某事:今朝我~来陪侬买物事。

ceklao 出老　〈名〉[詈]鬼;骂人如鬼,用作通骂:侬个~!◇又写作"赤佬",但"赤cak"韵母不合。

ceklaomozy 出老码子　〈名〉[詈]骂人如鬼,有时是通骂。

cek maobhin 出毛病　出问题:侬哪能介拎勿清个?脑子~了!

ceknak 出纳　〈名〉

cekqidhong 出气筒　〈名〉比喻无故受气的人或地方:伊日里辣单位里受气,夜里回来拿我当~。

cekqiao 出俏　〈形〉长相漂亮,出众,多指青年。

cek shan 出场　〈动〉①场上或台上露面:今朝演出明星侪呒没~。②出面:小囝相打,大人~干涉,事体会越弄越僵。

ceksekhho 出说话 ①被人议论:侬再做勿二勿三不正经个事体,人家要~了。②有意见:伊已经做得蛮多了,侬再加重,伊要~了。

ceksong 出松 〈动〉①走,离开(含贬义):伊一~,此地就太平了。②东西已损坏而抛弃:破家生俦~脱算数。

ceksou/cek sou 出手 〈动〉①出来较量:哪敢勿敢~？②行动,显示本领,亮相:电信一~,用户直发抖。③脱手,卖出价:进价四十~卖九十。④花费,拿钱出来:伊一~就几万块,派头勿要忒大噢!〈名〉袖子长短:做个辰光,要~长点。

ceksy 出世 〈形〉出头:侬笨得勿~个。

cektiao 出挑 〈形〉才貌出众,多指青年。

cektang 出瑒 〈形〉见世面的,体面不怯场,不怕生:辩个人勿~,上台怕丝丝个。

cekte 出摊 〈动〉摆出货摊:一条服装路9点钟一到,一片~声,热气腾腾。

cektek 出脱 〈动〉①拿掉:辩只书架浪个书俦要~。②货物脱手:今朝辩点羊毛衫侪~了。

cek whe 出位 〈形〉超出规定,与众不同:侬穿衣裳介~,勿要忒容易引起人家注意哦!〈动〉出风头:伊就是欢喜~。

cek yhanxian 出洋相 闹笑话,出丑:我第一趟上场,出了交关洋相。

cekzan 出账 支出的款项;开支。

cen 秤

cen 秤 〈名〉

cen 磣 〈动〉嚼到小石块等硬物:~牙齿。

'cen 皴 〈动〉皮肤因受寒而细裂:手浪皮肤~了。◇皴,《集韵》平声谆韵七伦切:"皴,《说文》,细皮起也。"

'cenjuoe 春卷 〈名〉油炸的面皮卷,内包菜与肉丝。

cenli 衬里 〈名〉里子。

cense 衬衫 〈名〉

cenxin 称心 〈形〉①顺心;如意。②舒服:鸭羽被头睏辣海真~!

co 叉

'co 叉 〈动〉①用一端有两个以上长齿而另一端有柄的器具挟取、刺取:到河边去~鱼。②用筷取食:~饭吃。③耙:~火。④分开:路~开了。|手~开。⑤挪开,张手推动:~开树丫枝走过去。

'cobing 叉鳊鱼 〈名〉鲳鱼。又写作"车扁鱼"。

coyikjiak 叉一脚 插一手:辩桩事体由我包办,勿要侬来~。

'coyao/'co 'yao 叉腰 两手插腰上。

'co nin 搓人 [俚]嘲笑别人,说怪话来出别人的洋相(较"嘲人"更为俚俗一些):我脱侬一本正经讲,侬勿要~好哦!

'co mojian 搓麻将

'coshe 车站 〈名〉

'cozy 车子 〈名〉车。

coe 穿

'coe 穿 〈动〉

'coeban 穿绷 〈动〉露出破绽;被揭穿:侬瞒了人家做个事体早晏要~。

'coe 串 〈动〉批发来:我现在做做小生意,~点物事卖卖。

'coekao 串烤 〈动〉把块肉等食物成串地在火上烤。

'coe 汆 〈动〉把食物放到沸水沸油里稍煮:黄鱼~汤。

'coe 蹿 〈动〉①急速上升:辩个人靠吹吹拍拍,所以~得老高。|猫~到树浪去了。②急速向前:辩部脚踏车一记朱~到前头两部个前面去了。|伊辣水里一~就勿见脱了。

coe 脆 〈形〉

coe 惨 〈形〉糟糕或遇事不顺。

'coejinzy 餐巾纸 〈名〉用餐后擦嘴、鼻等的柔软纸片。

'coe memezy 猜谜谜子 猜谜语。

cok 戳

cok 戳 〈动〉用力使长条物体的顶端向前触动或穿过另一物体:~碎。|~脚。|~进去。|~破手。

cokbikjiak 戳壁脚 背后挑拨,说坏话:~最害人,人家晓得了就要恨侬一辈子!

cokqile 戳起来 竖起来,表示"戳"的动作开始或延续:几日天就看见~一幢房子,造得真快!

coknge 触眼 〈形〉①不顺眼:辩眼杂货摆辣门口老~个,搬脱伊。②显眼,惹人注目:侬看公园门口头个大花篮真~!

cokzy 戳子 〈名〉印章。◇英语 chop 的音译。

cokji 触祭 〈动〉[詈]吃:侬~勿好啦!

cok medhou 触霉头 倒霉,挖苦,用不吉利的话损人:今朝伊介勿识相,来触我霉头!

cokqi 触气 〈形〉惹人厌:侬辩个人老~个,阿拉勿睬侬!

cok yhak 撮药 配取中药。◇撮,《广韵》入声末韵仓括切:"撮,手取也。"

cokkak 促掐 〈形〉①调皮刁钻,挖空心思阴损别人:侬真~!②使人难以对付,使人十分为难和憎恨:辩门题目出得真~。

cokkakju 促掐鬼 〈名〉[詈]调皮、刁钻、挖空心思使人吃亏上当的人。

cong 葱

'cong 葱 〈名〉

'conglok 葱绿 〈形〉如葱一样的

绿色。

'congyoubin 葱油饼 〈名〉一种油煎饼,放葱(或加猪油块儿),半熟时再用文火烤成。

cong 踵 〈动〉行步往前斜,不稳欲跌:拨石头一挺,一路浪~过去。◇《广韵》去声用韵丑用切:"踵,行不正也。"俗写作"冲",但声调不合。

cong 鏦 〈动〉打平物而使穿:请侬脱我辣爿块铅皮浪~一个洞。◇《集韵》平声东韵粗从切:"鏦,《说文》,鎗鏦也,一曰火凿,一曰平木划。"

cong 儱 〈动〉①斜伸出:侬头~出仔做啥?②突出,耸出,戳出:一只角~辣外面。|啥事体~出仔头?◇《篇海》去声宋韵丑用切:"儱,斜也。"俗写作"冲",但声调不合。

congdhou 儱头 〈名〉①被人敲竹杠、骗钱的人:现在外头饭店侪要斩~个,侬要当心点。②出头鸟:侬去当~好,吃亏个辰光勿要来寻我。◇俗写作"冲头",声调不合。儱,斜出。《篇海》丑用切:"儱,斜也。"

'cong dhi 充电 〈动〉原指电流补充,现喻在业余时间接受培训,补充知识:吭没办法混下去,只好去业余夜校充~。

congsou 戳儿手 〈名〉扒儿手。

'congdekcek 冲得出 能在大场面上交际、发言等(多对小孩、年轻人而言):爿个小囡年纪轻轻,无论表演节目、上台讲话侪~。

cou 臭

couhonghong 臭烘烘 〈形〉阵阵臭气。

'coudhou 抽头 〈名〉抽屉。

'coujin/'cou 'jin 抽筋 〈动〉①抽风。②抽骨腱;剥皮~。

'cousymodhong 抽水马桶 〈名〉上接水箱、下通下水道的可抽水冲洗的瓷质马桶。

cu 粗

'cu 粗 〈形〉

cucao 粗糙 〈形〉①(事情)做得不够精细、圆满,马马虎虎,敷衍了事:侬事体做得忒~了,一眼水平也吭没。②形容人做事毛糙,不牢靠,缺乏水准:伊末是蛮~个,吭没啥好讲个。

culili 粗砺砺 〈形〉喉咙粗,态度生硬。

cu 醋 〈名〉

'cu 搓 〈动〉①摩擦:~手。②双手擦:~衣裳。|~脱衣裳浪个烂污泥。

'co 搓 〈动〉嘲笑,愚弄,玩弄:伊辣辣~侬。

cu 蹉 〈动〉碾,摩擦:伊辣被头洞里~脚。|套鞋浪个烂泥要~~脱。◇《广韵》平声歌韵七何切:"蹉,蹉跌也。"《吴下方言考》:"吴中谓踩为蹉。"

cy 吹

'cy 吹 〈动〉

'cy laba 吹喇叭 ①吹捧:伊就希望人家对伊~、抬轿子。②雨伞被风吹翻:风忒大,洋伞~了。

'cy niuse 吹牛三 吹牛。

'cy 痴 〈形〉疯癫:侬勿要~,脱我好好叫坐好。

'cygunian 痴姑娘 〈名〉疯疯癫癫的姑娘;被迷住了的姑娘。

'cydhouguanao 痴头怪脑 疯疯癫癫:小姑娘勿要抓抓出出,~!

'cyzy 痴子 〈名〉疯子。也用作詈语。

'cyfhe 粢饭 〈名〉蒸熟的糯米饭。

'cyfhedhoe 粢饭团 〈名〉粢饭包上油条或加糖后抟成的团。

'cyfhegao 粢饭糕 〈名〉①糍粑糕,油炸而成。②又痴又烦又搞的女子,很"作"的女子。利用谐音构成:侬碰着个~,侬倒一百廿四个霉了!

'cyji 雌鸡 〈名〉母鸡。

cylipin 处理品 〈名〉①减价或变价出售的物品。②比喻条件、地位等不如别人者。③比喻已非处女的新娘。

D

da 带

dahhng 带鱼 〈名〉

dak 搭

dak 搭 〈动〉①支,架:~积木。②把柔软的东西放在可以支架的东西上:肩胛浪~一块毛巾。③接连在一起:两根电线~牢了。④加上,附加:本来要三个人,再~得去两个人。⑤合,粘:两种颜色~辣一道。|~着眼龌龊。⑥抓,捉:我一把拿伊~牢。

dakdang 搭档 〈动〉协作:辫趤阿拉两家头~。〈名〉合作的对子:老~,三十年合作下来个!

dakdhou 搭头 〈名〉①协作的人:我寻两个~一道去白相。②加上去的东西,多指硬性搭配来的东西捆绑在一起卖出的劣货:我买一套硬件,还要两个~。|要末勿买,要末就拿辫眼~一道买去。③话头:我脱伊讲了交交关关言话,伊一句~也吰没个。〈动〉可接交:辫个人脱伊吰没~个。

dak dhou 搭头 〈动〉点头:我脱伊是~朋友。

dak dhouwhugazy 搭豆腐架子 原并无资本,一带就倒的虚架子。比喻摆臭架子:我现在答应了嘛,侬反而要~了。

dakdekgou 搭得够 交情深:伊常常帮我忙,脱我~!

dakdi/dak di 搭底 〈形〉最差:辫个人是~货|侬看伊做出来个事体~哦?

dakgazy/dak gazy 搭架子 摆架子:人家诚心请侬,侬架子勿要搭得忒大。

dakga 搭界 〈动〉有关,有关系:我脱侬勿~。|辫两桩事体~个。

dakgu 答鼓 〈名〉扁形鼓。

dakjian 搭浆 〈形〉马虎潦草,敷衍了事;差劲:辫种~生活以后勿要做。|对过辫爿饮食店个物事老~个。

dakjian 搭僵 〈动〉①呆滞、板结、不能活动:叫侬几趟,侬反应吰没,侬脑子~了啊?②搞糊涂:侬哪能讲出辫种话来,脑子阿是~了。〈形〉①糊涂:年纪大了,脑子越来越~了。②糟糕,没办法挽回:伊辰光搞错脱了,乃末~了。

dak jhiao 搭桥 〈动〉中间牵线:我脱伊拉勿认得,全靠侬~。

dak jikmok 搭积木 设计、安排内容:明朝要检查,昨天刚刚开始~,侬看急勿急?

daklao 搭牢 〈动〉①附着:一根鸡毛~辣铅丝网浪。②抓住:今朝小菜场里~一个小偷。

dak mak 搭脉 〈动〉①中医号脉。②引申为打听对方的实力,掂量,估摸意图:侬想告伊谈恋爱,侬勿搭~个啊？③相比较,较量:我勿好告伊~,我比伊差得远。

dakpe 搭襻 〈名〉能扣着另一端的长形布条或金属条:鞋~。|门~。

dakqian/dak 'qian 搭腔 〈动〉①接着别人的话说:伊等辣海听别人个反应,但是呒没一句~。②搭话,多用于人际关系:伊拉两家头长远勿~了。

dakse 搭讪 〈动〉①为了接近某人而找话说:住辣隔壁个旅客为拉生意常常来~。②与人拉话:依忒空了,又要脱人家~了。③为了敷衍而说几句:我勿想卷进是非,对伊只好~两句。

dak sou 搭手 〈动〉①合作得来:一桩生活两个人一道做下来交关~。②配合:我要修个棚,请依来搭~。

daksedhou 搭讪头 为与生人接近而找话说;与人随便拉话:隔壁邻舍新来个,常常跑来~。

daksoudakjia 搭手搭脚 东摸摸,西碰碰,插进来增添麻烦:依弄勿来还是脱我坐辣海,勿要来~。

dak soujiak 搭手脚 插进来增添麻烦:我今朝忙煞咪,依勿要轧进来~了!

dakyikjiak 搭一脚 插一手:随便啥事体,伊侪要来~。

dakzy/dak zy 搭嘴 搭话,介入别人谈话:伊拉辣讲言话,我勿~。

dakzy 搭子 〈名〉①一起打牌的人:阿拉四个一直是牌~。②引申为伙伴:做生意,寻~。|看戏,也要脱~一道去看。

dak 嗒 〈动〉尝:~眼老酒。◇《集韵》入声合韵德合切:"嗒,舐也。"

dak 嗝 〈动〉口动:伊常常~嘴。◇《集韵》入声盍韵德盍切:"嗝,口动貌。"

dak 垯 〈名〉某块地方。后多虚化为含某处、某地的后缀:东~。|辩~。◇《集韵》入声盍韵德盍切:"垯,地之区处。"俗写作"搭"。

dak 㲃 〈形〉皮松:伊面孔浪个肉宽~~。◇《集韵》入声合韵德合切:"㲃,皮纵。"

dek 得 〈动〉①粘:信壳~~牢。|浆糊要~辣当中个地方。②接触在一起:早蚕蛾~紧仔勿分开。◇俗字。

dakdakdi/dakdak di 潒潒渧 〈形〉①物体充满了水,或形容眼泪正往下滴:个衣裳水~。②液体洒了一地:地浪弄得~。③形容穷到极点:穷得~。◇潒,《集韵》入声德合切:"潒,湿。"

dan 打

dan 打 〈动〉〈量〉一打为十二个。◇英语 dozen 的音译。

dan baolinjhiu 打保龄球

dan bha 打牌

dan bhan 打朋 开玩笑:认真点,依勿要~!伊末,一直嘻嘻哈哈,欢喜~。◇又写作"打棚"。

dan cakbijhiu 打擦边球 原指打球时打在球桌或球场线的边上,使对方难以判断。现喻办事或写文章的内容在限定的范围内外的边上,带有冒险性,又难以找岔子:~个文章,有辰光交关有人气。

dancek sou 打出手 动手打架。

danden 打顿 〈动〉停了一会儿;耽搁:伊读报碰着一个生字,~了两分钟。|路浪勿要多~。

dan dhihho 打电话

dan dhinao 打电脑

dan dhoupao 打头炮 ①开头炮。②冲锋在前,打头阵:啥个事体侪要我~,侬总归缩辣后头。

dang erbifong 当耳边风 当作耳边吹过的风,指根本不把对方的话当作一回事。

dan'fensu 打分数 批阅试卷等的判分。

dan ge 打裥 服装上做皱褶。

dan gekdu 打嗝哆 因受寒等气噎回逆出来发出声音。

dan ghe 打嗝儿 打饱嗝。

dan gheklen 打搿愣 ①说话不流畅;不该停的地方打顿。②喻说话故意吞吞吐吐:侬勿要~了,爽爽快快拿侬要讲个话讲出来。

dan gumen 打过门 指巧为掩盖,蒙混过关。

danhoxi 打呵唏 打哈欠。

danhundhu 打昏涂 打呼噜。

dan jhiu 打球

dan dhou 打头 〈动〉走在前面,列在前面:吹鼓手~,后面跟了长长一条队伍。

danjiaonong 打搅侬

danjinzen 打金针 行针灸:我个毛病是~打好个。

dankakcong/tan kakcong 打瞌聪 打瞌睡。

danke dhou 打开头 ①(打架或交战)开了一个头:伊拉两个人刚~,以后有得要打了。②把头打破了;人拥挤,争先恐后:大家侪辣抢便宜货,~了!

dankesy 打开水 接吻。◇开水,英语 kiss 的音译。又作"打开司"。

danokxin/dan okxin 打恶心 ①胃满欲吐。②因难受而欲呕吐:我闻着汽油气味就要~。

danlakdhibe 打蜡地板 〈名〉上蜡后的地板。

dan le 打雷

dan lokdhe 打落袋 打桌球。

danpenti 打喷嚏 〈动〉

danpinpan/dan 'pinpan 打乒乓 ◇旧称"打台球"。

dan pokkek 打扑克

dan souxin 打手心 因有错误而被罚打手掌。

danshyzy 打字纸 〈名〉用于打字的白纸。

dan whakdhak 打滑挞 因表面滑而稳不住:赭双鞋子底忒滑,碰着地面有水就要~。

dan whepiao 打回票 退回:今朝书店勿开门,只好~。|表格填得勿符合要求,~重填。

danxiandan 打相打 打架。

dan yhan 打样 〈动〉做一件事前先打听了解试探情况;投石问路:小偷辣辣~,一有机会就下手。

danyhan/dan yhan 打烊 〈动〉上门板儿,指停止营业。

dan yhouxiji 打游戏机

dan yhuoeshan 打圆场 调和矛盾,解决纠纷:吵得正是难分难解,勿要依来~!

danyik 打噎 〈动〉噎住了。

danyinji 打印机 〈名〉

danzangmozy 打桩模子 〈名〉①在固定地点或区域进行非法买卖活动者。②无证设摊做生意者:辩两个~,侪是我个出襄兄弟。

danzaohu 打招呼 予以通知或关照:辩桩事体一定请侬脱伊~帮个忙。

dan zekdhou 打折头 打折。

danzen/dang zen 打针 〈动〉

dan 打 〈量〉一打为十二个。◇英语dozen的音译。

dang 当

dang 当 〈动〉①以为:我~侬会来,结果白等侬半日。②当作:野草~菜吃。

dang(zy)/dang(shy) 当(仔) 〈动〉以为:我~伊今朝要板面孔,伊倒呒没生气。

'dangjin 当今 现在:辩个事体~勿会发生个。

'dangkou 当口 〈名〉①正在某一时间或地点上:侬勿要堵辣辩个~,人家忙来忙去要受影响了。②一定的时间或地点范围内:我轧着辩个~,正好地铁人少个辰光。|寻个好~,赚伊一笔!

'dangshakfhekshak 当着勿着 ①应该这样做,他却做成那样:辩个人叫伊做点事体往往~。②常说不该说的话:伊常常讲~个话。

'dangsy 当势 〈名〉时机,正当那时:辣插队个~,我只好去黑龙江。

'dangxin 当心 〈形〉小心。

'dangzong 当中 〈名〉中间。

dang 挡 〈动〉①拦住,抵挡。②遮蔽。③扶:辩顶桥勿好走,来,我~牢依走。

'dangzongwhanli 当中横里 中间。

dangzy 档子 〈名〉等级范围:我是活络~里个,所以分配辰光可上可下。

'dang 裆 〈名〉①两条裤腿相连的部分:横~。|开~裤。②两条腿的中间:~里抄好尿布。

dao 刀

'daodhou 刀豆 〈名〉四季豆。

daobo 到把 到一定程度;即将完成:我头发白得厉害了,大概年纪~了。

daoga/dao'ga 到家 〈形〉①到位:侬

看看还有啥事体还呒没安排~？②认真，周到：事事过问，真是~得来！

dao whe 到位 〈形〉周到，达标：侬服务~末，我钞票也付得爽快。

daoco 倒车 〈动〉

daozao 倒灶 〈形〉①不利，倒霉：今朝我碰着~事体了。②懊恼，十分难受：心里一一~，事体就做勿好。

daotikwhudhou 倒贴户头 〈名〉把钱贴给其所爱的男朋友用的女子。

daowhangme 倒黄梅 黄梅雨季延长到小暑后。

daode 捣蛋 〈动〉

daodeju 捣蛋鬼 〈名〉[詈]专与人捣鬼、拆台的人。

de 单

de / doe 掸 〈动〉拂：台子浪灰尘~脱眼。

de yhishen / doe yhishen 掸遗尘 过年前拂去房顶、四壁和檐下所积的灰尘。

'debhi 单被 〈名〉被单。

defha 对哦 像问听者是不是，实际并不问：伊拉爷娘~，老宠伊个。|现在老师对哦，邪气迷信考试。

'degu 对过 〈名〉对面。

demi 对面 〈名〉

de jin / dejin 对劲 合意：箒桌小菜~个。|两个人闲话勿~，就吵起来。

defhekqi 对勿起 对不起。

'delao 丹老 〈形〉差；差劲：箒部车子忒~。|真~，箒眼都跳勿过去。◇又写作"呆佬"。

dek 得

dek 得 ①和，连接名词的助词，或作介词：我~侬一道去。|我明朝~老王做生活。◇又写作"搭 dak"，但音不合。②连接动词、形容词和情态补语的助词：红~发紫。|诺，球踢~正好紧张辣海。◇最老的用法是用"来"，今也偶用。

dekfak 得发 〈动〉走运，得意：箒两年伊辣生意浪开始~。

dekfak 得法 〈形〉在理，成功，上道儿（一般与"勿"连用，用于否定）：伊动作做得勿~，结果掼脱一跤。

dekle 得来 〈副〉①很；非常；多么：小菜鲜~！②得……呐：要四天~。〈助〉得：做~人坍脱！|红~发紫。|浴池里汰浴末，人泡~煞根！◇最老的用法是用"来"，今也偶用。

dek 掇 〈动〉双手端：一只凳子侬~过来。|~一碗汤。◇《广韵》入声末韵丁括切："掇，拾掇也。"

delikfong 德律风 〈名〉[旧]电话。◇英语 telephone 的音译。

den 蹲

'den 蹲 〈动〉①两腿弯曲如坐，臀不着地的动作。②居住，暂留：伊~辣牢监里五年|箒幢房子里我~了八年。◇《广韵》平声魂韵徂尊切："蹲，坐

也。《说文》王注:当作居也。"

den 炖 〈动〉隔水蒸熟:蛤蜊~蛋。

dendhe/den dhe 炖蛋 〈名〉打和后加水蒸成的蛋。〈动〉用蒸的方法做"炖蛋"。

den 膯 〈形〉吃得太饱,不消化:今朝我吃~了,勿消化。◇《广韵》平声登韵他登切:"膯,饱也,吴人云。出《方言》。"

den shek 膯食 食物不消化,胃内积食。

dendang 逗当 一起,集中:~进,零碎出。

'dendhouxi 灯头线 〈名〉电灯开关的拉线。

'denlong 灯笼 〈名〉

'denlong jhunku 灯笼裙裤 〈名〉蓬起来像灯笼的裙子、裤子。

'denpao 灯泡 〈名〉喻指介入情侣间破坏气氛的人:依辂个人一日到夜跟牢人家屁股后头,像只1000瓦个~。

'denxinniong 灯芯绒 〈名〉有凸出条形的绒布,条形如灯芯。

'denyhan/'den yhan 登样 〈形〉像样;合适;入眼:伊辂件衣裳老~个。|依看伊坐个样子~哦?

denzy 凳子 〈名〉

dha 汏

dha 汏 〈动〉洗:伊辣水斗里向~衣裳。|~手。◇《集韵》平声歌韵唐何切:"汏,汏渐也。"《玉篇》卷第十九水部徒盖切:"汏,洗也。"

dhadhougao 汏头膏 〈名〉用来洗头的乳液。

dha naozy 汏脑子 改造思想;开导:伊对新规章一窍勿通,我要帮伊汏汏脑子。

dhajiakmaojin 汏脚毛巾 〈名〉洗脚、洗屁股用的毛巾,泛指洗下身的毛巾。◇又称"脚布 jiakbu"。

dha sou 汏手 洗手。

dha'yishang 汏衣裳 洗衣。

dha yhiok/dhayhiok 汏浴 洗澡。

dhayhokge/yhokge(汏)浴间 〈名〉洗澡间。

dhaba 大巴 〈名〉

dhabhak 大白 〈名〉大白痴:怪勿得痴头怪脑个,原来依是个~!

dhabhakce 大白菜 〈名〉特指"黄芽菜 whuangngace"。

dha(bhi)ghao 大(鼙)搞 〈名〉批改时在错题边上画的叉叉。

dhabin 大饼 〈名〉烧饼。一种圆形或长圆形的面粉制饼,上表面有芝麻少许。

dhadhouce 大头菜 〈名〉根用芥菜。

dhace 大餐 〈名〉西餐:明朝请依吃~。

dhafang 大方 〈形〉

dhagaoer fhek miao 大高而勿妙 不会好到哪儿去:伊写个诗,~!

dhagualuzy/dhagua 大怪(路子) 原

是一种扑克游戏。转指思路、行为与众有异,脾气、习惯古怪者:辫个人本生倒是蛮潇洒个人,辫两年变了,变成一个~。

dhahan 大亨 〈名〉大人物。也特指大流氓头子。◇"亨"是"hundred"的音译。原指有百万财产者为"大亨"。后含义扩大化。

dhahho/dhaxia 大厦 〈名〉

dhahhok 大学 〈名〉

dhajhikyhuoe 大剧院 〈名〉

dhaka 大卡 〈名〉假货,冒用名牌的产品:喔唷,辫只喔克曼是~!

dhaloufhangzy 大楼房子 〈名〉

dhaluhu 大路货 〈名〉①低档、常见、无特色、价廉、易于普及,适合大众消费水准的货品。②引申指无特色的精神产品:伊写个文章是~,呒没啥花露水。

dhalu 大路 〈名〉宽大的道路。〈形〉①做事大方,不计较:伊做人~来死,专门请客吃饭。②普通的,平凡的:介~个物事还稀奇勿煞!

dhamashan 大卖场 〈名〉大型的卖物场所。

dhanao quik yhan 大脑缺氧 称人傻帽、脑子有问题,为戏谑语:依还蹲拉辫搭做啥! ~啦?

dhasoedhou 大蒜头 〈名〉大蒜的鳞茎。

dhaxin 大兴 〈形〉冒牌,质差,假的。

dhayakmok(zok) 大约摸(作) 大约:我也吃勿准大,是~个。

dhayi 大衣 〈名〉

dhak 踏

dhak 踏 〈动〉踩:养草期间,大家勿要辣草地里乱~。◇上海说"踏"不说"踩"。

dhak 'bi 踏边 用缝纫机缝衣服的边。

dhakdhak gun 踏踏滚 〈形〉沸腾的样子:炉子浪开水~。

dhakfen 踏分 被别人拉上一块儿去赚钱:跟伊去~,呒没好处。

dhakjiakku 踏脚裤 〈名〉一种裤腿较窄长的裤子,裤腿下有弹性带,穿时踩于脚底下。

dhaknin 达人 〈名〉高手,有一技之长的人。

dhang 荡

dhang 荡 〈动〉①放:满面~开笑容。②闲逛:~东~西。|~白相。|上海人独多欢喜三三两两一道~马路。③往来摇动:~秋千。〈量〉一~绢头。

dhang molu 荡马路 逛街。

dhangqiuqi 荡秋千

dhang 盪 〈动〉摇而去滓:~茶杯。|酒盅~~清爽。◇《广韵》上声荡韵徒郎切:"盪涤,摇动貌,《说文》曰,涤器也。"《集韵》去声宕韵大浪切:"盪,动也。"

dhangkoube 盪口杯 〈名〉漱口用的杯子。

dhang 搪 〈动〉湿泥匀涂：～炉子。

dhang 宕 〈动〉①拖延：拿一笔账～一～。｜辫个人～辣海哾没安排。②吊着：～脚踏车～了一圈。③把网上的内容下载下来：依真个觉着辫篇文章灵末就拿伊～好。◇宕，英语"load down"中的"down"的音译。

dhangdhou 宕头 〈名〉①挂件。②余下的零碎，如关牌、大怪路子等牌戏中的零散牌张。③钟摆。

dhangfen 宕分 〈动〉欠款、负债：我也是哾没办法，一直～辣海宕了几家。

dhangzan/dhang zan 宕账 〈动〉欠账，暂不付账。〈名〉未结清的账目。

dhanghuang 溏黄 〈形〉蛋黄未凝固：～蛋。◇《集韵》平声唐韵徒郎切："溏，淖也。"

dhanghhole 宕下来 ①拖下来：昨日个事体～到今朝再做。②悬挂下来：辫根绳子～了。③将网络上的资料下载下来。

dhanglihhng 塘鳢鱼 〈名〉土咬鱼。

dhangngou 塘藕 〈名〉藕。又称"斜塘藕 xhiadhangngou"。

dhangxiongdhi 堂兄弟 〈名〉①堂弟。②堂兄和堂弟：～之间关系也勿错。

dhao 淘

dhao 淘 〈动〉①用器物盛颗粒状的东西，加水搅动或放在水里簸动，使除去杂质。②从深处舀出污水、泥沙、粪便等。③将液体加入搅和：汤～饭。④到旧货店、旧书店或摊子上去觅购有用的旧物、旧书：～旧书。｜～旧货。

dhaojianwhu 淘浆糊 ①马马虎虎、敷衍塞责地混：伊到啥地方，就～淘到啥地方。②不讲原则，和稀泥：人家辣争个道理出来，伊只会辣当中～！③说话东拉西扯：辫个人瞎幽默，一日到夜来脱阿拉～。④调解，斡旋摆平：双方利益摆勿平，只好由我出来～。

dhaotang/dhao'tang 淘汤 和汤（吃）。

dhaotangfhe 淘汤饭 〈名〉用汤水冲泡的饭。

dhao 挑 〈动〉选，挑：～物事。｜～古董。◇挑，《广韵》豪韵徒刀切："挑，挑择。"

dhaobe 桃爿 〈名〉一种蜜饯，用半片桃核带肉制成。

dhaohhong 桃红 〈形〉如桃子的红色。

dhaobheker 道勃儿 加倍；连续两次。◇英语 double 的音译。

dhaodhi 道地 〈形〉地道。

dhaobhoe 道伴 〈名〉同伴；朋友：我个～勿多，常常感到孤独。◇"道"俗写作"淘"。

dhaoli 道理 〈名〉①规律。②根据，理由：伊老是盯牢侬，是有～个。

dhaolinzy 道林纸 〈名〉一种纸质较

dhe 淡

dhe 淡 〈形〉①成分少,稀薄:用墨忒~。②味道不浓;不咸:菜烧得忒~。③颜色浅:辩块布个颜色~了一点。④态度冷:伊拿人情看~了。⑤生意不兴旺:~季。

dhejikguakdak 淡洁刮搭 〈形〉口味淡而起腻。

dhetile 淡天蓝 〈形〉浅蓝色。

dhezyzy 淡滋滋 〈形〉只有淡味。

dhe 痰 〈名〉

dhehou 痰吼 〈名〉哮喘多痰。

dhe bhanyhou 谈朋友 谈恋爱。

dhebe 台板 〈名〉①桌面板。②课桌桌板下放书包处:书包摆辣~里,勿要拿出来。③桌面上的玻璃板:~下面压仔两张照片。

dhebhi 台币 〈名〉

dhebu 台布 〈名〉桌布。

dheden 台灯 〈名〉安放于桌子上的灯。

dhedhou 台头 〈名〉支票、发票等上开列的对方的人名或单位名称。◇英语 title 的音译。

dhefong 台风 〈名〉

dhega/dhejia 台阶 〈名〉

dhelik 台历 〈名〉置于桌上的日历或月历。

dheyhin 台型 〈名〉面子;架势。〈形〉时髦:辩个人衣着老~个。◇英语 dashing 的音译引申而来。

dhezong 台钟 〈名〉放在桌上的座钟。

dhezy 台子 〈名〉桌子。

dhebhak 蛋白 〈名〉

dhecaofhe 蛋炒饭 〈名〉用打和的鸡蛋加油炒的饭。

dhegao 蛋糕 〈名〉

dhehuang 蛋黄 〈名〉

dheqin 蛋青 〈形〉如蛋白一样的青色。

dhegaklu 弹硌路 〈名〉一种旧上海常见的小路,路面由高低不平的鹅卵石或小块花岗石砌成。车行常弹起,人行常硌脚。◇又写作"弹格路"。

dhengan 弹硬 〈形〉坚强,不懦弱:辩个小姑娘~个,跌痛勿哭。

dhenge 弹眼 夸耀东西好得令人睁大眼睛:侬看辩件上装浪个花头~哦?

dhengelokjin 弹眼落睛 ①瞪圆眼睛,凶狠的样子:我又吥没欠侬债,侬对我~做啥?②显目耀眼,吸引眼球:辩套组合式家具看上去~。|小姑娘衣裳穿得五颜六色,~!

dhetak 弹脱 〈动〉顶走:伊要想来寻我麻烦,拨我~。

dhebhigong 弹皮弓 〈名〉弹弓。

dhedhe 袋袋 〈名〉①袋子。②口袋:手插辣~里。

dhedheku 袋袋裤 〈名〉一种布满口袋的中长裤。

dhepaosho 袋泡茶　〈名〉用粉末状茶叶的小袋泡出的茶水。

dhedhiaobin 苔条饼　〈名〉加入苔条粉做成的硬脆饼。

dheme 怠慢　〈形〉招待不周。常重叠使用。

dheshy 但是　〈连〉我欢喜画油画,~我勿想拿伊做我终身职业。

dhexianhele 檀香橄榄　〈名〉新鲜的青果。

dhek 凸

dhek 凸　〈形〉
dhekkua 'zoedhi 特快专递　〈名〉

dhen 钝

dhen 钝　〈动〉以反语冷嘲挖苦:~人。|侬当仔我辣表扬侬? 我辣~~侬! |伊~仔我两句,我当补药吃。

dhen 腾　〈动〉使空出:拿骍块地方~出来。|~出辰光学外语。

dhenkong 臀症　〈名〉肛门。◇《集韵》平声东韵沽红切:"症,脱症,下病。"

dhi 电

dhibao 电报　〈名〉
dhibhesy 电倍司　〈名〉①电子琴奏出的低音。②电吉他的俗称。◇倍司,英语 bass 的音译。
dhibhinco 电瓶车　〈名〉充电式自助车。

dhicangji 电唱机　〈名〉用电使唱片发声的机器。

dhicyfong 电吹风　〈名〉做头型的吹风机。

dhiden 电灯　〈名〉

dhidenpao 电灯泡　〈名〉①电灯的灯泡。②喻指光头。③喻指不适当地站在恋爱双方之中的人:伊拉两个人要谈谈,侬去做~插辣伊拉当中做啥?

dhifongsoe 电风扇　〈名〉用电动机带动叶片旋转,使空气流动的装置。

dhihho 电话　〈名〉

dhilaba 电喇叭　〈名〉喻指说话很大声的人:关脱侬个~!

dhinao 电脑　〈名〉

dhinikte 电热毯　〈名〉冬季用的通电保暖的床用毯子。

dhishoe 电传　〈名〉
dhishy(ji) 电视(机)　〈名〉
dhiti 电梯　〈名〉
dhitik 地铁　〈名〉
dhiyin 电影　〈名〉
dhiyinminxin 电影明星　〈名〉
dhizyjhin 电子琴　〈名〉用集成电路制作的键盘乐器。

dhi 垫　〈动〉用东西支、铺或衬使平正:癞蛤巴~床脚。

dhibhi 垫被　〈名〉

dhi dhejiak 垫台脚　①垫底。②找靠山爬上去。③有事求人而行贿:侬要伊大帮忙,要先~个啊!

dhidaodhou 垫刀头 〈名〉替死鬼；代他人受过或承担责任的人：侬愿意侬去做,我勿想拨伊拉做~。

dhi 甜 〈形〉

dhijinjin 甜津津 〈形〉①较甜而有味。②形容生活、爱情的美好。

dhijiunian 甜酒酿 〈名〉酒酿。

dhilusu 甜芦黍 〈名〉甜黍。又称芦黍 lusu。

dhimijian 甜面酱 〈名〉面粉加甘草等制成的酱。

dhibe 地板 〈名〉

dhibhi 地皮 〈名〉土地（一般指地的表面）。

dhidhoe 地段 〈名〉城市中的一块小区域：侬块~真闹猛,黄金~,阿拉块~忒冷落。

dhifang 地方 〈名〉

dhili/dhilik 地栗 〈名〉荸荠。◇"li"是儿化后失落。

dhidhi 弟弟 〈名〉

dhixinfhu 弟新妇 〈名〉弟媳。

dhiji 田鸡 〈名〉青蛙。

dhilu 田螺 〈名〉

dhipang 蹄髈 〈名〉作为食物的猪大腿。◇髈,《玉篇》骨部浦朗切："髈,股也。"

dhijin 蹄筋 〈名〉猪腿上抽出的韧带。

dhilamisu 提拉米苏 〈名〉一层又一层的多层奶油和蛋糕交叉制成的松形西点。◇意大利语 tiramisu 的音译。

dhiao 调

dhiao 调 〈动〉①互换：我告侬~只座位好哦？②转回：公交车~头。③改动,更换：~工作｜~价。

dhiaobao/dhiao bao 调包 〈动〉一种骗术。出人不意,以假换真。

dhiao bhindhao 调频道 换话题：好咪,阿拉勿要听侬讲自家个新闻了,侬可以调调频道了。

dhiao dhou 调头 〈动〉①向人借钱：我现在还缺廿块洋钿,侬脱我调个头好哦？②改变方向：航船看见阻挡,~就走。③回过头：我~一看,真个伊来了。

dhiaodhou 调头 〈名〉①调子：辫只戏~真难听。②语调。

dhiao dhoucen 调头寸 周转资金。

dhiaogan 调羹 〈名〉汤匙。

dhiaolongden/dhiao longden 调龙灯 耍龙灯。

dhiaohoqian 调花枪 耍枪。

dhiaoqiandhou 调枪头 ①改变方向：昨日伊还辣辣告李家闹,今朝~对准阿拉了。②换花样,换名堂：我看看勿对,马上~做小商品生意。

dhiaoqianho 调枪花 善于花言巧语,玩弄手法骗人：要我做啥事体明明白白讲,勿要~。

dhiao 捯 〈动〉搅拌：~浆糊。｜拿色拉油~好。◇《集韵》平声萧韵田聊切:"捆,一曰搅也。"

dhiaogoe 条干 〈名〉身材:要看人个样子,~好是最要紧个方面。

dhik 迭

dhikdak 迭搭 〈代〉这里:迭眼物事就摆辣~。

dhikghek 迭个 〈代〉这个(近指):~是一本新书。

dhikwhe/dhekwhe 迭为 〈副〉故意。

dhik(sy)ku 迪(斯)科 〈名〉迪斯科舞。◇英语 disco 的音译。

dhikzy 碟子 〈名〉小盆子。

dhin 停

dhinco 停车 〈动〉

dhindang 停当 〈形〉①安定:我辣办公室里心里勿慌,交关~。②妥当:事体办~了。〈动〉定下:我个工作已经~,勿必由侬操心了。

dhindang 定当 〈形〉妥当,定下来:工作安排~了。

dhin bhidhou 定被头 缝被子。

dhinjhi 定期 〈名〉

dhinyhanyhan 定烊烊 〈形〉①眼珠发直发呆愣着的样子:侬看伊一吓吓得眼睛~个,性命交关。②沉浸在自己的思想中的样子:伊~个辣想心思。

dhinlak gangdhoulang 停辣杠头浪 处于尴尬境地,骑虎难下:侬看哪能办?我正好~。

dhoe 抟

dhoe 抟 〈动〉把东西揉弄成球状:我拿纸头~脱了。◇《广韵》平声桓韵度官切:"抟,《说文》曰:圜也。"《集韵》平声桓韵徒官切:"抟,《说文》,圜也,谓以手圜之。"

dhoedang 断档 〈动〉某种货品售完,同种货品没有接着供应:辩种磁带录音机已经~多年了。

dhoe'fen 断分 [俚]一时没钱用了。

dhoemin 断命 〈形〉该死的:辩眼~生活做勿好了!

dhoedhoezoe 团团转 ①转个不停:侬勿要围辣伊拉旁边~,要影响人家工作了。②忙个不停,手足无措:我今朝要对付个事体实在忒多,急得我~。

dhoezy 团子 〈名〉用糯米粉做成的圆球形食物。

dhok 毒

dhok 毒 〈形〉残忍:伊个行为~透~透。

dhok 瘃 〈形〉呆痴:~头固执、不灵活的人。◇《广韵》入声铎韵徒落切:"瘃瘃无度。"

dhokdhou 瘃头 〈名〉傻瓜,呆子。

dhokdhouboxi 瘃头把戏 傻里傻气:勿要~个盯牢我看!

dhokdiaodiao 独刁刁 〈形〉孤独,孤单。

dhokfok 独幅 〈形〉只顾自己不考虑

别人:侬看伊一家头占台子一条边,勿拨人家坐,~哦?

dhokfangbhu/dhok 'fangbhu 踱方步 一摇一摆慢条斯理地走路:伊脑子里勿晓得辣想啥重要事体,只看见伊辣院子里走过来走过去~。

dhoksy/dhok 'sy 读书

dhong 捅

dhong 捅 〈动〉套:棉袄~辣罩衫里。◇《集韵》东韵徒东切:"捅,推复引也。"◇又写作"筒"。

dhongsoudhongjiak 动手动脚 ①动手打人:君子只动口,勿要碰碰就~。②调戏女子:规矩点,对我~做啥!

dhong soujiak 动手脚 ①动手做事:讲了一个礼拜要做了,今朝总算~。②打架:侬辩个人一点文明素质也呒没,一碰就要~!③处理掉某人某事:上级开始对辩两个头头~了。

dhongqi/dhong qi 动气 〈动〉生气:侬勿要惹伊~。

dhong soushek 动手术

dhongdhi 铜钿 〈名〉钱。

dhonggu 铜鼓 〈名〉鼓。

dhongdhongnge 洞洞眼 〈名〉小洞。

dhonghholok 同学录 〈名〉网上开辟的一种已毕业的同班老同学的联络方式:我拉 CHINAREN 上头注册了一个~,侬快点加入进来。

dhonghhowhe 同学会 〈名〉毕业后老同学的联络平台:啥辰光上大个~成气候了,上大也就有希望了。

dhongju mikyhou 同居蜜友 同租一房居住的亲密朋友,多指异性的:伊拉两个是一年个~,侬还勿晓得哦?

dhongsek mikyhou 同室蜜友 不认识的合租房子的同性朋友:~个生活真是丰富多彩。

dhongshen yakwhe 同城约会 同座城市里的网友约会:我常常加入~,侬去哦?

dhongzyji 童子鸡 〈名〉未发育的公鸡。

dhou 头

dhou 头 ①〈名〉脑袋。②词缀,与名素、动素、形素等构成名词:石~|风~|牌~|喷~|推~|吃~|丫~|对~|阿三~|奶奶~|脚脚~。③用在量词后面,再接名词,表示某种整体状态:条~糕|阵~雨|瓶~装|听~货。④〈量〉门:一~亲事。⑤数量词组加"头",表示与一个单位整体来计算:一包香烟廿支~。|我五十张~一包个纸头买三包。⑥与表示动量的数量词组合用,表示一下子:辩眼书我一记~就搬光了。|辩眼橘子我一口~吃完。⑦与"一"合用,表示动作迅速完成:工具一摜~就跑。|书包一拎~就走。⑧与表示动量的数量词组合用,表示分几次:辩只钉我两记~敲下去。|辩点药要三趟~吃。⑨与"有"合用,表示动作持续一段时间:有吃~。

|有看～。|有等～。⑩与"呒"或"呒没"合用,表示不值得:呒吃～。|呒没看～。|呒等～。⑪与"有啥"或"呒啥""呒没啥"合用表示值得、不值得:犇点钞票有啥赚～?|有啥白相～?|呒啥拨伊～?|有啥骂伊～?

dhoubhixik 头皮屑 〈名〉头屑;头皮表面脱落下来的碎屑。

dhoudhu/dhou dhu 头大 〈形〉烦恼,伤脑筋;感到难弄:犇桩事体～来。|我一看见伊就～。

dhoufak 头发 〈名〉

dhougu 头箍 〈名〉用来固定头发、套在头上的箍状物。

dhouhun/dhou'hun 头昏 〈动〉头晕。

dhoujin 头巾 〈名〉可包头用的棉、绒、丝或化纤织品,多为正方形。

dhoujin 头颈 〈名〉脖子。

dhouli 头里 〈名〉里:侬勿要立辣雨～。

dhoulu 头胪 〈名〉头发旋儿。

dhoutiao 头挑 〈形〉头等,最好的,优异的:整个村浪挑扁担伊是～。

dhoutong/dhou tong 头痛 〈动〉

dhouzy 头子 〈名〉办事或处理人际关系的本领:伊～活络,个个头头面前侪兜得转。

dhouzy whek(lok) 头子活(络) 善于与人交际得到好处,头脑灵活。

dhou 投 〈动〉①放进去,送进去:～篮。|～资。②跳进去:～黄浦。③迎合:～机。④忙乱,莽撞,事多搞糊涂了:一日到夜,～东～西。⑤设法获得:我去～两张票子来。

dhoungdhoulok 投五投六 ①做事冒冒失失,没有头绪。②到处寻觅或借贷:伊～,总算投着一百块洋钿。

dhoumiao 豆苗 〈名〉同"寒豆藤"。

dhoubejian 豆板酱 〈名〉面粉加豆瓣制成的酱。

dhoungace 豆芽菜 〈名〉①发芽的黄豆。②喻指又瘦又高的青少年。

dhou when 头浑 〈动〉头晕。

dhouqin 豆青 〈形〉如青豆一样的青色。

dhousosek 豆沙色 〈形〉如红小豆、豆沙一样的棕红色。

dhouwhu 豆腐 〈名〉

dhouwhugoe 豆腐干 〈名〉

dhouwhuho 豆腐花 〈名〉豆腐脑儿。

dhouwhujian 豆腐浆 〈名〉豆浆。

dhouwhuyi 豆腐衣 〈名〉豆腐皮儿。煮熟的豆浆表面上结成的薄皮。

dhouyhou 豆油 〈名〉大豆油。

dhouzypin 豆制品 〈名〉用豆类制成的食品,面筋、烤麸也包括在内。

dhu 大

dhu/dha 大 〈形〉

dhubhakce 大白菜 〈名〉大的白菜。

dhuce 大菜 〈名〉①20 世纪六七十年代称酒席上最后上桌的全鸡、全鸭等菜肴。②大青菜。

dhugunian 大姑娘 〈名〉未婚女

青年。

dhuhaolao 大好佬 〈名〉①大人物。②[俚]什么事都做不好的人。

dhuhhounik 大后日 〈名〉大后天。

dhuhhouni 大后年 〈名〉

dhuhhouti 大后天 〈名〉

dhadhou(bhik) zen 大头(别)针 〈名〉

dhudhubhi 大肚皮 〈名〉孕妇。

dhujhinghong 大勤共 声势很大地干某事：上海人弄房子欢喜~，亨八冷打一共几道墙壁通通敲脱，来个一步到位。

dhujiakfong 大脚疯 〈名〉脚气病。

dhuxhinik 大前日 〈名〉大前天。

dhukuedhou 大块头 〈名〉胖子。

dhumozy 大模子 〈名〉身材高大的人。

dhuqinlaozao 大清老早 一清早，大清早：啥事体？~来敲阿拉个门！

dhushakha 大煠蟹 〈名〉中华绒螯蟹。◇俗写作"大闸蟹"。

dhushy 大厨 〈名〉

dhusy 大水 〈动〉发洪水。〈名〉街道田地积水。

dhutebe 大推扳 差得多：我比比侬真是~！

dhutedhube 大推大扳 差得远。

dhuwhendhen 大馄饨 〈名〉皮较厚、馅为猪肉和碎菜的馄饨。

dhuzoewe 大转弯 〈名〉马路车道口的车子左拐弯。

dhu 佗 〈动〉背负：伊~辣我背浪。◇《集韵》平声歌韵唐何切："佗，《说文》，负何也。"◇又作"驮"。

dhudhube 佗佗背 背负着小孩：~，卖猪猡(儿歌。大人背着小孩唱，戏言背着一个小猪去卖)。

dhuxhini 大前年 〈名〉

dhuxian 大相 〈形〉显大：伊长得~，脱伊娘勿一样。

dhuyhimma 大姨姆妈 〈名〉大姨妈，即母亲的姐姐。

dhube 驼背 〈名〉①驼的背。②背直不起来的人。

dhuzy 驼子 〈名〉背驼的人。

dhubhi 肚皮 〈名〉肚子。

dhubhi tong 肚皮痛 肚子疼。

dhubhili sekzak yhanseyhu 肚皮里塞只洋山芋 肚子里塞一个土豆，喻笨蛋。"土豆"与"土头"同音。

dhubhinge 肚皮眼 〈名〉肚脐。

dhubhisha 肚皮射 腹泻。

dhudang 肚档 〈名〉菜谱上称鱼腹部多肉少刺的部分。

dhushan 肚肠 〈名〉肠子。

dhuxhi(nge)肚脐(眼) 〈名〉肚脐。

dhuxi(nik)/dhu xi(nik) 度死(日) 无所事事混日子。

dhuzang 图章 〈名〉印章。◇[旧]图私 dhusy。

di 低

'di 低 〈形〉

'dishenfhang 低层房 〈名〉楼层为1~3层的楼房。

'diyaoku 低腰裤 〈名〉只穿到肚脐下方的裤子。

'di 掂 〈动〉以手称物:让我~~分量看。

dijinlian 掂斤两 原意为掂估重量,引申为估计一下利害:侬对付骱桩事体要~个,勿要随便答应。

di 点 ①时间计量单位。②点儿。

dixin 点心 〈名〉

diji 点饥 〈动〉略微吃点东西充饥:吃碗甜羹点~,夜里吃饭老晏个。

dizy 点子 〈名〉点儿。

di 渧 〈动〉余沥滴下;水等液体滴下:让淘箩里个水~~干。◇《集韵》去声霁韵丁计切:"渧,泣貌,一曰滴水。"

dijiak 底脚 〈名〉剩下的一点儿东西。

dia 嗲

dia 嗲 〈形〉①娇柔,妩媚,姿态有魅力:伊对侬轻轻叫一笑,~是~得来!|伊是一个~妹妹。②好,精彩,够味:侬两个字写得老~个!|侬看骱场双人舞~哦!◇英语 dear 的音译和转义。

diafheksak 嗲勿煞 对自我感觉良好的人的挖苦语,责他摆臭架子:介得意做啥?勿要~!侬去买根线粉吊杀算了。

diajin 嗲劲 〈名〉妩媚娇滴滴的样子:伊就是欢喜小姑娘个~。

dialiuliu 嗲溜溜 〈形〉形容娇媚的样子。

diasendiaqi 嗲声嗲气 撒娇的声音姿态:侬看伊讲起话来~个。

dia toulek 嗲透了 形容别人做事出色,含有些自己心理不平衡意味:伊今朝作秀作了~!

'diadia 爹爹 〈名〉爸爸。

diao 刁

'diao 刁 〈形〉①口齿不清:小人勿好学~嘴巴。②挑食:伊嘴巴忒~,到现在还是介瘦法子。③吝啬,促狭:骱个人老~个,侬要伊做点事体难个。④娇:养~囡。

'diaozoe 刁钻 〈形〉

'diaozy 刁嘴 ①口齿不清,一般指小孩初学语时。②嘴刁,吃东西挑剔。

diaobakjin 吊八筋 衣服做得太小,吊在身上不合身:侬条裤子裤脚管~。

diaodajhun 吊带裙 〈名〉肩部设计为两根细带子的露肩裙子。

diaodase 吊带衫 〈名〉用细带吊背的胸衣。

diaodhong 吊桶 〈名〉吊水用的小木桶或小铁皮桶。

diaoerlangdang 吊儿郎当 无所事事,游荡度日:伊骱种~的样子,我真看勿惯。

diao sangzy 吊嗓子 练嗓子。

diao gawhe 吊价位 对顾客开出起

卖价。

diao ledhou 吊篮头 股票交易中预设一个价值等待交易:侬现在先~吊拉海再讲,作兴下半日股票指数会升上来。

diao whekou 吊胃口 逗引而不给或不说:有好书拿出来大家看看,勿要~。

diao yhisy 吊盐水 输液。

diaozen 吊针

'diaobhi 貂皮 〈名〉水貂的皮。

dik 跌

dik 跌 〈动〉

dikdhinbe 跌停板 〈名〉①股票价格跌得利害,跌幅达到前一天收盘的10%,当日不许继续下跌,停止交易:今朝有只股~。②某人运气差到极点,受不到重视:我年纪大了,~了,可以回屋里吃老米饭了。③不受异性青睐:再勿抓紧点,过了岁,好了,侬就是~了。

dikdikcongcong 跌跌踵踵 踉踉跄跄:老外婆年纪大了,走路~。

dikga 跌价 〈动〉

dikgao 跌跤 〈动〉摔跤。

dikgendhou 跌跟斗 ①摔跟头。②比喻犯错误。

dik 扚 〈动〉①敲,捶:~背。②用两个指头捏住一小块皮肤后往外拉:~肉。|~痧。|~汗毛。|~我一块肉。◇《集韵》入声锡韵丁历切:"扚,击

也,引也。《字汇》:手掐也。"

dikdikdhou 滴滴头 〈名〉①皮肤上增生的一圆形小块。②茶壶盖子中间的一个捏头。

dikdik whak 的的滑 〈形〉非常滑。

dikdokbe 的笃板 〈名〉演唱时打拍子用的呱嗒板儿,由两片大竹板或多片小竹板用绳连接而成。

dikgoksyfang/dikgoksy 'fang 的角四方 〈形〉整整齐齐的方形。

diklikdoklok 的粒笃落 〈拟〉小圆形物或水珠掉落的声音。

diklikguen yhuoe 的粒滚圆 〈形〉非常圆。

diklinlin 的铃铃 铃声。

dikwhak/dik wak 的滑 〈形〉非常光滑:侬个皮肤~。

din 钉

'din 钉 〈名〉钉子。

din 钉 〈动〉①把钉子打进去:~钉子。②缝:~纽子。|~被头。

'dindhou bhang tikdhou 钉头碰铁头 硬碰硬:伊拉两家头,老是~,要分分开个!

din niuzy 钉纽子 钉纽扣儿。

din 顶 〈动〉①一物对准一物由上而下投去:~橄榄|~铜板。②支撑;用头支承:头顶倒山。③从内从下拱起钻出:一条虫~发~发从门缝里~出来了。|辫个小囡~长了。④顶替:我~我个爷进厂个。⑤对面迎着:~官

司。〈副〉最:小王表现~好。
dindhoushangsy 顶头上司 最直接的上级。

dinfheklao 顶勿牢 撑不下去了,不行了:再卖辩只牌子~了。

dintak 顶脱 好到头:辩支笔真是~了!

dinzen 顶真 〈形〉认真,一丝不苟:做事体要~。

dinzy/din zy 顶嘴

din 灒 〈动〉沉淀:水勿大干净,要~~清再吃。◇《集韵》上声迥韵都挺切:"灒,灒泞水貌。"

dinjiak 灒脚 沉淀:现在自来水也勿清爽,要~以后再吃。

'dindao 丁倒 〈形〉颠倒:字写得丁倒倒。

'dindaolik 丁倒立 倒立成"丁"字形。

'dinsao/'din 'sao 盯梢 〈动〉①蹑行人后,跟步不离。②陌生男子紧随女子之后。

dinsyji 订书机 〈名〉

'dinzok 叮嘱 〈动〉嘱咐,叮咛。

doe 短

doe 短 〈形〉

doelu 短路 〈动〉一时呆住:侬哪能勿响了,~了?

doetongku 短统裤 〈名〉短裤。

doetongmak 短统袜 〈名〉短袜。

doeyouyou 短悠悠 〈形〉较短或矮(褒义):辩件布衫~。

doe/de 掸 〈动〉拂:台子浪灰尘~脱眼。

doe yhishen/de yhishen 掸遗尘 过年前拂去房顶、四壁和檐下所积的灰尘。

'doengjik 端午节 〈名〉

'doezen 端正 〈动〉准备,放:砚台、毛笔已经脱侬~好了,侬来写字?〈形〉①物体不歪斜:写字~。②正派;正确:品行~。

dok 笃

dok 笃 〈动〉用文火熬煮:~粥。|~蹄髈。〈形〉从容缓慢:~定。|~悠悠。|~定马司开。◇《广韵》入声沃韵冬毒切:"笃,《说文》曰,马行顿迟迟。"〈名〉旧指女性生殖器。现市区已不用,郊区尚通用。◇本字应为"豚"。

dokdhin 笃定 〈形〉心中安定踏实不慌:依托我办个事体我总归会脱侬办好,侬~放心好了!

dokdhin masyke 笃定马思开 犹言你放心,没问题(用于答别人交办事情):事体包辣侬身浪咯?——~。◇马思开,上海洋泾浜语把"Never mind"说成"marskee"。

dokdhin tase 笃定泰山 十分肯定;十分放心:我今朝数学吃一百分是~个。|放假了,侬~蹲辣屋里看书。

dokdhou 笃头 头向前点下,后颈伸长,形容没精神:侬头笃辣海做啥,放

dokdhoudoknao 笃头笃脑 头向前低,没精神,坐着打瞌睡的样子。

dokdokzoe/dokdok zoe 笃笃转 〈动〉在一处转悠很久,不离开:看㑚个人辣马路口~,等啥人?

dokte 笃坦 〈形〉心中坦然,一点不慌:慢慢叫做好了,~!

dok 氝 〈动〉丢,掷,投:~标枪。|~脱纸头。◇《辞海》:"吴方言词,同丢,如:氝开,氝脱。"

dokyouyou 笃悠悠 〈形〉很心定、慢吞吞的样子:伊走起路来~,讲起话来也~。

dok medhou 氝煤球 故意说反话嘲讽人:我已经让让伊了,伊还要朝我身浪~。◇"煤"字谐音"霉"字,"氝煤球"即大触霉头。

dok 涿 〈动〉淋:雨~了我一身。◇《集韵》入声屋韵都木切:"涿,流下滴。"

dok yhu 涿雨 淋雨。

dok 毅 〈动〉敲,用棍棒轻击:头浪~脱伊两记。|凳子浪个榫头要~~牢。◇《集韵》入声沃韵都毒切:"毅,《说文》,椎击物也。"

dok dhang 毅糖 手工做麦芽糖块。

dok 豚 〈名〉旧指屁。

dok 褶 〈动〉做衣服时因衣料不够,拼上一块:~一块料作辣衣角浪。◇《广韵》入声沃韵冬毒切:"褶,衣背缝也。"

dong 东

'dongfang minzy 东方明珠 〈名〉

'dongga 东家 〈名〉受雇、受聘者称他的主人。

'dongho 冬瓜 〈名〉

'dongsen 冬笋 〈名〉冬天挖出毛竹的地下笋。

dongjin 懂经 〈形〉①精通:㑚个人着衣裳真~。②时髦:侬看伊打扮得~哦?

dongshyzang 董事长 〈名〉

dongcang 冻疮 〈名〉

dongzok 冻瘃 〈名〉冻疮。◇《广韵》入声烛韵陟玉切:"瘃,寒疮也。"又称"冻疮 dongcang"。

dou 兜

'dou yhuoelu 兜远路 绕远路。

'doubhong 兜篷 〈名〉斗篷。

'doudekzoe 兜得转 善于处理各种关系,路路通:叫伊去办好唻,伊是~来死个。|下级、上级伊侪会得~,本事大哦?

'douquoezy/'dou 'quoezy 兜圈子 ①转圈子。②说话绕弯,不直接:侬讲言话要直拔直,勿要老是~。

'dousanyi 兜生意 对外推销货物:几个小贩辣路口头对过路人~。

dou shejik 斗蟅虮 斗蟋蟀。◇蟅,《集韵》去声阚韵昨滥切。《玉篇》:"蟅,超忽而腾疾也。"虮,《广韵》入声质韵资悉切:"蚍,蜻蜓别名。《诗经·唐风》疏:蟋蟀,一名蜻蜓。"

du 多

'du/'da 多 〈形〉◇在"苹果我买了~只"中,老派"多"读'da 音,是保留了上古音。

'du(du)dhou 多(多)头 〈名〉皮肤上增生的一圆形小块:㑚个人耳朵浪有一只~。

'dumangnong qik sho yiksak 多望侬吃茶噎杀 多望你喝茶噎死。诅咒趣语。

'dusao 多少 几,多少:买~物事?

'dushen 多层

'dushenfhang 多层房 〈名〉一般不超过6层的楼房。

du yhun 多云

duji 妒忌 〈动〉忌妒。

duzy 肚子 〈名〉猪肚。

E

e 哎

'e 哎 〈叹〉①表示懊恼、悔恨:哎,我想来想去真勿对! ②一般呼唤:哎,小王,侬快点来呀!

e 晏 〈形〉迟。

edao 晏到 〈动〉迟到。

exik 晏歇 过会儿:侬等一等,~我就来!

exikwhe 晏歇会 待会儿见。

eyikxik 晏一歇 晚一会儿:伊要~再来。

'eghek shenguang 埃个辰光 那时候:~侬常常来白相个。

'emi 埃面 那儿:我今朝要到外白渡桥~去。

'emiyiknge 埃面一眼 那些,那边,那点:辩眼书是我个,~书勿是我个。

'enge 埃眼 那点:侬~小菜留辣海。多用"埃面一眼"。

e 爱 〈动〉

enong 爱侬 爱你。

ek 盍

ek 盍 〈动〉覆盖:用一只碗~辣酱上头,勿使伊出气。◇《广韵》入声盍韵安盍切:"盍,《说文》,覆盖也。"

ek 榻 〈动〉遮盖,覆盖:麦浪~眼烂泥上去。◇《广韵》入声曷韵乌葛切:"榻,拥榻。"

'eghek/'ehhek 埃个 那个(远指),另一个:我勿认得~人。|辩个物事我吃脱,~物事侬带回去。

ekge 厄陲 不算,再来一次。◇英语 again 的音译。

er 耳

erghue 耳环 〈名〉◇又称"耳朵环 nidughue"。

F

fak 发

fak 'biao/fakbiao 发飙 〈动〉发大火:伊实在熬勿牢,~了。

fak bhiqi 发脾气

fakcy/fak 'cy 发痴 〈动〉①发疯,精神失常。②因兴奋或专注而失去常态。③痴想:侬~了,癞蛤蚆想吃天鹅肉。

fakda 发带 〈名〉箍住头发的带子,一种装饰。

fak dhi 发电 发出求爱的信息。多指女子发出:阿拉校园里,现在是女生~个多。

fak dhiaodhou 发调头 发指示,发命令,发话:今朝阿拉老总~了,要大家下去推销产品,一个人也勿能溜脱。|老婆~了,要我今朝夜里早点回去。

fak dhok 发嚉 痴呆。

ak dia 发嗲 〈动〉①撒娇,以娇滴滴的声音或姿态打动人:莺莺只要一~,姆妈就样样依伊了。②摆架子,故意摆姿态,装模作样(多用于男子,贬义):侬勿要~了好哦!有言话就直接讲好哦?

fak diajin 发嗲劲 撒娇,做妩媚姿态。

fak fhixin 发微信

fakfong/fak 'fong 发疯

fakgak/fak gak 发格 〈动〉发脾气:侬看伊就要~了,阿拉快点离开此地哦!

fakgak 发夹 〈名〉夹住头发的夹子。

fak 'gaosao 发高烧 发烧,热度很高。

fak ghang 发戆 发倔脾气。

fak 'hou 发吼 发怒:今朝伊对我勿起,我~了两趟。◇吼,英语 hurt 的音译。

fak hhoenik 发寒热 ①因病发烧。②戏称神经突发不正常:侬看侬现在辣讲啥? ~啦?

fak hu 发火 〈动〉发脾气。

fak jhik 发极 发急(情形更重一些):今朝伊辣乱叫乱跳~。

fak lang 发浪 发骚:正常一点,勿要~!

fak lanxin 发冷汛 来寒流。

faklebhoe 法兰盘 〈名〉一种大的煎盘,长柄平锅。◇英语 fry pan 的音译。

fakleniong 法兰绒 〈名〉正反两面都有绒毛的毛织品,质地柔软。◇英语 flannel 的音译。

fak mao 发毛 发火:侬惹得伊勿开心,伊要~个。

fakngadhou 发芽豆 蚕豆发嫩芽而成的一种菜肴。

fak nge 发呆

fakpiao 发票 〈名〉

faksen/fak 'sen 发身 〈动〉发育。

fak shenjin(bhin) 发神经(病) ①发精神病:搿个人身体一直还好,最近着生头里~了。②[詈]像发精神病一样:勿要侬管个事体侬瞎讲八讲,~啦?

fakso/fak 'so 发痧 〈动〉中暑。

fak tikzy 发帖子 ①发请帖:办喜酒挨着我去~。②在网上发表文字。

fak xhin 发情

fakxuik 发噱 〈形〉滑稽:搿个人个动作老~个|小王老~个,常常开玩笑。

fak yhan 发痒 起痒。

fang 方

'fang 方 〈形〉

'fangban 方棚 〈名〉变压器。◇英语 transformer 的音译。

'fangdokdok 方笃笃 方形(带有可爱义):搿个小囡面架子~,蛮讨人欢喜。

'fanghao 方糕 〈名〉含有豆沙馅儿的方形软糕。

'fangte 方腿 〈名〉熟硝肉,方形。一种熟菜。

'fangxian 方向 〈名〉①目标:今朝夜里出去白相,有勿有~?②头绪:搿种论文真难做,我~也呒没。③特指恋爱目标:搿两日阿王有~了。

fang bhakgek 放白鸽 ①说空话;应诺而不为:言话讲出算数,勿要~。②[旧]一种诈骗术,荡妇用甜言蜜语,伪称从良,嫁过去不过几天,席卷所有钱物而远走。

fang daogou 放倒钩 ①安插线人:~,摸情况,制伏伊。②[俚]倒打一耙,反戈一击:本生想斩伊一刀个,呒没想着伊~,倒拿阿拉白相了一把。③[俚]特指破坏别人家庭。

fang dhi 放电 ①男女之间感情迸发四溢,眉目传情:伊拉两个人~已经放了一段辰光了,侬就勿要加入~了。②放出自己的魅力去吸引人:伊电放过来了。

fang ga 放假

fangdiao 放刁 使乖;耍无赖。

fang hho/fanghho 放学

fangsan 放生 〈动〉①做善事,把别人捉到的小动物放掉。②相约去做一事,临时一方负约:伊脱我约好去超市白相,我倒来了,伊拿我~了。③对下属放任:老师两个礼拜勿来上课,拿学生子侪~脱了。④饶了他:勿要捉伊,放伊生。

fangpaoshan/fang 'paoshan 放炮仗 放鞭炮;放爆竹。

fang sy 放水 ①放松一点,不太严厉,或故意在某方面示弱,输给对方,饶了对方:我有意输拨伊,放伊一趟水。②讽刺女生哭:勿晓得啥人惹伊了,伊辣辣~了。

fang yhahhok 放夜学 下午放学。

fang yhahu 放野火 在外边乱说,造舆论:䛒桩事体拨伊拉~放得忒多,办勿成功了。

fang yhaozy 放鹞子 放风筝。

fangyikmo 放一码 原指放宽尺寸,现为宽大、原谅一次,放过一次:伊也晓得自家个勿对了,䛒趟我就放伊一码。

fe 泛

fe 泛 〈动〉颜色变了:衣裳颜色~白了。

fe 庲 〈动〉胃不舒服,呕吐:今朝吃得勿适意,咽下去个物事差点~出来。◇《广韵》去声愿韵芳万切:"庲,吐。"《集韵》去声愿韵方愿切:"庲,心恶病。"

'fe baozy 翻报纸 翻阅报纸。

'fe 'gendou 翻跟斗 ①前后滚翻。②高价倒卖,翻一个跟斗就是翻一倍价钱:䛒张火车票是~买来个。|䛒张电影票翻了两只跟斗。

'fegha 番茄 〈名〉西红柿。

'feghasosy 番茄沙司 〈名〉一种番茄酱汁。◇沙司,英语 sauce 的音译。

'fe maoqian 翻毛腔 翻脸发火:我好好叫劝侬,侬倒反而~了。

'fesy 番斯 〈名〉脸。◇英语 face 的音译。

fen 分

'fen 分 〈名〉时间计量单位。

fenbhi 粉皮 〈名〉用绿豆粉、白薯粉等淀粉制成的片状豆制品。

fenbhinidu 粉皮耳朵 耳朵软,喻没主见:䛒个人是~,别人一讲就顺从。

fenbik 粉笔 〈名〉

'fenji 畚箕 〈名〉簸箕。

fha 哦

fha 哦 〈助〉①吗:侬超市去~? ②吧:让伊去办,侬就勿要去管~!

fhang 房

fhangdhaomen 防盗门 〈名〉用铁制或铁、木合成的,不易被撬开的门。有的门上有小窗,用来与陌生人交谈而不必开门。

fhangge 房间 〈名〉

fhangka 房卡 〈名〉进房门时插入刷的卡,相当于钥匙。

fhangkak 房客 〈名〉①一幢房屋中各户人家之间互称。②向房东租房居住的人。

fhangyhin 房型 〈名〉

fhangzy 房子 〈名〉

fhe 万

fhebaoxhisy/fhebao xhisy 万宝全书 百科全书,比喻无所不知的人:伊是个~,侬去问伊好了。

fhehodhong 万花筒 〈名〉一种玩具,圆筒状,用一个眼睛看去,内用三面镜子,使底部的彩色不规则小玻璃反照成六角形的图案。

fhejinyhou 万金油　什么本领都会一些,但都不精深:我辔个人是~呀,小修小补勿成问题。|辔个专业末出来~来死,啥事体侪好做个。

fhe 饭　〈名〉米饭。

fhemisoe 饭米糁　〈名〉饭粒。◇糁,《集韵》上声感韵桑感切:"糁,《说文》……一曰粒也。"

fhe qikgufha 饭吃过哦　吃过饭没有。用作见面时的问候语,旧时用如"你好"。

fheer 凡尔　〈名〉阀。◇英语 valve 的音译。

fhefhekqinsang 烦勿清爽　①纠缠没个完:儿子常常来~,要我买拨伊新手机。②说个没完:伊常庄辣我耳朵边头~,我真讨厌伊!

fhefi 烦费　〈动〉烦劳花费:侬何必~,又买礼来。

fhelaotabhu 烦老太婆　〈名〉说话不断,颠来倒去说个没完的老太太(贬义)。

fhegue 犯规　〈动〉犯忌。〈形〉遇到困难时叹息:真~!

fhelikdin 凡立丁　〈名〉薄形的毛料布。◇英语 valitine 的音译。

fhenao 烦恼　〈形〉

fhene 烦难　〈形〉做起来费事;难。

fheolin 梵哑铃　〈名〉小提琴。◇英语 violin 的音译。

fhepaozok 饭泡粥　〈名〉饭加水煮成的粥。〈形〉取"饭"与"烦"同音。说话啰唆,或指这样的人:年纪大,讲言话~。

fheshy 饭糍　〈名〉锅巴。◇糍,《广韵》上声纸韵池尔切:"糍,粘也。"

veshilin 凡士林　〈名〉一种可以滋润皮肤的涂油。◇英语 vaseline 的音译。

fhesywhu 饭司务　〈名〉厨师。

fhewoedhou 饭碗头　〈名〉①留在碗里的、吃剩的一两口饭:辔个小妹妹已经吃剩~。②比喻工作、职业:伊~呒没了。

fhek 勿

fhek 勿　〈副〉不:我~到海南去。

fhekdak gaghak 勿搭界个　没关系。

fhekdhe 勿谈　①不要去说它:辔桩事体~了。②不得了;很:好得~。③真棒(带有善意的讥讽):侬~了,蹿上去了。

fhekguoe 勿管　〈连〉~侬到阿里搭去,侬总归要告诉我一声。

fheklin bhen 勿领盆　①不买账;对压力、强势、暴力、威胁等不服、不怕。②不服输:侬讲伊功课比我好,我倒有点~辣海。

fhekshak 勿着　不能……到;不到:水果吃~。|家生买~。|架子浪吃~分量。

fhekshang 勿上　不干:辔种生活阿拉~个。

fheksong 勿送　不远送了。礼貌用语,常重叠使用。

fhekyao 'ga ku 'e haofha 勿要介可爱好哦　别装模样啦;别那么装可爱好不好:侬~,我屏勿牢侬了,我要笑煞了!

fhekshy 'sanyijin 勿是生意经　①决不能办到:侬想溜走,~!②简直不像话:侬弄得辫能样子,真~!③不妙:走,立辣此地~。

fhekyao kakqi 勿要客气

fhekyao xhia 勿要谢　不用谢。

fen 文

fhenbhin 文凭　〈名〉

fhende 文旦　〈名〉柚子。

fhenqi 文气　〈形〉文雅,娴静:辫个男小人交关~。

fhenzouzou 文绉绉　〈形〉举止文雅的样子。

fhenlian 份量　〈名〉重量。

fhi 微

fhibulu 微波炉　〈名〉

fhinilong 维尼龙　〈名〉维棉布。

fhitamin 维他命　〈名〉维生素。◇英语 vitamin 的音译。

fhizysu 味之素　〈名〉味精。◇借自日文"味の素"。

fhok 服

fhoktik 服帖　〈形〉①服从,顺从,听话:我完全~侬。|拿伊做~。②佩服,没话说;自愧弗如:我对伊服服帖帖!③衣物穿着贴身合体。

fhokwhuyhuoe 服务员　〈名〉

fhong 凤

fhongza 凤爪　〈名〉一种菜肴,用鸡爪加调料烹调而成。

fhou 浮

fhou 浮　〈形〉

fhoushasha 浮惹惹　〈形〉握物或做事不稳、不牢靠。

fhousy 浮尸　〈名〉[詈]如浮于水面的尸体(有时虚指人):辫只~最好伊早点死脱!

fhu 扶

fhusou 扶手　〈名〉

fi 飞

'fiji 飞机　〈名〉

'fijishan 飞机场　〈名〉机场。

'filikpu 飞立浦　〈名〉①以灯泡喻秃头。②第三者,像电灯泡那样插在两人中间:侬插辣伊拉两个当中,是~?

figang 废讲　〈名〉废话。

finin 废人　〈名〉①因受打击一蹶不振的人;完全没有用的人,多余的人:我看厂里一紧缩,阿拉侪是~了!②骂"真没用":辫点事体侬也办勿好,~!

fitak 废脱　〈动〉完了,没希望,无可挽回:辩场考试呃没考好,乃我~了。

fok 福

fokdakdak 福搭搭 〈形〉胖胖的、有福气的样子:辩个人个一副长相~。

fong 风

'fong 风 〈名〉

'fongdhou 风头 〈名〉接在"东、南、西、北"后,表示该方向吹来的风:刚刚辣辣吹西北风,现在转南~了。

'fongji 风鸡 〈名〉用盐、花椒涂抹在腔内后风干的鸡。

'fonglian 风凉 〈形〉凉快。

'fongniok 风肉 〈名〉烤干的腌制过的猪肉。

'fongte 风瘫 〈动〉瘫痪。

'fongxikmao 风雪帽 〈名〉防风帽。

'fongyi 风衣 〈名〉挡风的外套。

'fongzenkue 风疹块 〈名〉风疙瘩。

'fongzy 疯子 〈名〉

fu 付

fu caopiao 付钞票 付钱。

'fuqi laobhudi 夫妻老婆店 〈名〉①夫妻两人经营的小店。②泛指小店。

fushou 府绸 〈名〉全棉织物,布面比较光洁。

G

ga 介

'ga 介 〈代〉这,只用在形容词前表示程度:花дет得~漂亮!

ga/gha 解 〈动〉①锯:~木头。②解开:~鞋带。◇《集韵》上声蟹韵举蟹切:"解,《说文》,判也。"

gagang 解刚 〈动〉花费:侬害得我~脱交关钞票。

gayiqi 解恢气 消除烦闷和寂寞,消遣:我一个人辣屋里打打牌~。

ga 假 〈形〉

gacygange 假痴假呆 ①装呆:侬~做啥?②佯装不知,装聋作哑:侬勿要~,侬个机关我侪晓得了。

gadhoutao 假头套 〈名〉制成的假发头套。

gayhandhou 假伴头 假装地:伊~睬我。

gasyyhuoe/jiasyhuoe 驾驶员 〈名〉

'gace 芥菜 〈名〉

'gadang 家当 〈名〉家产。

'gasan 家生 〈名〉①家具:卖脱旧~。②手工业者的工具:木匠~。③日用器具:木器~。◇"家私"儿化(加 ng 后鼻化)读作"家生"。

'gazybhu 家之婆 〈名〉[旧]老婆。

'gali 咖喱 〈名〉用胡椒、姜黄、番椒、茴香、陈皮等粉末制成的调味品,味香而辣,色黄。◇英语 curry 的音译。

galak 咖辣 〈名〉同"咖喱 'gali"。

'gamifhangzy 街面房子 〈名〉面街的房子,往往开设店铺。

ga noeng 嫁囡儿 嫁女儿。

ga noenin 嫁男人 女子出嫁。

gashy 斍橱 〈名〉放碗和菜的柜子。◇斍,《集韵》去声怪韵居拜切:"斍,所以皮食器者。"

'gayhishak 阶沿石 〈名〉台阶。

'gayhougajian 加油加酱 增添内容或材料:我就犯辩点错误,侬勿要来~!

gazy 架子 〈名〉

gazy 戒指 〈名〉

gak 呹

gak 呹 〈动〉多话翻舌:~嘴~舌。◇《集韵》入声洽韵讫洽切:"呹,多言。"

gak 眙 〈动〉眼睛动;眨眼:眼睫毛一~一~。|伊对小王~眼睛,做个暗示。◇《集韵》入声洽韵讫洽切:"眙,眇也。一曰,目睫动。或从夹。"

gakgakniao 夹夹绕 〈形〉老是纠缠不清的样子:侬自家去做侬自家个事体,勿要老是蹲辣我个旁边~。

gakli 夹里 〈名〉①衣被里子。②用作"体面"的反义(常与"面子"连用):伊勿要面子,连~也勿要了。

gakli 家里 称呼某人。有时可带点贬义,前接某人的姓。如:王~、张~。◇"家"音轻化为入声字音,读如"夹"。

gakliaosy bhak 夹醁势白 面色煞白,毫无血色。

gaksanfhe 夹生饭 〈名〉煮成的半生半熟的饭。

gakxin 夹心 〈名〉猪前胸小排骨以下的肉。

gakxinbingoe 夹心饼干 〈名〉①两片饼干中间用奶油或巧克力酥等干粘合成。②喻指夹在中间两边受气的人:领导、工人两头摆勿平,我车间主任了~。

gakbikdhou 隔壁头 〈名〉①隔壁人家:侬弄得声音忒响,要影响~。②隔壁地方:~要造厂房了。

gakguqi 隔过去 〈动〉调节旋钮档数:勿要听了,电台~过去。

gaksou 隔手 〈副〉随即:看伊走过来,~勿看见伊了。

gaksouzan 隔手账 〈名〉①别人开了头或做了一段的账,即不是由自己从头开始做的账。②别人做了一半由自己接着做下去的事:辣点生活侪是~,我也勿晓得原来个路数,哪能接下去做?

gakyhamikong 隔夜面孔 指没睡醒的样子或醒来后未洗脸:一副~,揩把冷水面去。

gan 梗

gan 梗 〈动〉阻塞:一根竹爿~辣水落管子里。

gan 鲠 〈动〉骨、刺在喉:一根鱼骨头~辣啮咙里。◇《广韵》上声梗韵古杏切:"鲠,骨鲠。"

'gan 骾 〈形〉犟:脾气再~也要镇服伊。|有话好好叫讲出来,勿要~辣海。

gang 扛

'gang 缸 〈名〉水缸。

'gang/'ang 扛 〈动〉

gangbhi 港币 〈名〉

gang hhehho/ganghhehho 讲言话 讲话。◇"言",俗写作"闲"。

gangdhafeakcek 讲大勿出 ①说不清楚:到底对还是勿对,我也~。②说不出口:伊辣生毛病,要伊陪阿拉出去,我对伊~。③说不定:伊勿答应也~。

gangjindhou 讲斤头 各不相让地讲条件:今朝订货会高头,双方一直辣~。

gangjiu 讲究 〈名〉原因:啥个~,伊一直要缠牢我?〈形〉精美:辩套家生做得老~个。〈动〉追究:辩个事体真是大有可~了,里向个奥妙三日三夜也讲勿完。

gangni 讲义 〈名〉

gangzan 讲账 〈动〉聊天,侃大山:两个人又辣~了,介许多事体侪留拨我一家头做。

gang 疘 〈名〉皮肤被尖硬之物划出的伤痕。

'gangcang 钢窗 〈名〉用钢或铁做窗框的窗子。

'gangjhin 钢琴 〈名〉

'gangzonghhokzy 钢宗镬子 〈名〉钢精锅,铝制。

gao 高

'gao 高 〈名〉

'gaobangbhihha 高帮皮鞋 〈名〉冬天穿的防寒用帮较长的皮鞋。

'gaoden 高墩 〈名〉高土堆:落雨勿爬~。

'gaodhou 高头 〈名〉……上:谢谢侬帮我辫张纸头~画个草图。

'gaoerfujhiu 高尔夫球 〈名〉◇高尔夫,英语 golf 的音译。

'gaofhixiu nyuzy 高维修女子 〈名〉时尚,对社会、自己要求均高的女子,她们注重外形,有自恋倾向:对辫种~,我也勿一定吃得消。

'gaosy 'sebe 高四3班 高复班,有语文、数学、外语三个班。

'gaoxin 高兴 〈动〉想;愿意,乐意:我~看啥书就看啥书。|我勿~跟侬去吃苦。〈形〉愉快。

'gaozong sinijik 高中四年级 高复班。

'gaoga 高架 高架桥:车子上~走。

'gaogenbhihha 高跟皮鞋 〈名〉鞋跟很高的皮鞋。

'gaoshen 高层 〈名〉

'gao/gao 告 〈介〉和,跟:我今朝~侬一道去跳舞。〈连〉和,跟:明朝我~侬一道去。◇"告"为俗字。

gao 搅 〈动〉儿童在地上、床上戏耍:拿田里个苗~得一塌糊涂。

gao 觉 〈动〉醒来:勿要惊~仔我个娘。

gao 校 〈动〉使其对正:再~过去三分钟就对了。|拿秤~~准。

gao luzy 校路子 矫正对方的思路、言行:伊拉做做就要出差错,还要老师傅去脱伊拉~。

'gaobhak 茭白 〈名〉菰。

'gaoli 铰链 〈名〉用来连接器物两部分(如窗子和窗框)的零件,能使一部分绕轴转动。

'gaosy 胶水 〈名〉

'gaozyyhak 膏滋药 〈名〉补膏。

gaohozy 叫花子 〈名〉乞丐。

ge 赅

'ge 赅 〈动〉①拥有:伊~几化家当?②吝啬:辫个人~得来一毛勿拔。◇《广韵》平声咍韵古哀切:"赅,又赡也。"《集韵》平声咍韵柯开切:"赅,货也。"

ge 盖 〈名〉伤口结的疤,愈后即脱落。〈动〉大便后擦肛门:屁股~清爽。

gedhou 盖头 〈名〉盖儿。

gejiaofhe 盖浇饭 〈名〉

gewoe 盖碗 〈名〉一种有盖子的瓷茶碗,碗盖上有一个圆形的小槽,可以放小东西。过年用时,常在上面放一个檀香橄榄。

ge 拣 〈动〉挑选:我~一本好看一点个书。

ge 减 〈动〉用筷匙分去碗中食物:我饭吃勿落了,~脱一眼拨依。

ge 襉 〈名〉衣裙上打的褶。◇《广韵》上声产韵古限切:"襉,裙襵。"俗作"裥"。

'gediao 奸刁 〈形〉奸狡刁钻。

'gediao 赅刁 〈形〉吝啬:依~得来,一毛勿拔。

'gega 尴尬 〈形〉①神色、态度不自然。②处境窘困,遇事难以处理:辩桩事体老~个。

'gegadhou 尴尬头 ①事情做了一半:生活做辣~,请侬等一等。②时间不凑合:现在是~一个辰光,侬勿要来打扰。③必要时:~我要叫侬来凑数。

'gejiang 尴僵 〈形〉尴尬,弄僵;糟了:乃末~,一张支票拨我落脱了。

'gelifhekgega 尴里勿尴尬 ①不如意,不凑巧:辣辩个辰光开会真~。②事情才做了一半:辩桩事体做得~。③神色、态度不自然:看伊一个样子,面孔都红了。④处境窘困,遇事难以处理:侬吭没预先脱我打过招呼,今朝叫我看看伊,~个。

'geligega 尴里尴尬 同"尴尬"而比

之重。

ge juzy 改卷子 批改考卷。

gele 橄榄 〈名〉

gelece 橄榄菜 〈名〉一种长柄绿叶蔬菜。

genikwhe 改日会 改日再见。

gen 跟

'genbao 跟包 跟在人后拎包:依是做~个啊?

'genbe 跟班 〈名〉跟在身边的供使唤的人。

'genhhao 'se 根号 3 身高欠高的男生,只有 1.73 米高(含戏谑义):现在小姑娘要求瞎高,要拣就拣 1 米 8,~都勿要。

'genjiak/'gen jiak 跟脚 〈形〉鞋的大小穿着正合适:一双新鞋子虽然~,不过勿大好看。〈动〉随即跟着:伊看见大人离开了,~就跑。

'genjin 跟进 〈动〉紧跟某人做某事:伊买辩只股,我也~。

'genpishong 跟屁虫 〈名〉[詈]①老是跟在别人后面的人(常指小孩)。②无自己主意、人云亦云的人。

gek 佮

gek 佮 〈动〉①合在一起:几个人~拢来借一间房间。②与人一起:伊~我一道去旅游。◇《广韵》入声合韵古沓切:"佮,併,聚。"《集韵》入声合韵葛合切:"佮,《说文》,合也。"也写作"合"。

gekhu/gek hu 恰伙 〈动〉①合在一起用伙食:大家~辣搿个小食堂里。②合伙:大家~做生意。◇"恰"又作"合"。

gek 葛 〈连〉那么:身体勿好对哦,~侬就勿要去了。

'gekmek 葛末 〈连〉那么:~再加我两只好咪!

geklao 葛咾 〈连〉所以:我今朝生病,~上班哄没去。

'gekshy 葛是 〈连〉那当然:~掰搭个面筋百页双档最正宗。

geksoe 合算/恰算 〈形〉

gek niok 割肉 股价下跌、资金受损时忍痛抛出股票,引申为忍痛折钱:我搿眼羊毛衫,~卖光算了!

gekdak 疙瘩 〈形〉难弄:搿个人左勿好右勿好,真~!

geklekzok/geklokzok 胳肋竹 〈名〉腋窝。◇"竹"是"肢下"的合音。又称"胳络竹"。

gekzywu 胳肢窝 〈名〉腋窝。

ghao 搞

ghaoghak 搞轧 〈名〉纠缠;不易处理:关系勿顺,大家之间有眼~辣海。

ghaoxiao 搞笑 〈动〉①逗笑:伊营救公主个辰光,又梳长辫子又着牛仔裤,既惊险又~。②让人觉得很好笑:侬看~哦?我搿个月工资又用光了。

gha 茄

gha 骱 〈名〉骨节与骨节衔接的地方:脱~。

gha 扡 〈动〉①挤进;插入:让我~进去看看叫。②嵌:我吃物事常常要~牙齿。

ghadakdak 茄搭搭 〈形〉做事没劲,态度消极、不爽快:人家侪辣拼命做,只有伊一个人~~。|别人侪参加研究会,伊却~勿表态。

ghamen 茄门 〈形〉不起劲,没兴趣:我对着棋是老~个。

ghasewhu 茄山河 〈动〉聊天,侃大山:吃仔夜饭哄啥事体睏辣床浪~。

ghatek 茄脱 〈形〉①消解:辰光一长,小菜里扎个腻~了。②兴致不高,劲头松懈,态度冷淡:老起劲个事体,辰光一拖大家就~了。

ghalen 加仑 〈量〉英美容量单位。英制一加仑是 4.546 升。◇英语 gallon 的音译。

ghak 轧

ghak 轧 〈动〉①挤:侬~进来做啥?②查对,核算:搿笔账要好好叫~一~。③看准:我去~~市面看。④碾压;压:~钢。|昨日马路浪~杀一个人。|一只铅笔盒子~坏脱了。⑤买:~头寸。⑥农机脱粒:~稻。⑦得到,结交:朋友~了多少辰光了。|~好道。〈形〉拥挤:"大世界"~得来勿得

了,侪是人。◇英语 get 音译的引申。

ghakco 轧叉 〈名〉发夹。通常指细条形的钢丝发夹,有弹性。

ghak 'cozy 轧车子 挤乘公交车。

ghakdhao/ghak dhao 轧道 交朋友:年轻人～要注意,要轧好道,勿要轧坏道。◇轧,英语 get 的音译。◇"道",俗又作"淘"。

ghakdhou 轧头 〈名〉①岔儿:瓣个人专门寻人家～。②无辜受的牵扯:侬做啥拿我拉进去,害我吃～。③夹子。

ghak dhoucen 轧头寸 ①[旧]做账,拉平收支。②借贷,借债。

ghakfhekwhu 轧勿和 合不来;交往好久仍不合拍:瓣两只鸟～,雄个常常要啄雌个。

ghakjin 轧进 〈动〉①挤入。②正好轮到;正好加入:今年加工资,我～。

ghaklak 轧辣 〈副〉当然;总归,肯定:我叫伊去,伊～去个。|瓣桩坏事体～是伊个弟弟做个!

ghaklao 轧牢 ①卡住:衣裳角拨门～了。②夹紧:纸头要～,当心拨风吹跑。③思路或做事中断:瓣个问题想到一半～了。

ghak miaobhou 轧苗头 审时度势,看情况灵活办事:要做成功事体,侬哪能勿轧～个?

ghaknaoman/ghak naoman 轧闹猛 ①到热闹新奇的场所去挤着玩:今朝庙会开场,我也去～去了。|瓣搭已经忙煞辣海,侬勿要来～了。②凑热闹:大家侪兴致交关浓到山高头去白相,侬也来～。

ghaknenyhangzy 瓣能样子 这样子,这么:侬照～做。|生活做得～蹩脚,好意思哦?

ghakyikjiak 轧一脚 介入,参与,插一手:事体呒没侬个份,侬勿要来～。

ghakzan/ghak zan 轧账 〈动〉结算账目。

ghan 梗

ghan 梗 〈动〉①碰着;擦着:衣裳～着一点灰尘。②碰,擦着别人身子挤:我急得勿得了,～进去再买到个。

ghang 戆

ghang 戆 〈形〉傻,笨拙。

ghangdakdak 戆搭搭 〈形〉傻乎乎。

ghangdhu 戆大 〈名〉低能者;傻瓜。◇英语 gander 的音译。

ghangjin fhekghang cek 戆进勿戆出 装得傻乎乎,实际上老是占人便宜:侬勿要看看伊是个戆大,伊是～个!

ghangtek 戆脱 〈形〉傻了:错过了介好个一只机会,我彻底～了!

ghao 搞

ghao 搞 〈动〉代动词,泛义:既然要～,就拿伊～～大。

ghaodhoujin 搞头劲 〈名〉反复纠缠的劲儿:小朋友,侬个～我真吃勿消!

Ghaodhousy 搞头势 〈名〉①纠缠劲儿:侬为啥老是绕牢我,~真结棍! ②弄不清楚的疑难,解不开的结:辩门题目~勿谈。◇"搅"又写作"搞"。

ghaoer 搞尔 〈名〉足球守门员。◇英语 goal 的音译。

ghaoqikniese 搞七廿三 ①乱搞一气:辩两个人邪气勿规矩,辣辣~。②胡缠:事体已经解决,侬勿要再来~。

ghe 隑

ghe 隑 ①〈动〉靠,一部分的重量由别人或物体支持着:我~辣沙发浪向看电视。|扫帚~辣墙角头。②靠边上站:侬脱我旁边~~。◇《集韵》去声代韵巨代切:"隑,《博雅》,陭也。"《玉篇》卷第二十二阜部巨慨切:"隑,梯也,企立也,不能行也。"

ghe bhadhou 隑牌头 倚着靠山:我要靠自家个本事,勿要隑爷娘个牌头。◇"牌"又写作"排"。

ghelu 隑路 〈动〉走开,出局,滚蛋:两圈一打,伊就~了。◇英语 get out 的音译缩略。

ghenong 'sedhiao whanmolu 掼侬三条横马路 比你好得多:侬勿要看伊一声勿响,伊个本事一显露,~!

ghesen 隑身 〈名〉背垫。◇隑,《集韵》去声代韵巨代切:"隑,《博雅》陭也。"

ghesy 隑司 煤气。◇英语 gas 的音译。

ghe 嗝儿 〈名〉饱嗝:打~。◇读音是"嗝 + 儿 ghek + n"儿化为"ghe n"再失落鼻音后形成。

ghek 个

ghek/hhek 个 〈量〉个:一~人。|一~文件。|一~班级。〈助〉①的:我~妹妹。|表演~节目。②地:慢慢~走。|认真~商量。|好好叫~做。③表示确实、肯定的语气:我勿会忘记侬~。|是真~。|伊想来~。④表示申明、表白的语气:标语勿是我写~。⑤表示提醒、警告的语气:乱穿马路要轧杀~。⑥表示禁止的语气:公共场所勿准大声叫~!⑦表示过去时:今朝我看见王先生~。|一张条子贴辣海~。〈代〉①在句首作定指用:~人今朝为啥勿来?|~衣裳要挂挂好。②作定指或近指的指示代词用:~只台子要搬脱。|一点菜留辣海明朝吃。◇〈代〉②通常写作"辩"。

ghek 'a 个啊 〈助〉表示敷衍答应:好啊! 我去~!

ghekhha 个啊 〈助〉表示怀疑:伊会来~?

ghekhhe 个咳 〈助〉表示称赞:侬蛮来三~!

ghekhhao 个嚎 〈助〉表示怜惜:伊蛮作孽~!

ghekla 个啦 表示不满、埋怨:侬哪能介触气~!

ghekya 个呀 〈助〉表示勉强赞同:我

明朝会到会~。

ghek 'ao 个噢 〈助〉表示提醒、警告:㧅眼水是开~!

ghek 'ou 个噢 〈助〉表示羡慕或反感:伊老聪明~!|侬老怪~!

ghek 㧅 〈动〉①两手合抱:伊双手~只大箱子。|~腰。②拥抱:两个人得紧紧个。③腋下夹住:我~了一本书进课堂。|~包裹。④〈量〉摞:一大~替换衣裳。

ghekdak 㧅搭 〈代〉①这儿:侬从~过去到埃面,穿过横马路就是。老派说"迭搭"。②又用作定指,指手指点处或说话双方预知或明确了的地方:侬到转弯角子~去乘地铁。

ghekghek/ghekhhek 㧅个 〈代〉①这个(近指):~是一本新书。老派说"迭个 dhikghek"。②用于定指,指手指点处或说话双方预知或明确了的人或事物:带红帽子~人是阿拉班长。③在说上海话遇到语塞时,一般开言时使用。

ghekghek shenguang 㧅个辰光 这时候,或定指那时候:到~伊还勿来!|侬五岁~还小了。

ghekghek yhuik 㧅个月 这个月。

ghekmi 㧅面 〈代〉定指(如手指处)的一个或两个分别的远处:~有只电话亭,~有爿银行,侬看见哦?

gheknen(ga) 㧅能(介) 〈代〉这么:侬字写得~推扳!|~个沙发我勿要买。

gheknge 㧅眼 这点:~橘子侬吃脱伊。

ghekqian 㧅抢 这段时间,或定指那阵子:~天气老冷个。|今年春节~里侬辣辣啥地方?

ghekxik 㧅歇 这会儿,或定指那时:侬~空有哦?|伊昨日~还吪没到上海。

ghen 艮

ghen 艮 〈形〉倔强:小王个脾气真~。|~头~脑。

ghok 搁

ghok/gok 搁 〈动〉①架,置:衣裳竹要~~牢。②耽搁,暂停:事体就~㧅搭,做勿下去了。③梗,堵塞:自来水管子里有物事~牢了,葛老勿通。

ghokdhou 搁头 〈名〉吃的苦头,吃的亏,受到的闷棍:我今朝无缘无故吃着一只~。

ghokloksem 搁落三姆 〈副〉统统,全部:屋里个旧家生,~侪卖光。◇英语 gross sum 的音译。

ghong 共

ghongqin 'senlingongyhuoe 共青森林公园 〈名〉

ghou 趄

ghou 趄 〈动〉脚屈不伸直;物屈不张开;卷缩:生病生得人也~起来了。|

痛得~辣地浪。◇《集韵》平声尤韵渠尤切:"趄,足不伸也。"

ghoudhousokjin 跍头缩颈 蜷缩着头颈:天还呒没冷,侬为啥就已经~了。

ghou 犰 〈动〉收缩:带子~起来了。

ghuang 逛

ghuang 逛 〈动〉略游:我到外底头去~了一转。

ghuang 'gongyhuoe 逛公园 玩公园。

ghue 掼

ghue 掼 〈动〉①扔,丢:~脱一只破箱子。②摔,跌:我~脱一跤。③搁置:辩两只计划~辣一边。

ghue padhou 掼派头 讲排场,显示自己气派、风度:伊辣朋友面前几张十块头一甩,~。

ghuegao 掼跤 〈动〉摔跤:走得勿小心,掼了一跤。

ghue langdhou 掼浪头 说大话,显示自己有能耐:侬勿要浪头掼得大来死,本事一点也呒没。

ghue laxi 掼垃圾 扔垃圾。

ghuenayhou 掼奶油 〈名〉一种制得较稀的奶油制品。

go 挂

go hhao 挂号

gobiao 挂表 〈名〉怀表。

goemao 感冒 〈形〉对某人、某事很不喜欢或厌恶:我对小王老~个。〈名〉伤风。

gohhaoxin 挂号信 〈名〉

goe 干

'goe 干 〈形〉

'goebangbang 干绷绷 〈形〉干而硬结的感觉:两块饼干已经~了。

'goe 肝 〈名〉

'goehu 肝火 〈名〉①容易急躁的情绪;怒气:动~。②中医诊断认为肝脏中有火气。

gok 潮

gok 潮 〈动〉①液体被摇溢出:汤当心~翻脱。②摇转动水以洗清:~嘴。|拿辩只瓶~~清爽。◇俗字。

gokdu 郭嘟 〈拟〉喝水吞咽声。

goklok(dhou) 角落(头) 〈名〉

goklou 阁楼 〈名〉房间内房顶下加出的一层,可以放东西或住人。

goksok 角索 〈形〉因不消化而难受:今朝我肚皮里~来,勿适意。

gong 工

'gongdhi 工钿 〈名〉工资。

'gongfhang 工房 〈名〉

'gongshensy 工程师 〈名〉

'gongzok 工作 〈名〉

'gongga 功架 〈名〉摆的架势:侬看伊~十足,卖相瞎好!

'gongghongqico 公共汽车 〈名〉

'gonggong 公公 〈名〉

'gongqik 公吃 用公费吃喝:问君~何时了？恰似一江春水没日了。

gou 勾

'gou 勾 〈动〉①用笔画出钩形符号,表示删除或截取。②画出形象的边缘。③招引;引。④结合:~通。⑤绕住,挽住:侬勿要~牢仔我个头颈。|我~牢伊个手。

'goujidakbe 勾肩搭背 互相把手臂挽在肩上,形容亲热:大家立好,勿要~个!

'goulek 勾勒 〈形〉为人做事精细、负责、清楚不含糊:小张做事体真是~,寻勿出小毛病个。|办事要勾勾勒勒。

goubidaozao 狗屁倒糟 ①很吝啬:几块洋钿也勿肯摸出来,勿要介~。②很不像样:事体做得~。

'goushy 够事 足够:我辫眼小菜~了。

'gouzen 钩针 〈名〉钩线编织用的带小钩的针。

gu 歌

'gu 歌 〈名〉

gu 鼓 〈形〉凸起,胀大:袋袋~起仔。

gu 过 〈动〉①由甲方转移到乙方,由此时间转移到那时间。②超过。③使经过。④衣服用肥皂擦后再用水漂洗;用清水把已洗之物再洗一遍:辫件衣裳还要~一遍水。⑤拌,下:辫眼小菜明朝~早饭吃。⑥传染:当心感冒~着人。

gufhangnian 过房娘 〈名〉①领养丈夫的兄弟等亲属的子女作为自己子女的妇女是所领子女的过房娘。②干妈。

gufhangyha 过房爷 〈名〉干爹。

gu nikjiak 过日脚 过日子。

gugalou 过街楼 〈名〉横跨在弄堂口之上的楼。

gujhiao/gu jhiao 过桥 〈名〉预备好的在热汤面条上加上去的菜肴。〈动〉①把一方介绍给另一方。②转手:辫笔生意侬帮我过一~。

guni fhekgu 'se 过二勿过三 有了一二次,必有第三次,但无第四次:我老是要上侬个当,但是~了!

guyifhekqi 过意勿去 不好意思:侬照顾我辫能周到,我真~!

'gugu 哥哥 〈名〉

'gunian 姑娘 〈名〉①未婚女青年。②小姑。

'gutik 锅贴 〈名〉油煎熟的饺子。

'gude 孤单 〈形〉

'gudede 孤单单 〈形〉

'gu dhong 箍桶 〈动〉制造、修理木桶、木盆。

gudhongsek 古铜色 〈形〉如古代铜器的深褐色。

gu whendhen 裹馄饨 包馄饨。

gutigao 固体胶 〈名〉唇胶形式的固体浆糊。

guxik 顾惜 〈动〉照顾珍惜：侬要~自己身体。

gua 乖

'gua 乖 〈形〉①小孩听话，不闹：辫个小囡真~！②知趣：做人要~点，勿要勿识相。

'guanin 乖人 〈名〉聪明、会看风使舵、会说话的人。

'guanoe 乖囡 〈名〉①长辈对小孩出自内心喜爱的称呼：好睏觉了噢，~！②乖孩子。

'guaxingoe 乖心肝 宝贝，乖孩子。

gua 怪 〈动〉埋怨：伊~我拿模型做坏脱了。

guazy 拐子 〈名〉拐卖儿童的人：快点勿要哭，~来了！（吓唬幼儿时说）

guak 刮

guak 刮 〈动〉硬裂；燥裂：木头拨太阳晒得~开。｜墙壁倚~出交关缝。

guakbhi 刮皮 〈形〉〈动〉搜刮小利；会打算盘，占人便宜：伊做生意忒会得刮人家皮。②〈形〉吝啬：辫个人~来死，勿会来请侬客个。

guakcak 刮坼 〈动〉木头、墙壁等迸裂。

guakcak 刮破 裂开：皮肤~。◇《广韵》入声陌韵丑格切："破，皴破。"

guakjin 刮进 ①搜刮进：~腰包。②搜捕进：刮一场台风~交关流飞。

guaklaksong coe 刮辣松脆 很松很脆。

guak whuzy 刮胡子

guakse 刮三 〈动〉事情败露，拆穿；暴露：两个人个奸情~了。〈形〉①难堪，尴尬，棘手；十分不得体：等到拨人家看见，~勿啦？②差劲：伊为了自家要出卖朋友，侬讲~哦？◇又写作"刮散"。

guakso/guak 'so 刮痧 〈动〉用匙或筷刮背、颈部皮肤使红，治中暑。

guak 掴 〈动〉掌打：~脱伊两记耳光。｜勿要~头塔，要~~屁股。◇《广韵》入声麦韵古获切："掴，打也，亦作馘。"《玉篇》卷第六手部古获切："掴，掌耳也。"

guan 光

'guan 光 〈动〉有许多；充满：一家头衬衫~仔七八件。｜几杯水吃下去，肚皮里~满个水。

'guanhu/'guan hu 光火 〈动〉发火、发怒。

'guan bao 光饱 塞足灌饱：一顿酒水吃下来，肚皮~光足。

'guanzok 光足 塞足：布袋袋里物事~输赢。

guang 广

guang 冂 〈动〉裂开：墙壁石灰倚~开来了。◇《集韵》上声荡韵古晃切："冂，解也。"

guang 瞮 〈动〉①略见：伊想溜走，正好拨我齐巧眼睛里~着一记。②轻掠:~脱点灰尘。③(暗中)摸:洞里~~看有啥物事。

guangbu 广播

'guangliuliu 光溜溜　〈形〉①光滑的样子。②一丝不挂。

'guangsan 光生　〈形〉光滑平整:箇只圆台面真~。|侬个皮肤老~个。

'guangwhak 光滑　〈形〉表面平滑,不粗糙。

gue 桂

'gue 关　〈动〉

'guegong 关公　〈名〉在考试中常给学生不及格的老师。

'gue 'ji 关机　要对方住口:好了,阿拉勿要听了,~!

'guetek 关脱　①关闭,锁掉。②不谈了,闭嘴(带有俏皮):侬哪能介烦啦,讲来讲去还讲箇事体,~!③(考试等)没通过:今朝又拨老师~一门课。

'guezao 关照　〈动〉①嘱咐,口头通知:侬~大家一路要当心。②关心照顾:箇个小人来了,请大家多多~!

'guezy 关子　〈名〉说话、做事的紧要处:有言话明明白白讲出来,侬勿要卖~了!

guehoxiaojia 桂花小姐　〈名〉娇嫩脆弱、碰不得的姑娘:一碰就生毛病,侬真是个~!

guek 骨

guekdhou 骨头　〈名〉

guekdhou 'qin 骨头轻　①不稳重:伊听见人家称赞伊了,就要~得呒没四两重。②卖弄风骚:侬看箇个女人~!③得意忘形:侬算箇趟得着一只奖,就~了。

guekgoe menin 骨感美人　非常瘦的女人:箇个~,我哪能看上去一点勿舒服?

gun 滚

gun 滚　〈动〉①走开,离开。②滚动,翻转。③液体翻腾,受热沸腾:一吊水~了。

gunbi/gun 'bi 滚边　把窄长的布条缝在布料、衣物的边上。

gun xiujhiu 滚绣球　耍狮。

gunke/gun 'ke 滚开

guoe 罐

guoedhou 罐头　〈名〉①罐子。②罐头食品。

guoezan/guoe zan 管账　①管理账目。②〈动〉管,理会:侬样样事体侪~,忙也忙勿过来。

H

ha 蟹

ha 蟹 〈名〉

hafen 蟹粉 〈名〉用来做菜或馅儿的蟹黄和蟹肉。

haqin 蟹青 〈形〉河蟹、大闸蟹壳上的青色。

hakokwang 蟹壳黄 〈名〉内含酥油、外有芝麻的小烘饼。因色、状似蟹壳,故称。

hasouhajiak 蟹手蟹脚 做事手脚不灵活,动作配合不协调,样子难看:侬看伊做随便啥生活侪是~个做勿像。

'hafuhafu 哈夫哈夫 利益均沾;分肥。◇哈夫,英语 half 的音译。

haha 吓吓 〈名〉狭小的口儿或缝儿:走勿进去,我只好辣~轧过去。

hak 瞎

hak 瞎 〈副〉非常,极:辩套衣裳~嗲!|侬两个字写得~好!◇又写作"赫"。

hekwhudhiao 瞎和调 跟在别人后面乱说:侬勿要~,要自家有主意。

hakwughao 瞎乌搞 乱搞,胡搞:阿拉又朆没同意伊辩能做,伊一家头辣~!

hakgang 瞎讲 〈动〉胡说,乱讲。

haklele 瞎来来 盲干,乱来:我酒量小来死,勿要~。|大家按部就班做,勿要~!

halsehhosy 瞎三话四 瞎说,胡诌:辩种能个闲话真是~,勿要去听!

hakzy 瞎子 〈名〉眼瞎的人。

hak 欱 〈动〉大喝:~水。|~老酒。◇《广韵》入声合韵呼合切:"欱,大饮。"◇俗作"呷"。

haklaolao 吓咾咾 〈形〉有些怕的感觉:我一听到要搬场个消息就有点~。

haknindaogua 吓人倒怪 令人害怕受惊:伊讲出个言话,真有点~!

han 亨

hanbaklan(dan) 亨八冷(打) ①总共:我袋袋~只有一百元。②统统,一切:辩间房里个物事~侪要搬脱。

hao 好

hao 好 〈形〉

haobhakhho 好白话 好说话,好商量;很容易采纳接受:王先生~来死,侬求伊个事体,伊侪会答应个。

haogu 好过 〈形〉舒服,感觉好(与"难过"相对):着辩种衣裳老~个。|辩两年日脚~起来了。

haohaojiao haofha 好好叫好哦 正经点、严肃点好不好。让别人恢复严肃态度,让别人说话或做事不要过于夸张。多指对异性动手动脚小行为的阻止:侬~!勿要靠上来!人家看见难为情哦!

haokoe 好看 〈形〉

haole 好咪 〈助〉常用的语气助词。①表示劝听、商量(吧):再做一歇~!②表示承诺、许可(吧):就辣搭停车~!③表示任凭(吧):随便伊去~!④表示从便建议:侬只要乘46路去~。|马路高头吃吃~!⑤重读表示请求同意答应(行吧):一元买一只末~!|点蒜只冷盆~。◇语气轻点用"好了 haolek"。

haolek 好了 〈助〉表示劝听、商量:侬吃点~。

haoqikfhe 好吃饭 容易做,很容易对付:蒜眼生活我熟门熟路,~个。

haoqikqik 好吃吃 因老实而易被人欺侮:老实人,~。|伊忒老实,常常拨人家~。

haoqik 好吃 〈形〉味鲜美。

haosekhaohho 好说好话 心平气和,好商量:我~侬勿要听,板要光火!|我捉牢伊,侬倒~个放脱伊。

haosoesoe 好算算 可以算得上:要讲长相漂亮,伊辣阿拉厂里~了。

haosoujiak 好手脚 得心应手做工的人:伊一歇歇就做脱交关生活,真是个~。

haowhudhou 好户头 〈名〉老实人,软弱可欺者:侬勿要吃吃伊个~。〈形〉老实,容易被人欺侮:伊蒜能介骂侬,侬勿还嘴,侬做啥介~。

haoxin yhou haobao 好心有好报 好心人有好的报应:侬一直待伊老好个,现在是~啊!

haoyisy 好意思 不害羞;有这个脸(常用于反诘):侬~问别人讨物事吃?|侬样样事体要叉一脚,真~!

han 夯

'han 夯 〈动〉①用夯砸:拿烂泥地~~结实。②用力如打夯一般:~得侬爬勿起。③用力举物:实在~勿动了。

hang 吭

'hang 吭 〈形〉气喘:上扶梯气要~。

henbokbok 狠搏搏 〈形〉①很神气的样子:勿要看伊~,实在伊是一击就倒。②很凶的样子:侬~做啥,我真也勿买侬个账!

he 喊

he 喊 〈动〉[旧]人叫曰"喊",鸟兽叫曰"叫",今随普通话两者都可说"叫"。

'he 嗨 〈动〉舀:侬~两碗水来。|我~了两抄盐。

'he 颔 ①肿;浮肿:手浪~出一大块。②面虚而色黄。◇《广韵》去声勘韵呼绀切:"颔,面虚黄色。"又作"虚"。

'hezong 颔肿 〈名〉虚肿,浮肿。

hepa 海派 〈名〉江南一带的名家以上海为主要据点,接受西方文明,与中国传统文化相结合,形成的一种创新风格。特点是开放性,思想活跃,风格多样,创造新样式,强调趣味性。

hepa 'eezy 海派 AA 制 这次男方请客,下次女方请客:现在个小青年外面吃饭,大多数侪是 AA 制,还行起~来,钞票用勿了多少个,侬就放心好咪。

hefuniong 海夫绒 〈名〉长立绒织品,常做衣领子或女大衣。

hesen 海参 〈名〉

heshekbhi(zy) 海蜇皮(子)

heshek 海蜇 〈名〉

hexi 海鲜 〈名〉

heda 海带 〈名〉

'hewe 海威 〈形〉①非常多:伊屋里邮票集了~。②极,很:我高兴得~。

hek 黑

hek 黑 〈形〉

hekbe 黑板 〈名〉

hekbeka 黑板揩 〈名〉黑板擦。

hekliqiao 黑里俏 脸皮肤黑得美丽:箇个姑娘皮肤虽然黑,但是~。

hekmao(jinzang) 黑猫(警长) 〈名〉①[俚]警察;执法人员。②门卫。◇源自动画片《黑猫警长》,带诙谐味。

hekdhongdhong 黑洞洞 〈形〉地方黑暗。

hekgueklongdong 黑骨隆冬 黑洞洞:箇只山洞,一钻进去就是~,看勿见随便啥物事。

heklianxin 黑良心 〈名〉很坏的心肠,黑心肠:伊是个~,拿我过去待伊个好处侪忘记脱了!

hekoe liaoli 黑暗料理 〈名〉路边食摊:我刚刚从~回来。

hekoe liaoli 'ga 黑暗料理街 〈名〉学校附近两边都是无证食摊的马路。

hekqikmaktong 黑漆墨通 〈形〉伸手不见五指的黑暗。也说"黑铁墨托"。

hakxin 黑心 〈形〉①阴险狠毒:伊是~黑肚肠。②贪得无厌:侬勿要忒~,要了还想要。

hakyhanso 黑洋沙 〈名〉黑芝麻研磨成的粉,做馅用。

hen 哼

'hen 哼 〈叹〉表示愤怒、鄙视:~!辫个人最卑鄙!

hen 狠 〈形〉①凶:侬辫个人做啥介~,老是勿买账? ②残忍,凶恶:侬心真~,拿爷娘赶出门。③神气:阿拉侪是脚碰脚,侬~点啥!

hensehensy 狠三狠四 蛮横,凶狠:侬~做啥,我真啊勿买侬个账!

hen 擤 〈动〉手按住鼻孔出气,使排出鼻涕:~鼻涕。◇《篇海》呼梗切:"擤,手捻鼻脓曰擤。"

hao 好

hao 好 〈形〉

'hao 耗 〈形〉油或含油食物变质后

发出一种哈喇气味:花生米~了。|火腿~脱。|油~气。◇俗字。

hha 啊

hha 啊 ①〈助〉表示叮嘱:洋伞带好~! ②〈助〉表示怀疑:勿要骗骗我~? ③表示诘问、疑问:~? 伊是个保安~?

hha 也 〈助〉提顿话题:退休~退休了,还常常拨伊拉请得去做顾问。

hha 嚯 〈助〉表示没听清楚,希望对方再说一遍:~,侬讲啥?

hhadhi 鞋垫

hhatao 鞋套 〈名〉进入电脑房或有些人家住房时套在鞋子上的塑料套子,为避免走脏地面。

hhazy 鞋子 〈名〉鞋。

hhali 阿里 〈代〉哪里:侬从~来个?

hhalidak 阿里搭 〈代〉哪里:侬从~来个?

hhalighek 阿里个 哪个:热天冷天,~好?

hhak 狭

hhak 狭 〈形〉窄。

hhakfhe 盒饭 〈名〉

hhandhou 行头 〈名〉①演戏时的服装。②较时髦的服装。

hhan 杏

hhanwhang 杏黄 〈形〉

hhan 行 〈动〉风行,时行:辫两年~牛仔裤。

hhanqiao 行俏 〈形〉很时行。

hhang 絎

hhang 絎 〈动〉缝:衣裳袖子浪再~两针。◇《广韵》去声映韵胡庚切:"絎,刺缝。"

hhang 行 〈动〉忍受、支撑,挺:辫只台子分量再重,我也要~一~。

hhangfheklok 行勿落 吃不消:辫眼书我一家头搬过去~个。

hhangguqi 行过去 挺过去:反正就是辫一趟,我硬仔头皮也要~。

hhangxhin 行情 〈形〉许多:小鸡生了~。〈名〉行情。

hhangxhinhhangshy 行情行市 许许多多:南京路浪人~。|伊屋里有~碟片。

hhangkongxin 航空信 〈名〉

hhangli 项链 〈形〉

hhao 号

hhao 号 〈名〉①日。②号码。③对住宅编号的后缀。与英语 house 音近。

hhaodhou 号头 〈名〉月。

hhao 㩻 〈动〉量,比测:饭要~好仔吃。|分量~~足称。◇《集韵》平声豪韵手刀切:"㩻,较多少曰㩻。"

hhaosao 豪燥 〈副〉赶快:侬~到公司里去,经理有要紧事体寻侬。◇俗"豪燥"。

hhao 嚎 〈助〉表示惊讶、出人意料：~,有挦种能事体个啊?

hhe 咸

hhe 咸 〈形〉

hhece 咸菜 〈名〉用雪里蕻腌制而成的菜。

hhece cao maodhou 咸菜炒毛豆

hhe(ak)dhe 咸(鸭)蛋 〈名〉腌制的鸭蛋。

hhecesek 咸菜色 〈形〉如咸菜一样的颜色。

hheng 咸鱼 〈名〉

hheng'fesen 咸鱼翻身 ①已成定局的事最终又被改变了结果,比喻事情有大转机：侬想得到哦,伊只案子也会得~个。②东山再起,重获成功：要抓住一切机会,力图~。

hhesoefhe 咸酸饭 〈名〉和青菜等一起煮成的饭,呈咸味。

hhetaktak 咸塔塔 〈形〉味儿带咸。

hhe 咳 〈叹〉表示肯定、对的：~,是挦能介。

hhe 嗳 〈叹〉表示否定、反对：~,侬勿要瞎讲！

hheca 闲扯 无目的地闲聊。

hhedhou 馅头 〈名〉馅儿。◇又称"馅子 hhezy"。

hhehho 言话 〈名〉话。◇言,保留古音。俗写作"闲话"。"言"与"炎"旧时同音,今上海郊区有些地方"炎""现"仍与"咸""闲"同音。

hhehho yikju 言话一句 没二话；不必多说,当然帮忙办到：侬帮我求伊一趟好哦? —— ~,侬放心好哎！

hhek 合

hhekdhonggong 合同工 〈名〉

hho 下

hho 下 〈形〉

hhoboeti 下半天 〈名〉下午：~有辰光要出去联系客户。

hhoboenik 下半日 〈名〉下半天。

hhoboeyha 下半夜 〈名〉~瞓勿着个辰光也会有。

hho(di)dhou 下(底)头 〈名〉下面。

hhofhekhho 下勿下 ①从上面不能下来：公共汽车轧得来,我车~了！②下去否：挦个站头侬~啊?

hhofongdhou 下风头 〈名〉风所吹向的那一方。

hhoghek yhuik 下个月 〈名〉

hho he 下海

hhoku/hho ku 下课 〈动〉①学校里教课完了。②调换主教练,泛指被提前解聘。

hho mi 下面 把面条放到开水锅里煮。

hhosen 下身 〈名〉

hhosou 下手 〈名〉①帮助打杂的做工者。②浴室浴前帮助剪发、浴后帮助梳头、擦身者。③协助上手工作的人。

hhozakgok 下只角 〈名〉在城市里,

居住条件差,生活水平较低,居民文化层次、素质较低的地区:此地是~,棚户特别多。

hhozok 下作 〈形〉下流。

hhojinxi 画镜线 〈名〉房内墙上为挂镜架、画架而设的木条。

hhosy 画师 〈名〉中国画著名画家。

hhome 话梅 〈名〉一种蜜饯,加工制作的梅子。

hhok 镬

hhokzy/whokzy 镬子 〈名〉锅子。◇又作"锅子'guzy"。

hhokce 镬铲 〈名〉炒菜用的锅铲。

hhokdhang 学堂 〈名〉学校。

hhoksanyi 学生意 〈动〉当学徒。

hhok'sanyi 学生意 学做买卖。

hhoksan(zy) 学生(子) 〈名〉

hhokxhik yikbak sysheksyhao fhenjhi 学习144号文件 戏称打麻将,因麻将有144个牌:每日早浪阿拉辰光勿脱班个,围一个圈子一道~。

hhokyhanjin 学样劲 老是学别人的样,模仿别人:辩个人~真足!

hhoe 寒

hhoedhou 寒豆 〈名〉蚕豆。

hhoedhoudhen 寒豆藤 〈名〉豌豆嫩茎叶。

hhoemao 寒毛 〈名〉汗毛。

hhoemaolinlin 寒毛凛凛 令人生恐害怕:侬讲出来个言话,听得我~个。

hhoesysy 寒丝丝 〈形〉①天气冷的感觉。②有病时体寒的感觉。

hhoese 汗衫 〈名〉贴身穿的针织品,可作内衣,也可外穿。

Hhoesysy 汗丝丝 〈形〉①微微出汗的感觉。②临近某事心里有些害怕的感觉:临考前头,心里~。

hhoeyhangongfu 涵养功夫 〈名〉涵养。

hhong 红

hhong 红 〈形〉

hhongdhang 红糖 〈名〉

hhonglin 红菱 〈名〉红色的嫩菱。

hhongngeloksek 红颜绿色 五颜六色,色彩多:侬看伊纸头浪揭得~,真好看。

hhongnoeloknyu 红男绿女 男的穿红,女的穿绿:节日里舞龙灯,~真闹猛。

hhongsaoniok 红烧肉 〈名〉用酱油等作料煮成的块状肉。

hhongshan 红肠 一种塞在管状肠衣中的熟肉,表面红色。

hhongtongtong 红通通 〈形〉通红的样子。

hhong 虹 〈名〉

hhongkou zokjhiushag 虹口足球场 〈名〉

hhou 厚

hhou 厚 〈形〉

hhoubhi 厚皮 〈名〉[詈]不要脸、不

怕羞者。

hhou 候 〈动〉①硬凑：犟桩美差是我自家~上去做个。|台子忒高，小囡~勿着。②算，核算：量衣裳料子要正好~准足。③顺：~~侬个脾气。④等，等待：我~辣海交关辰光，犟记拨我~着了。

hhoudhelaobe 后台老板 〈名〉①在后台上的经理或店主。②在背后操纵、支撑的有权者。

hhoudhou 后头 〈名〉后来：~我也勿再去追究犟桩事体了。|我~勿去寻伊了。

hhou(di)dhou 后(底)头 后头

hhoumen 后门 〈名〉

hhounik 后日 〈名〉后天。

hhouni 后年 〈名〉

hhousan 后生 〈形〉年轻：依犟个人倒看勿出老，看上去蛮~个。〈名〉[旧]青年。

hhousoule 后首来 〈名〉后来：~我也勿再去追究犟桩事体了。|我~勿去寻伊了。

hhouti 后天 〈名〉

hhoujhik 猴极 〈形〉急迫的样子；大声说话而语无伦次：伊连输几盘棋，发~了。

hhoujin 候进 〈动〉正中下怀，趁机得逞：伊犟笔生意勿做，我正好~。

hhoukou/hhou kou 候口 〈动〉不冷不热的食物或茶水正上口：依端来个茶正好~。

ho 花

'ho/'hoe 虾 〈名〉

'hobhi/'hoebhi 虾皮 〈名〉小虾干。

'hobi nyuyhou 花边女友 传说中的女朋友：小王噱头真好，~真多！

'hobhin 花瓶 〈名〉①插花的瓶子。②长相漂亮，起陪衬作用的人。

'hocakcak 花拆拆 〈形〉（男子）喜欢与异性调情：侬勿要一直混辣小姑娘道里，~，~！

'hoce 花菜 〈名〉花椰菜。

'hocy 花痴 〈名〉精神病的一种，主要病状是过分狂热地向往异性。

'hodhou 花头 〈名〉①花样；多样的变换方法：伊一歇歇想吃素，一歇歇要做功，~真透！②不正当关系的苗头：我听讲伊拉两个人当中有~。③像样的名堂：伊搞到现在吭没搞出啥个~。

'hodhoujin 花头劲 〈名〉同"花头"。

'hogong 花功 〈名〉用甜言蜜语取悦人的本领：侬勿要看伊一声勿响个，伊对女人~好来死个。|~道地。

'hogong dhaodhi 花功道地 很会用甜言蜜语取悦人：犟个人~，侬当心点。

'hojuoe 花卷 〈名〉

'holi 花鲢 〈名〉鳙鱼。

'holusy 花露水 〈名〉①一种香水。②花样；吸引人的东西：犟个人真有~，会讨好女朋友。

'homiao 花妙 〈形〉甜言蜜语，巧妙：

伊言话讲得~,事体做得蹊跷!

'honi 花呢 〈名〉表面起条、格、点等花纹的一类毛织品。

'hoqiao 花巧 〈名〉①花招:骱个人能说会道,真有~。②巧妙、特别或引人注目的地方:依去研究研究看,伊骱只手机做得有啥~。③不正当男女关系的苗头:依仔细看看,骱两个人当中有~。

'hoqiao 花俏 〈形〉①说话花里胡哨。②会献殷勤讨好。③衣着鲜艳时髦:骱个人打扮得式~,反而难看煞了!

'hoqin 花青 〈形〉花中的青色。

'hosenjian 花生酱 〈名〉花生磨成的酱。

'hosenmi 花生米 〈名〉花生仁。

'hoyhanjin 花样劲 〈名〉花样,花招:伊顶欢喜搞眼~,让大家捉摸勿透。|年夜饭也吃出~。

'hoyhan menoe 花样美男 长得帅但内涵欠缺的男孩:偶像个保鲜期老短个,要有真本事,光靠顶个~光环是勿来事个。

ho yhanqiqi 花痒欠欠 开玩笑时,把手放在嘴边呵呵气,然后轻轻触及他人身体某些部分(如腋下、颈部、胸前等),造成他人痒的感觉。

'hoyhuoe 花苑 〈名〉有一定绿化面积的高档住宅区。

'hoyhuyhanfhang 花园洋房 〈名〉

'hoxi 呵唏 〈名〉呵欠:打~。

hoe 熯

hoe 熯 〈动〉①烘:~饼。②用极少的油煎:摆辣油锅浪~一~。◇熯,《集韵》上声旱韵:"熯,乾也,或作熯,焊。"《正字通》:"熯,炙也。"

'hoe/'ho 虾 ◇hoe 的读音是"虾儿"的儿化合音 hong,后失落鼻化的 ng 音,变成 hoe 音。

hoebhi/'hobhi 虾皮 〈名〉小虾干。

'hoenin/'honin 虾仁 〈名〉虾肉。

hoebaobao 汉堡包 〈名〉中间夹肉或菜的西式圆形面包。

hok 擢

hok 擢 〈动〉吸住,贴近:湿纸头~牢辣玻璃浪。|依立开点,勿要~牢辣我个身浪。|~膏药。◇《集韵》入声铎韵忽郭切:"擢,手反覆也。"

hok 㱿 〈动〉吸吐:一口痰~勿出。◇《广韵》入声觉韵许角切:"㱿,呕吐。"

hokxi 忽险 〈名〉闪电。

hong 烘

'hong 烘 〈动〉用火烤的方式使食物变熟变干:~山芋。|~面包。|~大饼。

'hong 'seyhu 烘山芋 〈动〉把红薯放在炉内烘烤至熟。

'hongseyhu 烘山芋 〈名〉烘烤熟的红薯。

hong 葓 〈动〉草木萌发:春天一到,葪片草一~~起来了。◇《集韵》去声送韵呼贡切:"葓,吴俗谓草木萌曰。"◇又写作"蕻"。

hou 啈

'hou 啈 〈形〉感情、自尊心受伤害,怀怒欲发作。◇英语 hurt 的音译。

'hou 佝 〈形〉背曲:走路要挺胸,背勿要~。

'houbhin 齁病 〈名〉哮喘。

'housi 吼势 〈形〉烦闷,不愉快。

hu 呼

'huhu tang 呼呼烫 〈形〉很烫:葪碗汤~,一时头浪勿好吃。|寒热发得额角~。

'huyaoheklok 呼幺喝六 乱吆喝:侬~做啥,我又吰没做错脱!

huco 'kegu dhou 火车开过头 喻时已过,机已失。常用于开玩笑或娱乐时指无意间轮过:侬自家思想开小差,~,挨过了。

humao 火冒 〈形〉惹人生气的;烦心;恼怒:一听到伊个言话,老~个。

huqi dhu 火气大

hushak 火着 着火;失火。

hute 火腿 〈名〉

husek 货色 〈名〉货物。

hua 歪

'hua 歪 〈形〉

'hualuzy 歪路子 不正规的途径:大家要认真一些,勿要去学伊拉个~。

huak 豁

huak 豁 〈动〉①舍弃:~脱两日工夫。|~出命来做。②蹿过去:脚一~,就跳过去。③分开,裂开:~开一条缝。

huakbi 豁边 〈形〉①出错:伊交关当心,一桩事体也勿会做~。②糟:葪桩事体拨侬弄~了。③过度而出格,越轨:两个人要好得~了。

huakhuak 豁豁 〈名〉裂缝儿:其他地方侪好,就是~里有眼龌龊。

huakhutiao 豁虎跳 跳着翻跟斗。

huak linzy 豁翎子 暗示;提示:我挑挑侬上手做葪桩热门事体,豁个翎子拨侬,侬倒勿接。

huak jiak/huakjiak 豁脚 撒腿:一听见有人叫,伊~就跑。

huak jhuoe 豁拳 〈动〉猜拳。

huakke/huak 'ke 豁开 〈动〉分开,裂开:窗盘浪~两根坼,要补补好。

huakkou 豁口 〈名〉①裂开的口子,破口:葪只锅子有一个~,勿能用了。②漏洞:今年个收支,算下来~忒大。

huak pang 豁胖 〈动〉吹牛,说大话,甩大牌:侬勿要~咪,吰没人相信侬!

huaksy 豁水 〈名〉分水。指鱼尾,特指青鱼尾。

huaksy/huak sy 豁水 〈动〉①把水泼洒出去。②汽车的刮水器将雨水排除。

huaktek 豁脱 ①裂开:一蹲下去,裤子~。②化掉:办侬辩桩事体,~我交关辰光。

huakyikzoe 豁一转 转一圈:我到商店里~。|到小菜场去~只要半个钟头。

huak/guak 矆 〈动〉①张大眼睛:~开仔眼睛看人。②转目偶见:辩只茶碗今朝我好像辣啥辰光~着一记个。◇《广韵》入声末韵呼括切:"矆,大开目也。"

huak 矆 〈形〉空又大:场地空~~。◇《集韵》入声末韵呼括切:"矆,《说文》,空大也。"

huak 䁪 〈动〉睁大眼睛怒视:侬~开点眼睛为啥?|眼~开,筋暴起。◇《广韵》入声黠韵呼八切:"䁪,视也,《埤苍》云,怒视貌。"

huang 晃

huang 晃 〈形〉晃荡:爬陡坡,脚里有点~。〈动〉摇晃:脚里~。

hue 甩

hue 甩 〈动〉①顺手击去:~伊两记耳光。②用力扔:物事从窗口里~出去。③摆脱:伊拿坏人~脱了。④甩动:尾巴一~一~。

hue 烩 〈动〉炒菜后加少量水和淀粉:~三鲜。

'hueqi 晦气 〈形〉倒霉:今年真~,汽车拨人家撞着两记!

'hueshen 灰尘 〈名〉

'huetoktok 灰托托 〈形〉东西(如布色等)灰暗的样子。

hun 昏

'hundhu 昏涂 〈名〉睡觉时发出的粗重的呼吸声。

'hundhoulokcong 昏头落蹱 昏头昏脑,糊里糊涂:一场考试,考得我~!

'hundongdong 昏冬冬 头昏或神志不清的样子:一日天脑子~,文章也写勿出。

'hunguqi 昏过去 ①因受刺激而晕过去,带夸张意味:叫伊朝东偏要朝西,叫伊读课文偏要背单词,碰着迭种学生子我也真个要~了。②被对方说的好玩的话吓倒,夸张语:侬讲侬介欢喜我啊?我~了!

huoe 欢

'huoexi 欢喜 〈动〉①喜欢。②爱:我晓得侬老~我个。

'huoexinong 欢喜侬 喜欢你:我越想越~。

J

jhi 拑

jhi/ghe 拑 〈动〉互相要挟,相持攻击:侬勿要~牢我。◇《广韵》平声盐韵巨淹切:"拑,胁持也。"◇又写作"钳"。

jhi 健 〈形〉强健:阿婆今年七十六了,看上去老~个!

jhi 搧 〈动〉举起:手臂巴酸得~勿起来了。◇《广韵》平声仙韵渠焉切:"搧,举也。"

jhi 掮 〈动〉肩扛:肩胛浪~了两根木头。

jhibhao 旗袍 〈名〉在上海形成并盛极一时的一种女子外服。具有满汉融合的特点,又吸收了欧美风尚,能充分表现身体曲线美和各种花样,除保持立领、斜襟、盘扣、边衩的满服特色外,又在剪裁、面料、质地、装饰、开衩、款式、精致等方面下工夫,不断改进,形成独特的海派风格,成为一个时代女性的形象代表。

jhisenfhang 健身房 〈名〉

jhizy 忌嘴 因害病或种种限制禁食某种食物。

jhia 茄

jhia 斅 〈形〉①能干,有本领,善于处事:伊做啥侪~!|山山有老虎,处处有~人。②身体强健,手脚轻松:辩个老头80多岁了,身体还老~辣海。◇《嘉定续县志》:"斅,俗谓有能力也。"◇又写作"茄""犍"。

jhiakekse 茄克衫 〈名〉一种两用衫,袖口与下摆用宽紧带等收口的。◇茄克,英语 jacket 的音译。

jhian 强

jhian 噱 〈形〉便宜。

jhiannin 强人 〈名〉很厉害的人:脱~勿要多搭讪。

jhianxiongbodhao 强凶霸道 蛮不讲理,横行霸道:有理好好叫讲,勿要抢位置!

jhiangdhoujhuiknao 犟头倔脑 倔强不受拘束。

jhiao 挢

jhiao 挢 〈动〉用棍、棒等物拨、挑东西,撬:地板~起来,看下面铺设个管子漏勿漏水。〈形〉平面产生弯曲呈波状,不平服:太阳晒得台子浪木板~起来了。◇《集韵》上声笑韵渠庙切:"挢,举也。"

jhiaoghak 挢轧 〈动〉①与人心意不和:伊拉两家头互相之间有点~。②事情摆不平:辩桩事体~来~去难解决。◇挢,《集韵》上声笑韵渠庙切:"挢,举也。"

jhiaokak 挢客 〈名〉①中间作梗、破

坏他人好事的人:蛮好个事体碰着两个～,侪弄坏,算我晦气。②婚姻中第三者。

jhiaoco 轿车 〈名〉

jhiaojhiso 乔其纱 〈名〉薄形纱。◇乔其,英语 georgette 的音译。

jhik 极

jhikhe 极喊 〈动〉拉大嗓子急迫地叫喊。

jhikkok 极酷 〈形〉急迫抵赖。

jhikhouhou 极吼吼 〈形〉急迫的样子:侬～做啥,慢慢叫来嘛!

jhin 近

jhin 近 〈形〉

jhinle 近来 〈名〉～侬勿大来了。

jhinqianbo 近抢把 〈名〉近来:～侬勿大来了。

jhinshynge 近视眼 〈名〉

jhin 濂 〈动〉寒战,发抖。◇《广韵》去声沁韵巨禁切:"濂,寒濂。"

jhiong 穷

jhiong 穷 〈副〉拼命地;尽力地(用于动词前):辰光来勿及,伊～奔了。

jhiu 球

jhiuhha 球鞋 〈名〉踢球时穿的运动鞋。

jhiuma 舅妈 〈名〉

jhiu 旧 〈形〉

jhiuni 旧年 〈名〉去年。

jhudhe 柜台 〈名〉

jhu 俱

jhulokbhu 俱乐部 ◇英语 club 的音译兼意译。

jhik 倔

jhuik 倔 〈形〉倔强不从:只要勿高兴,伊一～就走。

jhuikjhian 倔强 〈形〉

jhikcekwula 极出乌拉 迫不及待,十分急切:看伊～样子,像是要去投人身一样。|有言话勿要～,吭没人问依借钞票。

jhuoe 倦

jhuoe 倦 〈形〉疲倦:我吭没睏醒,～得来!

jhuoedakdak 倦搭搭 〈形〉有些困倦的感觉。

jhuoenin 倦人 〈名〉指那些整天不知道自己要干什么,一天到晚无所事事的人:现在白领真勿好做啊,个个侪是～,一有空就打瞌睡。

jhuoe 趡 〈形〉人行弯曲:走路一～一～。◇《广韵》平声仙韵巨员切:"趡,曲走貌。"

jhuoe 躚 〈动〉背脊伸不直:伊年纪到把了,身体～牢仔点走路。◇《广韵》平声仙韵巨员切:"躚,曲脊行也。"

jhun 裙

jhundace 裙带菜 〈名〉呈带形似裙边的海中植物,海带的一种。

jhunfhang 裙房 〈名〉沿街的高层房旁的低层(一般为两层)的围房,租出开店用。

jhunku 裙裤 〈名〉裙形的裤子。

jhunzy 裙子 〈名〉

ji 鸡

'ji 鸡 〈名〉

'jiakxuiktang 鸡鸭血汤 一种风味小吃。将新鲜鸡血或鸭血倒入沸水中加热凝固,切成小的长方块,放入加有调味品、蛋丝、鸡杂等的汤中而成,味鲜美。

'jidhe 鸡蛋 〈名〉

'jidhemibin 鸡蛋面饼 〈名〉薄形包卷的面饼,上加鸡蛋糊、葱、香菜、榨菜末和甜面酱,包裹油条或脆饼。为常见早点。

'jidin 鸡丁 〈名〉切成小块的鸡肉,炒菜用。

'jijiakxzao 鸡脚爪 〈名〉鸡爪。

'jimaoce 鸡毛菜 叶子形状和大小与鸡毛相仿的小青菜。

'jimaodoezou 鸡毛掸帚 〈名〉

'jiniok 鸡肉 〈名〉

'jixiong 鸡胸 〈名〉孩子或幼儿因缺钙胸骨突出,是一种病态。

'jizen 鸡肫 〈名〉鸡的胃。

'ji 煎 〈动〉炸:~鱼。

'ji 尖 〈形〉①末端细小。②声音细小:~声~气。③耳目灵敏:眼睛~。|耳朵~。

jidhouboxi 尖头把戏 ①善于钻营,爱打小算盘,使小手段等行为。②尖嘴猴腮的模样。

'jizygunian 尖嘴姑娘 〈名〉①长舌妇。②说话尖刻,不肯让人的姑娘。

'ji 揿 〈动〉用筷子夹:~点好吃个小菜拨侬。◇《集韵》平声沾韵坚嫌切:"揿,夹持也。"

ji 几 多少:俉屋里有~个人?

jiho 几化 几,多少:一共~人?

jishy 几时 什么时候:侬~来?

'jibhi 麂皮 〈名〉麂的皮:~皮鞋。

jidao 剪刀 〈名〉

jidhou 荐头 〈名〉[旧]以介绍佣工为业从中取利的人。

jidia 寄爹 〈名〉干爹。

jinian 寄娘 〈名〉干妈。

'jigak 肩胛 〈名〉肩膀。

jimedhaoli 姐妹道里 姐妹之间。◇"道"在此又俗作"淘"。

jihhng 鲫鱼 〈名〉又名"河鲫鱼 whujihhng"。

jinin 记认 〈名〉记号,标记:每走一段路,我就做个~,让后来者勿走错路。

jixin 记性 〈名〉记忆力。

'jishoe 既然 ~侬介欢喜花,侬一只阳台专门摆花盆好哎。

ji xin 寄信

jia 姐

jiafu 姐夫 〈名〉
jiajia 姐姐 〈名〉
'jiashanbhifhe 家常便饭 ①家庭日常的饭食:今朝吃个侪是~。②经常发生的事情:吵相骂对伊拉屋里来讲是~个了。
jiasyyhuoe 驾驶员 〈名〉
jiatao/jia tao 解套 〈动〉①解除困境或负担:伊拉娘一来,我领孙子个任务就~了。②离婚:吵了十几年,今朝总算~!
jia 'yindhou 借因头 ①找借口:侬要赖脱辩桩事体,要借个因头个。②借机:伊正辣辣忙于应付特发事故辰光,我~快点走脱了。

jiak 脚

jiak 脚 〈名〉①足。②腿。
jiakbhanjiak 脚碰脚 ①并排脚放在一起:我脱小李常庄经常~睏一个被头。②差不离:阿拉两家头~,勿要别苗头了。
jiakbhen 脚盆 〈名〉
jiakdhakco 脚踏车 〈名〉自行车。
jiakdi(be)脚底(板) 〈名〉脚掌。
jiakho 脚花 〈名〉①脚力:稳重点,当心~勿要乱。②应付的架势:伊吭没对打几记球,~就乱了。
jiakjikdhou 脚节头 〈名〉脚趾。

jiakjin 脚筋 〈名〉足力:伊~好,走了一日天勿要坐。◇又写作"脚劲"。
jiaklu 脚炉 〈名〉冬天搁脚取暖的小圆炉,内装文火,盖子上布满小孔。
jiaklu 脚路 〈名〉①路径:要走得通,先要寻对~。②门路,道儿:寻~,破难关。
jiakmoedhou 脚馒头 膝盖。
jiako(o)脚丫(丫) 〈名〉脚趾间的岔缝。
jiakpang 脚髈 〈名〉腿。◇髈,《玉篇》卷第七骨韵七十九浦朗切:"髈,股也。"《广韵》上声荡韵普朗切:"髈,胁肉也。"
jiakqi 脚气 〈名〉脚癣。
jiakquoe 脚圈 〈名〉猪小腿。
jiaksek 脚色 〈名〉①角色。②喻生活中某种类型的人物:辩个人勿是啥好~!③精明能干的人(有时带贬义):辩两个~真是坏蛋!
jiakng 甲鱼 〈名〉鳖。

jian 浆

'jian 浆 〈动〉把洗后的衣服放在浆水中揉擦后晾干。
'jianwhu 浆糊 〈名〉①糨糊:辩个人脑子里一别~!②成天糊里糊涂的人。◇浆,上海话中读阴平声调,应为"浆"字,不是去声的"糨"。
'jianwhudhong 浆糊桶 〈名〉①处世圆滑、能说会道的人:老张是只~,依帮伊讲啥伊侪讲对个对个有道理。②

稀里糊涂的人,做事过日子惯于混混的人:碰着辩只~,侬倒一百辈子霉了!|做正经事体伊拆烂污,讲正经话辰光他乱讲一通,真是个~!③会把气氛搞得热闹又混乱的人:还勿是来了个"~",瞎讲一通,拿大家个心侪搞乱了。

'jianwhusy 浆糊师 〈名〉①遇事善于搅和蒙混的人:辩种事体,要啥争勿清爽个,请~来撸撸平算了!②有协调各种关系能力的人:人家摆勿平个事体,只有伊去淘浆糊,大家侪叫伊~了!

'jian 犟 〈形〉

jiance 酱菜 〈名〉油酱店里卖的腌制的菜蔬,有乳瓜、萝卜丝、大头菜等。

jiango 酱瓜 〈名〉用酱油等腌制的黄瓜。

jianwedhe 酱煨蛋 〈名〉剥壳后放在酱油里和猪肉一起煮熟的鸡蛋。

jianyhou 酱油 〈名〉

'jianle 将来 〈副〉

'jiantek 僵脱 〈形〉①僵硬了:手冻~。②呆板不能活动了:脑子别勿转来~了。③不上不下,僵持难以处理,不知如何才好:我脱伊个关系已经~。|事体办~,勿可以挽回了。

'jianwhang 姜黄 像姜上的那种黄色。

jiao 焦

'jiao 焦 〈形〉焦糊:我饭烧~了。◇上海人只说焦,不说糊。

jiao 叫 〈助〉地(限于少数叠词后):慢慢~。|轻轻~。|好好~。◇又写作"较"。

'jiaodhou 浇头 〈名〉①浇在面条或米饭上的菜肴等:现炒热~。②比喻写文章时特地加上去的修饰:我希望侬做文章老老实实,少加~。③奖金或额外的小好处:辩趟过节,侬单位里有啥~发?

jiao ngama 叫外卖 呼叫餐店打包送饭菜:今朝勿烧饭了,打只电话~好了。

jiao niao 叫饶 〈动〉讨饶。

'jiaoyin 叫应 〈动〉①打招呼:碰着老师侬勿~一声,好像勿大礼貌。②叫人使人答应:今天侬无论如何,一定要~对方。

'jiaodikdik 娇滴滴 〈形〉①娇柔美丽的样子。②娇气。

'jiaogue 交关 〈形〉很多:我买了~鲜花。〈副〉很:侬对我~客气。

'jiaogue bhaoqi 交关抱歉 很抱歉。

jik 疖

jik 疖 〈名〉疖子。

jik 扢 〈动〉夹住外拉:~眉毛。◇《集韵》入声薛韵九杰切:"扢,拔引也。"

jikbanban 急绷绷 〈形〉①时间紧急,扣紧到点刚巧来得及:侬哪能老是弄得~,勿好早点爬起啊?②很紧小,刚巧够得上:辩间房子介小,来五个人

就~了。|伊拉~凑了三千块,总算拿伊送进了医院。

jikjinfong 急惊风 〈名〉小孩抽风。

jikbanban 结绷绷 〈形〉①东西结实紧密:行李打了~。②经济拮据:箇家人家钞票常庄用来~。

jikbin 结冰 〈动〉

jikgun 结棍 〈形〉①厉害,着实:箇顿批评真~。|结结棍棍打一顿。②身体结实强壮:箇个人身体真~。

jikjiao 结交 〈动〉①结识,交际:~朋友。②支付:箇个囡花费忒大,我~勿起。

jikzok 结足 〈形〉结实,严实:身体~。|物事堆~了。|交关货色,压得结结足足。

jikbhuco 吉普车 ◇吉普,英语 jeep 的音译。

jikbhuka 吉普卡 〈名〉吉普车。◇英语 jeep 和 car 的合称。

jikdhouguoe 节头管 〈名〉手指头。

jikkakyhou 节掐油 〈名〉指甲油。

jikfak 接发 〈名〉把他人的头发接入需接人的头发,为头发稀疏者补发,或满足某些想要长发又无心留养者。

jiklek yikzan fhakkuoede 接了一张罚款单 收到一张婚宴请柬,戏谑语,指喜酒礼金重:春节我个朋友结婚,我~。

jik linzy 接翎子 领会对方的暗示:一个专门豁翎子,一个翎子接得瞎快!

jik zy/jikzy 接嘴 〈动〉①接话:依勿要去~,让伊去瞎讲。②对别人的某种要求表示应诺接受:箇桩事体交关麻烦,侬去~做啥?

jik shek 积食

jikshyguek 脊柱骨 〈名〉脊椎骨。

jiksy 即使 〈连〉

jikyougu 绩优股 〈名〉①股票用语,长期业绩佳的股票:箇个又勿是~,侬去买伊做啥?②喻理想的恋爱对象:参加电视广告征婚个,我看大多勿是~。③又喻发展前程好的男人:箇种男人,完全是垃圾股,侬拿伊当~,以后哫没出头个日脚了!

jin 精

'jin 精 〈形〉精明:侬勿要门槛忒~!

'jingua 精乖 〈形〉精明乖巧:伊样样事体侪要看人眼色办事,忒~了。

'jinguak 精刮 〈形〉精明,爱讨便宜:箇个人见好事体就钻,交关~。

'jinguang/'jin 'guang 精光 〈形〉一点也不剩:钞票用了~。

'jinjin 'guang 精精光 〈形〉丝毫没有。

'jinmin 精明 〈形〉

'jin 腈 〈形〉瘦(肉)。

'jinniok 腈肉 〈名〉瘦肉。◇腈,《集韵》平声清韵咨盈切:"腈,肉之粹者。"

jin 紧 〈形〉

jinbanban 紧绷绷 〈形〉紧密硬直,绷得紧:箇条裤子穿辣身浪~个,勿适意。

jinman 紧猛 〈形〉紧密(指织物)。
jincak 警察 〈名〉
jindhao 劲道 〈名〉劲儿:办事体~要足点!
jinsen 进深 〈形〉房间、厅堂的深度大:房子进门望进去,相当~。
'jinyhong 经用 〈形〉经久耐用:铅笔是硬铅芯~,软铅芯勿~。
jinzan 进账 〈动〉收入。
jinzy 镜子 〈名〉
'jinguangshan lian 金光锃亮 亮得闪闪发金光。
'jinli 经理 〈名〉
'jinni 今年 〈名〉
'jinzao 今朝 〈名〉今天。
'jinxi 京戏 〈名〉京剧。

jiu 九

jiu 九 〈数〉
jiuzyshenbhi 九制陈皮 〈名〉加多种作料制作的橘皮。
jiubage 酒吧间 〈名〉以喝酒为主的娱乐场所。
jiuminco 救命车 〈名〉救护车。
jiuqian shekbakdhiao 九腔十八调 各种调门相杂,十分活泼热闹:滑稽戏里~,集中了民间江南戏曲脱山歌小调。
jiusy 酒水 〈名〉酒宴:~高头小菜交关。
jiuzaobhik(dhou) 酒糟鼻(头) 〈名〉酒糟鼻。
jiuzong 酒盅 〈名〉酒杯。◇又作"酒杯 jiube"。

ju 贵

ju 贵 〈形〉不便宜。
'jujia noenin 居家男人 〈名〉管理家务的男人。
ju lao(le) 鬼老(来) 〈形〉经验丰富;资格老;精明。
jucokcok 鬼触触 〈形〉鬼鬼祟祟的样子。
juhhoseqi 鬼话三千 尽说鬼话。

juik 厥

juikdao 厥倒 〈动〉昏厥过去;受惊于意外事的夸张说法:想勿到依辣辣拆我台脚,真~!
juikhhong 橘红 〈形〉如橘子一样的红色。
juikwhang 橘黄 〈形〉即"橘红"。
juikzy 橘子 〈名〉
juik zy 噘嘴 嘴唇翘起。

juoe 卷

juoedhongzy 卷筒纸 〈名〉裹在圆筒上的呈卷状的大便用纸或清洁用纸。
juoefakdhong 卷发筒 〈名〉做卷头发用的塑料圆筒形的用具。
juoexince 卷心菜 〈名〉结球甘蓝。
juoedhou 绢头 〈名〉手帕。

K

ka 揩

'ka 揩 〈动〉擦。
'ka 'hueshen 揩灰尘
'ka dhezy 揩台子 擦桌子。
'ka mi 揩面 洗脸。
'ka(dhe)bu 揩(台)布 〈名〉抹布。
'kafi 咖啡 〈名〉◇英语 coffee 的音译。
'kafisek 咖啡色 〈形〉赭石色,如咖啡的颜色。
'kajhi(bu)卡其(布) 〈名〉◇英语 khaki 的音译。
'kabinqian 卡宾枪 〈名〉一种火力强、重量轻、枪身短的步枪。◇卡宾,英语 carbine 的音译。
kaco 卡车 〈名〉载货的载重汽车。◇卡,英语 car 音译转义。
'kapi 卡片 〈名〉用来记录或印制某些事项的硬纸片。◇卡,英语 card 的音译。
'katongpi 卡通片 〈名〉动画片◇卡通,英语 cartoon 的音译。
kawayi 卡哇伊 〈形〉可爱:喔,舔只流氓兔,~!◇日语"可爱い(kawaii)"的音译。
'katek 揩脱 〈动〉①擦掉:拿磁带浪录个音~。②抹去:介大个污点,伊有本事可以~个啊?
'kasen/'ka 'sen 揩身 用湿毛巾擦身体。
'kayhou/ 'ka yhou 揩油 〈动〉①擦油。②占公家和别人的便宜:伊厂里个铁条~了交关。
kawhek 快活 〈形〉高兴。

kak 掐

kak 掐 〈动〉
kakkak xiaobhizy 掐掐小辫子 略胜一筹:我做生活只要稍微注意一点,掐掐伊个小辫子够了。
kak 搿 〈动〉①卡住:~牢啦咙拿人~杀。|~头颈。②压:一百斤重担子~辣我肩胛浪。③刁难,排挤,压抑:侬拿舒桩事体来~~我,办勿到!◇《广韵》入声陌韵苦格切:"搿,手把着也。"
kakqi dang fokqi 客气当福气 把别人的谦让理所当然地接受:阿拉对伊客气,勿当面拨伊难堪,伊呢,~。
kakdhang(ge)客堂(间) 〈名〉供会客用的楼下的正房。
kaktin 客厅 〈名〉

kang 囥

kang 囥 〈动〉藏:一捆书~辣床底下。|拿伊人~起来。◇《集韵》去声宕韵口浪切:"囥,藏也。"按:"囥"为"被藏",人主动"藏"起来用"迓 'ya"

或"迷 bhoe"。

kao 敲

'kao 敲 〈动〉①在物体上击打,使发出声音:~门。②核实:依进多少货色要~准足,~着实。③敲竹杠:今朝伊拿稿费了,要好好叫~伊一记。

'kaobigele 敲扁橄榄 〈名〉一种蜜饯,经制作敲扁的橄榄。◇又作"敲瘪橄榄'kaobikgele"。

'kaodhin 敲定 〈动〉①谈落实,确定下来。②关系确定,尤指男女恋爱正式确定夫妻关系。〈名〉确定此关系的男女双方:辫个人是小陈个~。

'kaodinzoejiak 敲钉转脚 追问到底:有点事体只好糊涂一点,勿能~弄得忒清爽。

'kao 'fen 敲分 敲诈勒索钱财:侬要提高警惕,当心伊是来~个。

'kao mokyhu 敲木鱼 再三告诫:我常常脱佾~,要留心点,佾就是当耳边风!

'kao jianjin 敲奖金 减掉或停发奖金:我再迟到一趟就要~了。

'kao xhianbhidhuzang 敲橡皮图章 ①决议不算数:大家讲出话算数,勿要只~。②无实际权力的表面审议通过:伊拉侪是~个人。

'kao zokgang 敲竹杠 敲诈:是几细,就收几细,侬勿要来~!

kao 烤 〈动〉将食物挨近火使熟或干:~肉。

'kaofu 烤麸 〈名〉用面粉糊经发酵做成的一种食物。

'kaozyhhng 烤子鱼 〈名〉凤尾鱼。

kaojik/kao jik 考级 通过考核来定级别:计算机~成绩公布了,侬通过了哦?

kao zen 考证 考出证书,尤指大学生为择业而通过考试获得证书:暑假里一直辣辣忙~,为择业多做点准备。

kao 拷 〈动〉①舀:拿河浜里个水~光。②买(油、酒、酱油、醋):侬去~一斤酱油回来。

kaobi/kao 'bi 拷边 (衣物布料等)锁边:伊个工作就是脱人家衣裳布料~。

kao jiu 拷酒 打酒。

kao yhou 拷油 打油。

kao 靠 〈动〉①挨近:船~岸了。②现也包括"隑"第一义项。③依靠:伊~姐姐领大。

'kaobeyi(zy)/'kaobeyu(zy) 靠背椅(子) 〈名〉椅子。因有"靠背",故称。

kaojiu 考究 〈形〉质量要求高,精美;讲究:办婚姻大事,买物事要~点。

kaosy 考试 〈动〉

ke 开

'ke 开 〈动〉

ke bhu 开步 ①起步:~走!②小孩刚会走路。

kecen/'ke 'cen 开皴 〈动〉皮肤

开裂。

'ke dhaxin 开大兴　吹牛,说大话;蒙骗,戏弄;说话不算数:少来开我大兴,帮我踏踏实实骱桩事体办好。| 骱个小鬼头又辣~了。

'ke cak 开坼　崩裂有缝:天气忒干,墙壁石灰侪~了。

'ke 'dao 开刀

'ke di 开店

'ke bhoe 开盘　交易市场中成交开始。

'ke fhe 开饭　〈动〉打开饭锅盖,开始吃饭了。

'kega/ 'ke ga 开价　提出一个起点价钱:骱件衣裳请侬~卖几钿?

'kege 开间　〈名〉①旧式房屋的宽度单位,相当于一根檩的长度:单~。| 双~。②现多指商店店面的大小。③一间房子的宽度:侬间房子~大。

'ke goknyu 开国语　不很流利地讲普通话:伊对阿拉开起国语来!

'ke hhok 开学

'ke hhongden 开红灯　测验、考试不及格。因不合格者,用红墨水在成绩单上记分数,故称。

'ke hucang 开火仓　开饭。

'ke 'kongdhouzypiao 开空头支票　答应而不兑现:我最怕碰着~个户头。

'keni 开年　〈名〉明年。

'keni liba jiu 开年礼拜九　无指望的日期(俏皮话):要等我还拨侬,~!

'kese 开衫　〈名〉衣襟对开的针织衣服。

'keshanxi 开场戏　〈名〉开幕时的序戏。

'kesy 开水　〈名〉煮开的热水。

'kesymi 开司米　①〈名〉细毛线。◇英语 cashmere 的音译。②吻我。◇英语 kiss me 的音译。

'kemakla 开麦拉　〈动〉开拍(电影)。◇英语 camera 的音译转义。

'ke whudhou 开户头　设立账户。

'ke whuguedhico 开无轨电车　说话、讨论或思想活动离题,漫无边际:大家一讨论起来就要~!

'kexiao 开销　〈名/动〉

'kexin 开心　〈形〉高兴,愉快:~就是道理,有啥个勿可以!

'ke xhin 开晴　天放晴。

'keyhan 开洋　〈名〉去壳的大虾干。

'ke yhan 开烊　化冰化雪:太阳一出,雪~了。

'ke yhanhun 开洋荤　①到国外见世面,享受外国人生活。②吃较好、较新鲜的食物:今朝到上海,算是开了洋荤了。③做新鲜事,开了眼界:到博物馆去一看,算开了洋荤。

'ke yhiakfang 开药方

'kezan 开张

'ke shy 开市　开始营业。

'kebik 铅笔　〈名〉

'kebikdao 铅笔刀　〈名〉削笔刀。又称削铅笔刀 xiakkebikdao。

'kebikhhakzy 铅笔盒子 放铅笔、钢笔、刀片、橡皮等学习用具的小盒子。

'kehozy 铅画纸 〈名〉绘图用纸。

kek 刻

kek 刻 〈名〉时间计量单位。

kek 搕 〈动〉碰击；碰在硬物上：汏碗勿当心，~脱一块。◇《字汇》克盍切："搕,击也。"

kekcong 瞌盹 〈名〉瞌睡。

kekcongju 瞌盹鬼 〈名〉睡鬼：今朝孬歇像有~辣我身浪，老是想打瞌盹。

keklak 克拉 ①〈形〉漂亮。◇英语 colour 的音译。②〈量〉宝石重量单位。◇英语 carat 的音译。

keklumi 克罗米 〈名〉涂铬。◇英语 chromium 的音译。

keksou 咳嗽 〈动〉

ken 掯

'ken 掯 〈动〉翻；翻拣、寻找：我一直辣辣乡下~烂泥。｜伊~抽屉~了交关辰光。

'ken 'couti 掯抽屉 翻抽屉。

ko 跨

ko dhousy 跨头势 脚叉开往他人头上跨过。

koe 看

koe bhakxi 看白戏 ①看不花钱的戏：今朝我勿出铜钿~。②看人家出丑、倒霉而幸灾乐祸：伊拉一家门大个吵，小个闹,大打出手,我辣旁边~。

koe dhishy 看电视

koefhekdong 看勿懂 不可理解,不可思议：伊会得撞辣孬个事体高头翻了船,真~!

koe jiaklu 看脚路 ①查看地势、窥探情势：要开爿新店,勿看看清爽脚路是勿来三个。②打听背景、后台：侬勿要莽撞,要做伊,先要拿伊个脚路看清爽。

koesesek 看山色 见机行事,看情况灵活处事。

koesesy 看三四 见机行事,看情况灵活处事：侬做事体勿~,葛佬常庄要吃亏。

koeshekte 看舌苔 中医治病时观察病人的舌面颜色。

koe whakji 看滑稽

koe 'xiyhanjin 看西洋景 ①[旧]看拉洋片。②看稀奇事,看热闹：侬辣旁边看伊西洋景啊?

koe yhan 看样 学样：一堆人一直辣辣一道,会相互~个。

koe yhange 看野眼 四处闲望,指不专心手头的事：好勿要~咪! 到现在还只写了三四坎字。

koeyisan 看医生 去医院看病。

kok 酷

kok 酷 〈形〉吝啬：问侬讨一眼眼物事,侬勿要~!

koksok 酷索 〈形〉[旧]态度粗劣不耐烦:侬有话好好叫讲,勿要~来死。

kok 皰 〈动〉东西干后中间凸起:墙壁石灰~起来一大块。｜三夹板碰着水~起来了。◇《广韵》入声觉韵苦角切:"皺~,皮干。"

kokcakwula 哭出乌拉 ①哭丧着脸:伊~个回到娘家。｜侬勿要一日到夜~。②哭穷:侬勿要~。

kokzokbibo 哭作扁把 吝啬:依真~,拨我介一眼眼个物事。

kong 空

kong 空 〈动〉①欠:我~了小王八百元个债。②腾出来空着:~出来一块场地。〈形〉没有被利用或者里面缺少东西:辭间房间~得来。

kongdang 空档 〈名〉中间一块空的地方,中间一段空的时间:让我从~里轧进去。｜课间廿分钟,我抽辭个~去买眼点心吃。

'kongdhi 空地 〈名〉

'kongdhiaoco 空调车 〈名〉

'kongdhiao(ji) 空调(机) 〈名〉空气调节器,一种通过制冷或散热来调节室内温度的电器。

'kongdhouzypiao 空头支票 原指不能兑现的支票,喻许下的不能兑现的诺言:答应别人要老老实实,勿要开~。

'kongkou sek bhakhho 空口说白话 没有根据地随便说话:依去多实际做,勿要~。

'kongloklok 空落落 〈形〉空而冷落、寂寥。

'kongshendhou 空阵头 打雷闪电而不下雨。

'kongxinmozy 空心模子 〈名〉①没有本钱而外表很阔的人。又引申为外强中干,外表很厉害,实质已被掏空的人。②毫无用处的人。

'kongxintangbhoe 空心汤团 不能兑现的许诺:依勿要看伊一口答应,其实只是一只~!

'kongtong 空通 〈拟〉人、物落进河水、井水发出的声音。

kou 扣

kou 扣 〈动〉把肉块煮到半熟,油炸后切片,加入作料用碗或其他器皿罩在上面蒸熟。◇用"扣"的方法做成的肉称"回扣肉"或"扣肉"。〈形〉正好,丝毫不差:辭块料作做衣裳真~。

koukakkou 扣搭扣 ①恰好:辭部车子~赶上。②差一点就不够:依拨我个材料,真是~。

'kou 眗 〈动〉目深;下陷:人瘦得两只眼睛~进去了。◇《集韵》平声侯韵墟侯切:"眗,《埤苍》,目深貌。"

'kou 抠 〈形〉小气:一点君子风度都呒没,辭个人用钞票忒~了。〈动〉挖。

'kou 〈动〉①用手指或细小的东

西往较深处挖:台子缝里~芝麻。②雕刻:伊用刀~出一条龙。◇副,《集韵》平声侯韵墟侯切:"副,剜也。"又写作"抠"。

ku 苦

ku 苦 〈形〉

kudakdak 苦搭搭 〈形〉有苦味儿:辫眼茶叶,~,甜津津。

kunao 苦恼 〈形〉①痛苦。②生活困难、艰苦而可怜:辫家人家屋里老一个,冷天只有一条破棉花胎。③困难,难以搞好:我读辫眼书真~。

kunaozy 苦脑子 〈形〉可怜的样子:侬看看伊副样子,书末读勿连牵,碰着考试,真叫~!

'ku 酷 〈形〉①高傲,冷峻,潇洒。②好,精彩令人兴奋和喜爱:侬看谢霆锋出场演出几化~啊! | 新一~族。| 辫只课题相当相当~!◇英语 cool 的音译。

ku 'e 可爱 戏谑语,指可怜没人爱:侬是~个,可怜呒没人爱!

'kuku 可可 ◇英语 cocoa 的音译。

kuben 课本 〈名〉

kudhang(ge) 课堂(间) 〈名〉教室。

kushen 课程 〈名〉教学的科目和进程。◇英语 course 的音译。

'kuzy 裤子 〈名〉

'kudang 裤裆 〈名〉两条裤管相连的部分。

kua 快

kua 快 ①〈形〉②〈副〉即将:火车开~了。| 本来伊讲今朝上半日到,现在到~了。

kuadhi 快递 〈名〉

kuajhi 快件 〈名〉

kuasoujiak 快手脚 做事动作敏捷利落:等勿及,就应该寻个~个人来做。

kuasoukuajiak 快手快脚 动作迅速:侬看伊做事体一直~,勿像侬慢手慢脚个。

'kuazan 夸张 〈形〉过头:伊打扮得介~。

kue 块

'kue(zy) 筷(子) 〈名〉

'kueshylong 筷箸笼 〈名〉筷子筒。

'kue 魁 〈形〉傲慢:辫个人头昂起仔,~得来,常常摆~劲。◇俗写作"奎"。

'kuejin 魁劲 〈名〉自以为是的样子。

kue 块 〈名〉①身体上某部位长出一个硬的东西或疙瘩:蚊子咬我,脚浪有两个~。| 头撞了一记,一个乌青~老大个。②皮肤上的一片:风疹~。

kuedhou 块头 〈名〉①身体胖瘦程度,尤指面部胖瘦:~小。| 大~。②以货币"元"为单位:一张五~。

'kuedek/ 'qudek 亏得 〈副〉幸亏:~侬来了,否则阿拉要急煞脱了。

kueji/gueji 会计 〈名〉

kuoe 宽

'**kuoedakdak** 宽搭搭 〈形〉宽而松。

kuek 阔

kuek 阔 〈形〉宽。
kuoejinda 宽紧带 〈名〉松紧带。
'**kuoesy** 宽舒 〈形〉①经济宽裕：阿拉钞票交关～。②住房宽敞：阿拉一家三口，住了邪气～。③时间不紧：辫眼生活做一日，辰光老～。

kun 瞓

kun 瞓 〈动〉睡：实在太倦，我去～了。|侬哪能常常～勿醒？
'**kungao/kungao/** '**kun gao** 瞓觉 〈动〉睡觉。
kuncymongdong 瞓痴懵懂　人因瞌睡而糊里糊涂的样子：侬现在勿要帮伊讲，伊～，侪吥没听进去。

L

la 拉

'la 拉 〈动〉

'la bhadhou 拉牌头 兜揽主顾,替人找个靠山:伊拉是专门做~生意个。◇俗又作"拉排头"。

'la bhin 拉平 〈动〉扯平;使平均:现在双方个实力~了。

'ladao 拉倒 〈动〉算了,作罢:我是要去个,侬不去就~!

'la 'ca 拉差 叫出租车。"拉差头"或"拦差头"的简称,即"打的":今朝辰光来勿及了,就~去吧。

'lafen 拉分 赚钱,搞点钱:辣单位里淘淘浆糊,一下班就辣外面~。

'lafong 拉风 〈形〉引人注目,很抢眼,出风头,有派头:光碟机逐渐商品化批量生产,尤其是可抹擦式更加~。|伊是一个~个男人。

'la ka 拉卡 刷卡。

'la mang 拉网 大规模搜捕罪犯:今明两天,阿拉区里派出所要集中~了。

la 啦 表示不满、埋怨:侬哪能介糊涂~!

la 赖 〈动〉①诬赖:明明是侬倒翻脱个,偏要~了我头浪向。②抵赖:讲过个言话勿要~。③留在一处不动:快点跑,勿要~辣海,等歇车子就要开脱了。

la 攋 〈动〉人用指甲或带齿的东西或动物用爪在物体上划过:拨伊辣面孔浪向~开介长条口子! 攋手攋脚。《集韵》去声泰韵落盖切:"攋,毁裂。"

labhi 赖皮 〈形〉顽皮,老不听话:勿要做~小囡!

lajhikbhi 赖极皮 〈动〉耍赖皮。〈名〉耍赖皮的人。

lase 赖三 〈名〉乱搞男女关系的青年女流氓。◇又写作"拉三",英语 lassie 的音译。由"少女、情侣"引申为不检点的青年女子。

lasha 赖柴 〈形〉①肮脏;不修边幅。②做事马虎。

labajhun 喇叭裙 〈名〉呈喇叭形的裙子。

labaqian 喇叭腔 办糟了,很不像样:事体到伊手里,弄弄就要~。

labaxian 喇叭箱 〈名〉装有扬声器的匣箱,声音信号经过喇叭箱听觉效果更好,一般用于欣赏音乐。

lagacang 癞疥疮 〈名〉因黄癣而引发局部脱发的皮肤病。

la(sy) gekbo 癞(水)蛤蟆 〈名〉癞蛤蟆。

lasyka 拉斯卡 ①末班车。②引申为最后一次。◇英语 last car 的音译。

laxi 垃圾 〈名〉丢弃的废物。〈形〉品质差:依瑙种人啥个坏事体侪做得出,真~! ◇老上海话读"leksek"。

laxigu 垃圾股 ①只跌不升业绩很差的股票:侬辬个人根本还呒没入门,老是买~。②不理想的恋爱对象,能力极差的老公:成功男人是绩优股,在读研究生是潜力股,侬末是只~。

lak 辣

lak 辣 〈形〉

lakhe 辣海 ①同"辣辣"。在;在那儿:辬眼小菜留~。但老派"辣辣"的①、②义项不用于"辣海"。②有时保留旧时起源的"在里面"含义:鞋子忒小,脚着~勿适意。◇或写作"拉海"。◇有些人读作"辣盖 lakge"。传教士著作写作"拉墙"。

lakhuakhuak 辣豁豁 〈形〉①辣的味道:辬眼生姜~个。②脸上火辣辣的样子:我吃仔批评,面孔浪~个。③说话很有分量、有刺激:伊辬番~个言话讲得我面红耳赤。④火辣辣地痛:我伤口浪~个痛。

lakhujian 辣货酱 〈名〉①用辣椒制成的酱。②喻指苦头:侬再勿识相,拨侬点~吃吃。◇"货"为"甜货""盐货"的"货"。

lakjiao 辣椒 〈名〉

lak(lak) 辣(辣) 在;在那儿。①作动词用:我~学堂里。②作介词用:我~屋里向。|我住~淮海路。③作体助词用,在动词前表示进行体:我~吃饭了。④作体助词用,在动词后表示存续体:辬眼小菜留~。⑤作语气词用,在句末表示存在语气:台子浪有点龌龊~。⑥表示现状语气:眼镜弹出~。⑦表示程度高语气:每平方要两万五千~!⑧表示申明表白的语气:屋里向勿好跑进~。⑨用于进行、完成的叙事后加重语气:功课已经做完~。◇传教士记写的旧上海话著作中写作"垃拉";"辣辣"写法首用于赵元任 1928 年的《现代吴语的研究》,他依据上海话实际的同音字记写。"勒勒 leklek"与上海话读音"辣辣"老派不同,故不写为"勒"或"了"字。

lakmak 辣末 〈副〉最后:~两门题目我做勿出。

lakmaksandhou 辣陌生头 〈副〉冷不防,突然:伊~喊起来,吓脱我一跳。

lakme 辣妹 〈名〉①性格泼辣、有点男性化的女孩:现在小姑娘要找"淑男",男小囡要找~,~有味道!②穿着火爆的女子:侬打扮了介花哨想模仿啥人啊?~啊?

laksou 辣手 〈形〉①手段狠、厉害:伊拉爸爸老~,两日勿拨伊吃饭。②棘手:凡是伊碰着~个事体,伊侪要寻我想办法个。

laksoulakjiak 辣手辣脚 手段毒辣厉害。

lakyhou 辣油 〈名〉

lak 擸 〈动〉拦;划界使受阻,分程:~差头。|门口拨我~牢,勿拨人进来。|筑块堤坝,拿河水一~二。◇俗写作"拦"。

lakbik 蜡笔 〈名〉用蜡制成的彩色画笔,孩子画图时用。

laklak whang 蜡蜡黄 〈形〉像蜡一样非常黄。

lakkek 腊克 〈名〉硝基木器清漆。◇英语 lacquer 的音译。

lakshan 腊肠 〈名〉一种熟肉食,猪的瘦肉泥加肥肉丁和作料,灌入肠衣,再经煮烤制成。

lakyhuikli 腊月里 〈名〉夏历十二月。

lakzok 蜡烛 〈名〉①喻不知好歹、不识抬举的人:~不点不亮。②喻照亮别人的人,如教师。

lakzokbao 蜡烛包 〈名〉裹婴孩的小被,头部露出,包法同包蜡烛。

lakdhou 猎头 〈名〉①提供高薪以争聘特殊人才者。②从事"猎头"服务者,为公司或集团所派来发掘人才的人:节目个大意是讲资深~告高级经理寻拉一道,讨论哪家跳槽。③经营"猎头"业务的专门机构:一家~就设立辣勿远。◇英语 head hunter 的意译。

laklak 垃拉 ①在:我~屋里向。②在那儿:我~写字。

laktak 邋遢 〈形〉①脏乱。②不修边幅:面孔弄得真~。

lakli(dhou) 癞痢(头) 〈名〉长黄癣的脑袋;头上长黄癣的人。

lan 冷

lan 冷 〈形〉

lanbhen 冷盆 〈名〉冷盘,盛在盘子里的凉菜。

langoklok 冷角落 〈名〉偏僻角落;没人注意的地方:人家侪嘻嘻哈哈老高兴,伊一家头会蹲辣~里流眼泪。

lankesy 冷开水 〈名〉冷却的开水。

lanmenhu 冷门货 〈名〉不被人注意的东西:从前卖得蛮好,现在辩批家生已经是~了。

lanmi 冷面 〈名〉蒸熟后冷却的面条,加芝麻酱、辣油等拌吃。

lannikbhin 冷热病 〈名〉疟疾。

lanqi 冷气 〈名〉由能制冷的电器发出的冷空气,起降温作用。

lansousou 冷飕飕 〈形〉受寒的感觉。

lansywhu 冷水壶 〈名〉放烧熟的冷水的水壶。

lanti 冷天 〈名〉冬天。

lang 浪

lang 浪 〈介〉……上:台子~有一瓶花。

langxian 浪向 ……上:谢谢侬帮我辩张纸头~画个草图。

langdhang 浪荡 〈动〉逸游:~江湖。

langdhangzy 浪荡子 〈名〉游荡挥霍不务正业者。

langdhou 浪头 〈名〉①波浪。②人的气势:~大来吓煞人|~大了要死,浪花吭没个。

lang 眼 〈动〉晾:我拿衣裳~出去。◇《集韵》去声宕韵郎宕切:"眼,暴也。"
lanyishang 晾衣裳 晾衣服。
langyishangzok 晾衣裳竹 〈名〉①晾衣服的竹竿。②称瘦高的人。
langdhou 榔头 〈名〉锤子。
'langlilangsen/ 'langlilangsan 誏里誏声 从旁闲言冷语。
'langsen/langsan 誏声 〈动〉[旧]闲言冷语数落人家:伊拨我~脱两声。◇《玉篇》卷第九言部郎宕切:"誏,闲言也。"
langzong 郎中 〈名〉[旧]中医。

lao 老

lao 老 〈副〉很:伊打扮得~漂亮。
laoba 老爸 〈名〉爸爸。
laobe 老板 〈名〉
laobenian 老板娘 〈名〉①独立做老板的女子。②老板的太太。
laobhu 老婆 〈名〉
laobhanyhou 老朋友 〈名〉①很友好的朋友。②年久的好朋友。③借指月经,委婉语:舞两日~还吼没来,我真急煞了!
laodhou(zy) 老头(子) 〈名〉
laocak 老坼 〈形〉老练:舞个小囡~,一点看勿出幼稚个地方。
laocy 老痴 〈名〉老年痴呆。形容笨,脑子出问题:侬~了啊?
laodakdang 老搭档 〈名〉一直在一起合作共事的人:姚慕双脱周柏春是滑稽界一对~。

laodao 老到 〈形〉老练、地道、到位:伊事体要末勿做,要做就总归做得~。
laodi 老底 〈名〉过去的底子。
laodizy 老底子 从前:~我勿住辣舞搭。|伊拉屋里~是开木行个。
laodia 老爹 〈名〉爷爷。
laofaksy 老法师 〈名〉资格老的名家;在某一方面富有经验的长者,常指精通某门专门知识技能和行业老规矩的人:大家表示,一定要请个~来,为阿拉指点迷津。
laogasan 老家生 〈名〉①有年纪、有地位、做事有分量的人:舞种事体,依还是去问问阿拉厂里个几个~。②老的质优的工具。
laogha(gha) 老茄(茄) 〈形〉①小孩、年少者的言行像成熟的大人:舞个小人老~个! ②逞强,卖老:侬勿要~,当心吃耳光!
laogong 老公 〈名〉丈夫。
laogonggong 老公公 〈名〉小孩称呼年老的男人。
laogou 老狗 〈名〉熟手:俉伲得我旁边隑隑,我去叫两个~来。
laoguakce 老刮铲 [詈]①吝啬鬼。②很精明爱占便宜的人。
laoguhhehho 老古(言)话 古谚语:舞个人字也勿识,~倒有一肚皮。
laogunian 老姑娘 〈名〉年龄大的未婚女子。
laohaonin 老好人 〈名〉好好先生。
laohonge 老花眼 〈名〉远视眼。

laohujhi 老虎钳 〈名〉钳子。

laohujiakzao 老虎脚爪 〈名〉一种甜味烘饼。正面形似老虎爪子，故称。

laohutakco 老虎榻车 〈名〉[旧]双轮平板人力拉货车。与劳动车(平板车)不同，双轮和汽车轮子相同，载重量约为一吨。

laohu(ti)cang 老虎(天)窗 〈名〉屋顶之上加开的窗。◇老虎，英语 roof 的音译。

laohuzao 老虎灶 〈名〉专卖开水的店铺。

laojiao 老交 〈名〉深交。〈形〉交情很深：我脱小王是~了。

laojik 老结 〈形〉①成熟：辩个小人真~。②结实：辩两只蟹生得~了。

laojiu 老酒 〈名〉①酒。②有时特指黄酒。

laoji 老茧 〈名〉手脚上的硬茧。

laoju 老鬼 〈形〉经验丰富；资格老；精明：跳舞伊顶~。

laoju fhektek sou 老鬼勿脱手 资格老而紧紧握住得手的东西不放：侬勿要听伊七花八花，阿拉是~，勿会吃亏！

laoju sekpik 老鬼失撇 资格老、能耐大的人遇到失策。

laokeklak 老克拉 〈名〉指遇事在行、处世老练、有生活经验、有绅士风度的年长者：我想请依介绍两位上海滩浪个~。上海三四十年代个事体，可以问问伊拉。◇"克拉"源自英语"car-at"，宝石的重量单位。在旧时的珠宝店里，司务们遇到三克拉以上成色的钻石宝戒，常会把大拇指一翘，称一声"老克拉"。后主要用以喻指那些从国外归来见过世面的、有现代意识的、有西方文化学识背景、有绅士风范的"老白领"以及此类群体的人。又从他们的文化追求和生活方式着眼，又从英语"colour"(彩色)和"classics"(经典)引申出其特有的含义附加上去。这个阶层收入较高，消费也较前卫，讲究服饰和休闲的摩登，在休闲方式上也领潮流之先，追求中西融合，恰到好处。◇俗又写作"老克勒 lek"，末字韵母音不合。

laokou 老口 〈名〉说话滴水不漏，不好对付：伊末是~，噱伊勿出花头来个。◇又作"牢口"。

laokue 老魁 〈形〉自大，得意，摆老资格。

laolak 老辣 〈形〉①又老又辣。②手段厉害。

laoloe 老卵 〈形〉①貌似老练、成熟：依看辩个小囡~哦。!勿要介~！②很行，很有能耐，赞叹人或事物令人惊叹，达到最高级程度：依看伊画个油画啊，~！〈名〉[詈]称假充内行、自以为什么都懂的装腔作势者。

laoma 老妈 〈名〉称呼母亲。

laomibhi 老面皮 [詈]不怕羞，不要脸：介大个人还欺负人家小人，真~。

laomikong 老面孔 〈名〉①熟悉的脸

面:虽然分别十几年,一只~是勿会忘记个。②旧模样,旧貌:勿会改变个,经过三十年,辫片厂个产品还是~。

laomji 老母鸡 〈名〉已生蛋多年的鸡。

laonianjhiu 老娘舅 〈名〉①调解人:大家争得难分难解,只好去请~来解决了。②爱管闲事的人:侬看,~又来了。

laoqi 老气 〈形〉显老:辫件衣裳着辣海,看上去人有点~。

laoqiklaozu 老吃老做 一贯这样做(含贬义):辫种生意对于伊来讲是~了。

laoqinlaozao 老清老早 大清早:侬勿要~就唱歌,人家俦睏辣海。

laoselaosy 老三老四 卖老;充老成的样子:侬勿要年纪介小就~。

laoshekdhou 老实头 〈名〉老实人。

laoshek fhekkakqi 老实勿客气 ①不谦让:侬请我吃,我也~坐下来吃了。②不买账:侬再凶,我,~,脱侬顶到底!

laoshenguang 老辰光 仍然这时候:明朝~,我辣"田子坊"等侬。

laosou 老手 〈名〉内行;老资格者。

'laosy/laosy 老师 〈名〉

laota(bhu) 老太(婆) 〈名〉

laotata 老太太 〈名〉

laotaodhou 老套头 〈名〉老一套的办法:阿拉勿欢喜~,希望要创新。

'lao whandang 捞横档 从中获取不正当的钱财或好处:掮客做个事体就是辣当中~。|当双方争持勿下辰光,伊就开始~了!

lao 'yaoghek 老妖个 形容一个人很有个性魅力,很特别,很突出:侬~嘛,哪能打扮了介痴头怪脑个啦!

laoyha 老爷 〈形〉质量差,一碰就坏:~椅子已经坐勿得了。〈名〉[旧]对官吏、富室主人的尊称。

laoyhaco 老爷车 〈名〉质差劣等的车子。

laoyhahu 老爷货 易坏质差的货物;一碰就坏的货。

laoyhoudhiao 老油条 历事久或阅世久而做事马虎、不听劝戒、油滑的人。

laozao 老早 很早的时候:我~不到辫搭来了。

laozozo 老渣渣 〈形〉老得像渣滓一般。

lao 牢 〈形〉①坚固;经久:辫块料作~。|辫顶桥造得真~。②稳固:小图坐勿~。|安身勿~。③住:股票套~了。

lao 咾 ①表示连接:书~纸头~摆了一台子。②表示因果:我碰着大风大雨~,今朝迟到了。

laobhok/lubhok 萝卜 〈名〉◇因"萝"在老上海话里读"lao"音,直到现今还有许多人将"萝卜"读作"laobhok",俗写作"老卜"。

laobhokgoe 萝卜干 把萝卜切成条或块经腌制、晒干而成的食品。

'lao ngakua 捞外快 捞取正常收入

以外的利益:厂里生产效益勿好,只好抽空到外面去捞点外快。

le 来

le 来 〈动〉搞。代动词,泛义:~一客冰淇淋!|侬赖极皮,阿拉勿~了!|我脱侬只~了两盘,侬就输得勿敢来着下去了。◇有"拿、玩、干、做、搞"等意思。〈副〉很;非常;多么:小菜鲜~!

le dhi 来电 ①对异性产生感情,男女之间有感觉迸发爱情火花:侬大概拉十九二十岁辰光对小姑娘吮没感觉,勿~。②事情称心如意:今朝阿拉两个人总算找到了着落,真~!

ledek 来得 〈副〉会;就:侬辩能做慢,伊埃能做~快。

ledek(ghek) 来得(个) 〈副〉非常;尤其:伊跑得~快|伊~高兴|叫伊勿要去做,伊~要去做。

ledekzenhao 来得正好 ①来得正是时候:侬~,我正想寻侬。②正中下怀:我饭吮没吃,侬请我吃馒头,葛是~。

lelu 来路 〈名〉①来的路。②出处:我勿晓得辩只商品个~。

lesakfhekjhik 来煞勿及 迫不及待:一听到朋友叫伊,伊~赶下去了。◇源自"来啥勿及""有什么来不及"的意思。

lese 来三 行,能干。即"来事"。

leshy 来事 〈形〉①行:讲讲蛮会讲,做做勿~。②能干:辩个人~来死。

lesuer 来苏尔 〈名〉煤酚皂、杂酚皂液,洗净杀菌液。◇英语 lysol 的音译。

lexi 来死 〈副〉得很:辩个人作风坏~!◇俗又写作"来西"。但不能作团音字的"来分"。"苦来(得)要死要命"缩略为"苦来死"。

le 咪 〈助〉①表示称赞:辩块料作最好咪!②啦:侬个约会我忘记脱来~。③了,语气较轻松:今朝伊勿高兴~!

le 烂 〈形〉

lenibhusak 烂泥菩萨 〈名〉[詈]①自身难保的人。②没有反应的人。

lepigu 烂屁股 〈名〉一旦坐下以后就不愿离开的客人:伊是个~,一坐就讲个勿停,勿走了。

lewhu 'sexitang 烂污三鲜汤 ①原是徽菜中一种荤素杂汤,后用以骂淫贱的妇女。②不负责任、胡乱为事而搞得乱七八糟:伊是个出名个淘浆糊朋友,做出个事体,侪是~!

lewumi 烂糊面 〈名〉煮得又软又糊已不成型的面条。

lewuni/nawuni 烂污泥 〈名〉①较脏的土或泥水:侬鞋子浪向有点~。②扑克牌中的"2":我辩副牌里有七只~,侬哪能会得勿输拨我呢?③比喻最小的:伊是~一撇,存在勿存在是一样个。

lezaozao 烂糟糟 〈形〉破旧得要烂掉的样子:辩封信已经拨我团得~了。

le 累 〈动〉事物互相缘及:伊~得我坐牢监。◇《集韵》去声寘韵力伪切:"累,事相缘及也。"

le(dhou) 篮(头) 〈名〉篮子。

lejhiu 篮球 〈名〉

ledhushong 懒惰虫 〈名〉

leliao 懒料 〈形〉不勤俭,乱花钱,吃完用光。

lepokju 懒扑鬼 〈名〉懒鬼。

lepok 懒扑 〈形〉懒惰。

leledhou 瘰瘰头 〈名〉皮肤上突起的发红的或化脓的小块:伊面孔浪发起两个~。

leshenyhu 雷阵雨 〈名〉

lexian 雷响 〈动〉打雷。

leyhinyhin 蓝荧荧 〈形〉有点蓝的样子。

leyinzy 蓝印纸 〈名〉蓝色复写纸。◇又称"复写纸 fokxiazy"。

lesoyhu 擂沙圆 〈名〉糯米粉做成的馅为豆沙的团子。上海本地特产。

lek 了

lek 了 〈助〉①连接动词、形容词和情态补语:红~发紫。|休闲要休~扎劲,休出情调品味。②◇最老的用法是用"来",今也偶用。③表示现在时:大世界到~。|房子买辣海~。④表示该时状态:明朝6点钟我到东京~。⑤表示劝听、商量的语气:勿要吵~!

lek 'ao 了噢 〈助〉表示提醒、警告的语气:警察就要来~!

lekmek 了末 〈助〉表示直推关系:大家是朋友啊,我讲出~,就帮忙帮到底。

lek 捋 〈动〉①用手捋下:~桑叶。|~脱一把汗。②摩擦:~~手臂把。◇或作"捋"。

lek xhiuzyguoe 捋袖子管 拉上或拉下袖管:伊捋起袖子管预备做生活。

lekbhanguek 肋棚骨 〈名〉肋骨。

lekdhiao(niok) 肋条(肉) 〈名〉带肋骨的肉。该肉在肋边,多层肥瘦相间。

leksakdiaoxi 勒杀吊死 ①吝啬得很:问伊讨两钿,伊~拿勿出。②气派很小:伊做起事体来~。③拖拖拉拉不爽快:叫伊一口答应,伊~勿晓得讲眼啥。

len 轮

lenbhoe 轮盘 〈名〉轮子。

lente 轮胎 〈名〉

lenghok 楞啯 〈形〉①吃下去的东西在肚里梗着不舒服:辫点竹笋吃得我胃里~来。②不活络:天气真冷,两只手侪~脱了。

li 练

liba 礼拜 〈名〉星期。

libashok 礼拜族 〈名〉男女朋友只在周末聚一起,平时则各过各的一群人:~讲,伊拉个生活最自由。

libhongdhou 莲蓬头 〈名〉淋浴喷

淋器。

likbikgok 立壁角 罚站在教室的一角。

lidangku 连裆裤 〈名〉①不开叉的裤子。②比喻同谋、同伙：辩两个人是着~个。

lidangmozy 连裆码子 〈名〉①彼此相依、狼狈为奸者。②同伙。

ligaodhang 梨膏糖 〈名〉上海特产，一种提纯梨汁加以薄荷、留兰香、玫瑰等配制成的糖块。

li ghang 练戆 做傻事：早晓得结果勿妙，阿拉也勿去~了。

lixhikbhu 练习簿 〈名〉练习本。

lijik 里脊 〈名〉

li mang 联网 喻指建立恋爱关系：伊拉两家头已经~哎！

li mekshy 理物事 整理东西。

lisejhun 连衫裙 〈名〉

litiyi 连体衣 〈名〉上下身相连的衣服。

lixian(dhou) 里向(头) 里面：房间~光线忒暗。◇不能作"里厢"。"向"是团音字。"厢"尖音字，"两边"义，不是"里面"义。

lian 两

lian 两 〈数〉表示2个单位。

liandhao 两道 两块儿：两个人分~。

liandhou vekshakgang 两头勿着港 两方面都得不到预料可得的好处。

lianjiakco 两脚车 〈名〉步行。

lianmiwhang 两面黄 〈名〉一种蒸后用油煎成两面焦黄色的面条。

lianxiongdhi 两兄弟 兄弟俩。

lianyhan 两样 〈形〉不一样：我脱侬衣裳花头是一样个，颜色是~个。

lianyhongse 两用衫 〈名〉能罩在毛衣外面也能罩在衬衫外的薄外套，一般在春、秋季穿。

lian 亮 〈形〉

liandhouli 亮头里 明亮处：侬要到~来看书，暗头里看要看坏眼睛。

lianguang 亮光 〈名〉光线。

lianmao 凉帽 〈名〉

liansoufhang 二手房 〈名〉转手出售的房子。

lianxin 良心 〈名〉心肠：伊脾气坏，~倒蛮好。

lian xuikak 量血压

liao 撩

'liao/liao 撩 〈动〉①伸长手臂或借助工具向高处或远处取东西：侬~上去拿辩只结头解脱。②把东西垂下的部分掀起来：拿头发~上去。③拂弄：竹叶~着我个面孔。

'liao sy/liao sy 撩水 用手盛水而洒之：花浪向撩点水。

lik 立

lik 立 〈动〉站：我~辣旁边。

lik 戾 〈形〉扭转不直：一只手~转仔点。◇《广韵》入声屑韵练结切：

"戾,曲也。"

lik 捩 〈动〉①绞,拧:螺丝~断了。|拿揩布里个水~干。②折:棒头拨我~断脱。③曲,拗:~手。|我~转仔手做生活。◇《广韵》入声屑韵练结切:"捩,拗捩,出《玉篇》。"《详校篇海》:"捩,折也。"

lik 摒 〈动〉让含水之物的水自行滴干或漏干:水~~干,只剩药渣。◇《集韵》入声质韵劣戌切:"摒,去滓汁曰。"

lik 屚 〈动〉穿衣太急而斜缠于身:衣裳着得~转仔。◇《集韵》入声锡韵狼狄切:"屚,急缠也。"

likbo 力把 〈名〉①权柄,权力,势力:辩桩事体要做成功,先要去寻~大个走走门路。②〈名〉实力:伊~又勿大,表面架子像煞好来死!

likdhao 力道 〈名〉力气;力量:依到底有几化~,搬得动?|依~大勿大?搬得脱伊个后台?

likzok 力作 〈名〉天生的力气:伊胎气足,~大。◇又称"本作 benzok"。

likxik 粒屑 〈名〉细碎的颗粒:饼干~。

likzyjin 栗子颈 〈名〉颈部突起的淋巴核块,瘰疬。

lin 拎

'lin 拎 〈动〉①提:我手浪~一只包。②拉:依人生勿长,我帮依来~~长。

'linbao 拎包 〈名〉手提包。

'linpe 拎鎜 〈名〉指袋子、箱子、盒子等的提手。

'linfhekqin 拎勿清 头脑愚笨,不能领会;为人、处事不得要领:介简单个事体,依也~?

lin 领 〈动〉①带:~依路。②领略、晓得:~~市面。|勿要勿~清。

lin bhen 领盆 〈动〉服输,买账:伊辩能样子老三老四,我就是对伊勿~。

lindhou 领头 〈名〉衣领子。

lin dhou 领头 〈动〉带头。

lin shymi 领市面 了解行情、情况:依去领~噢,十块洋钿三斤啥地方买去?

lintao 领套 〈名〉毛线织成的较宽的圆环,套在衣领外面,供脖子保暖。

lin 零 〈数〉数字0。

lindhou 零头 〈名〉

linse 零碎 〈形〉细碎,零星:辩点~钞票,就送拨依了。〈名〉细碎的事物。

lin 令 〈量〉一令为五百张原张纸。◇英语 rean 的音译。

lin 繗 〈动〉缝合:~被头。|~衣裳。◇《集韵》平声真韵离珍切:"繗,绍也,理丝也。"

lin 菱 〈名〉菱角。

lindhan 凌澤儿 〈名〉檐前挂的冰锥儿。◇凌澤,俗写作"凌宕"。"澤"音 dhok,"儿"音 ng 儿化附粘于后,变读成 dhang。《集韵》入声铎韵达各切:"澤,冰结也。"

lin(guang) 灵(光) 〈形〉①灵验:菩萨真~。②事、物好:辫竹头衣裳侪老~个。|伊生活做得真~。

linqiao 灵巧 〈形〉

linwhak 灵活 〈形〉

linso 邻舍 〈名〉邻居。

linju 邻居 〈名〉

linyhokfhang 淋浴房 〈名〉在卫生间中装置的供淋浴使用的小间。

linyhouyikgong 另有一功 有与众不同的功夫:伊~,葛咾人家侪拨伊花倒。

linzy 翎子 〈名〉暗示:伊已经掼过来两只~了,侬还木知木觉!◇又写作"领子"。

liu 熘

'liu 熘 〈动〉炸或炒后,加作料和淀粉:醋~白菜。|~鱼片。

liu bhikti 流鼻涕

liuhu 流火 〈名〉丝虫病。〈动〉下肢丹毒。

liubhu 留步 别再送了;请送客者别送了。礼貌用语。

liumang 流氓 〈名〉

liusenjiqi 留声机器 〈名〉手摇的、通过弹簧发条驱动使唱片旋转的旧式唱机。

lou 剅

'lou 剅 〈动〉抠,挖:木板高头~一个洞。◇《广韵》平声侯韵落侯切:"剅,剾,小穿。"

lu 撸

'lu 撸 〈动〉①搓:~~手。②按摩、抚摸:姆妈,我头撞痛了,帮我~~。|我~进去,吨没摸到人。|~~小囡头。③轻擦、带过:伊吨没认真揩台子,只不过~了一遍。④挽:袖子管~起来。

'lu 撸脱 〈动〉①用手将细碎东西一路带去。②妥善解决或藏起:侬放心,辫笔账我会~个。|大家个矛盾~算数!③彻底除去:拿伊个乌纱帽~了。

'lu 攎 〈动〉用手贴着桌面或地面把东西收拢:侬点角子侪帮我照年份~成几堆,等歇好收作。◇《集韵》去声暮韵鲁故切:"攎,捋攎,收敛也。"

'lusu 啰苏 〈形〉啰唆。

lusu 芦黍 〈名〉甜黍。

loe 乱

loe 乱 〈形〉

loegangbakgang 乱讲八讲 乱扯淡:伊言话讲勿来,~。

loehhoseqi 乱话三千 乱说,胡说:是哪能就哪能,勿要~!

loe 卵 〈名〉阴茎。也泛指男性生殖器。

loepao 卵脬 〈名〉阴囊及睾丸。有时仅指阴囊。◇《广韵》平声肴韵匹交切:"脬,腹中水府。"

lok 六

lok 六 〈数〉

lokshenwhuzy 六神无主 形容因惊慌或着急而没了主意：侬也逼牢我，伊也逼牢我，真弄得我~了。

lok 盝 〈动〉略洗：辫块料作先~一~水，再裁衣裳。◇盝，《尔雅》："竭也。或从水，通作漉。"《广韵》入声屋韵卢谷切："漉，渗漉，又沥也。"

lok 趢 〈动〉①起立，站起：跌得倒，~得起。②从床上、地上爬起来：天勿早了，侬好~起来了！

lokhuak 落瞌 〈动〉进入睡眠状态。

lokjiakhu 落脚货 〈名〉经挑选后剩下来的货物。

lokjhiao 落拚 〈形〉故意与人为难、作梗：想勿到，伊是辫能一个~个人。

lok ngeli 落眼泪 流泪。

lokshansy 落场势 ①下台的机会，后路：要让伊有条路走，勿要弄得伊吃没~。②下场：侬看好辣海，伊总有一天吃没好个~！

loksu 落苏 〈名〉茄子。

loktok 落拓 〈形〉落魄。

lokxian 落乡 〈名〉在市郊交界处；偏僻乡村。

lok xik 落雪 下雪。

lok yhan 落样 ①留下痕迹：事体倒吃没做，却落了个样。②为做衣、鞋而留、剪的样子。

lokzen 落枕 〈动〉睡觉造成的后颈血管酸疼。

lok yhu 落雨 〈动〉下雨。

lokke 乐开 〈形〉做事说话在理上，公正、大方、豁达：伊辫人交关~，所以朋友多。

lokwhe 乐惠 〈形〉舒适，合意，快乐：侬看我~哦？软沙发，勿要做家务个。

lokdhou 绿豆 〈名〉

lokdhounga 绿豆芽 〈名〉绿豆发制成的豆芽。

lokyhouyhou 绿油油 〈形〉绿而生光。

lokloe 络乱 〈形〉①混杂无绪：伊生活做得~。②心里烦乱：我今朝心思~，睏勿着觉。

long 弄

long 弄 〈名〉上海对巷子的称呼。起用于租界时期所筑的弄堂。与英语 lane 音近。

longdhang 弄堂 〈名〉

longdhou 龙头 〈名〉①自行车、三轮车、摩托车等的车把。②自来水管的出水阀门：辫只自来水~放水勿畅快。

longhoshy 龙华寺 〈名〉

longjufong 龙卷风 〈名〉

longbhan 聋聱 〈动〉耳聋。〈名〉耳聋的人。

longzy 聋子 〈名〉耳聋的人。

lou 漏

loujifong 漏肩风 〈名〉肩膀上生的

关节炎。有时泛称受寒以后形成的肩膀酸痛。

loushe 漏馋　挂涎水。

lu 锣

lu 锣　〈名〉

lugu（gasan）锣鼓（家生）　〈名〉锣鼓。

ludhe 露台　〈名〉露天晒台。一般在楼房的最高层。

lu'fongsen 露风声　露出一点信息：侬只嘴巴一定要封封牢,勿好~!

ludhao 路道　〈名〉①门路:小王有~买紧俏商品。②办法:摸准~,再来做生活。

luti 路梯　〈名〉楼梯。

luhhng 鲈鱼　〈名〉一种淡水鱼,上部青灰色,下部灰白色,刺少肉质嫩滑。

lusongmibao 罗宋面包　〈名〉两头尖、长的、梭子形的带咸味的面包。

lusong tang 罗宋汤　〈名〉用卷心菜、番茄、牛肉等加水制成的汤。◇罗宋,英语 russion 或 russian 的音译。

lusu 路数　〈名〉①思想、行为的脉络和道道儿:一个人个能力高低就先决于伊个~浪。|辫个人个~老清爽个!②招数:伊来两手个~勿像正确。③底细:搞勿请伊个~。④本领,能力,办法:看伊勿出,伊倒蛮有~子。⑤缘故:伊来搞不清爽,啥个~?

luzy 路子　〈名〉①门路。②来路:辫个人~勿正。③方法、途径:侬要办好辫桩事体,~先摸摸清爽。

lusy 露水　〈名〉

luxhizang 露脐装　〈名〉露出肚脐的短衣装。

lusy 螺丝　〈名〉

lusy 螺蛳　〈名〉

M

m 姆

'mma 姆妈 〈名〉妈妈。

mmek 呒没 〈动〉①表示"领有、具有"等的否定：伊~儿子。|我~理由勿来。②表示存在的否定：屋里~人。③不如；不及：我~侬高。|伊~侬会得讲。④不够；不到：伊来了~三日就跑脱了。⑤掉，不见：书包~了。〈副〉①未曾，未然：我还~吃夜饭。|天还~暗。②不能，不得：伊有得去，侬~去。③不：侬希望伊来？——~，呒没希望。|昨天侬电视看到十一点钟是哦？——~，我看到十二点钟。

mmak 'guexi 呒没关系 没关系。

mmek ghekghek gushyghek 呒没搿个故事个 不可能，没这回事：俫勿要辣外头瞎七搭八，小张得小胡，根本就勿像俫讲个搿能，完全就~！

mmek hhehho 呒没言话 没话说，指到顶了：侬做个生活~！

mmek xi cang 呒没戏唱 办不成事，无计可施：我已经做了最大个努力，伊还是勿肯帮忙，乃~了。

mqindhou 呒清头 不知轻重好歹，没分寸：侬个小囡真是~，对伊好伊勿懂个。

msasa 呒啥啥 没有什么东西：阿拉屋里~个。

msa xhiadhou 呒啥谢头 不用谢。

ma 买

madhasao 马大嫂 〈名〉主持日常家务的人（谐音"买、汏、烧"，即"买菜、洗菜、做菜"）：放暑假了，我个老婆要休息休息，我就充当~。

madhasao 买汏烧 ①买菜，洗菜，做饭。②〈名〉操持家务的女子。

ma fhangzy 买房子

magen xifen diaosak 买根线粉吊杀 戏谑语。形容人之软弱无能，不如死了吧；遇到不顺利的事，受气或受挫后的自嘲或揶揄。与"买块豆腐撞杀"意思相同：我房子一买好，房价就跌，我好~了。

ma meksy 买物事 买东西。

ma mizy 买面子 讲情面：侬勿要再追究了，就买我个面子饶饶伊哦！|看在情面上帮忙：辪桩生意做成功全靠卖伊个面子。

ma piao 买票

maxiaoce 买小菜 买菜。

mazan/ma zan 买账 〈动〉①领情：我讲了介许多好话，侬还勿买我个账？②因佩服对方而接受：老师傅出来讲话了，大家只好~。◇源自买卖账目，今本义不用。

maguezy 卖关子 会某种事情或知道

某件事、某种方法和知识而故意不说不做：要讲就好好叫讲，卖啥关子！

majiaoxhin 卖交情 看在交情上帮忙：辫位先生肯一个，刮刮叫！

mapiaoyhuoe 卖票员 〈名〉售票员。

maxian 卖相 〈名〉①卖的货物的品相：拿茶叶当中的茶梗拣出来，使茶更加有～。②表面样子：交朋友勿可以光看～，主要是看人老实。｜辫件衣裳～勿好。③有时特指人的面相。

mayhan 卖样 〈动〉炫耀，显示给人看而心里愉快：伊又要拿出伊收藏个玉器来～了。

mayhanfheksek 卖样勿煞 对炫耀自己东西者的带有忌妒的讥讽：伊算有一只金表了，一直来～。｜稀香勿煞，～，烂泥菩萨，一脚踢杀！（儿歌）

ma yhanindhou 卖野人头 装作精通而弄假骗人：伊勿要辣我面前～。

'mahu 马虎 〈形〉草率；不认真：伊做随便啥事体，总归一副～个样子。

mak 麦

makkakmakkak 麦克麦克 〈形〉形容钱多：伊屋里向钞票多得～。

makkekfong 麦克风 〈名〉①话筒。②传声器的通称。◇英语 microphone 的音译。

maksannin 陌生人 〈名〉

maktong 袜统 〈名〉袜子掩盖腿的部分。

makzy 袜子 〈名〉

man 猛

man 猛 〈形〉密，拥挤：草～。｜雨～。｜人头～。｜针线做得～。

manmen 猛门 〈形〉态度强硬，讲不上理。

manmennin 猛门人 〈名〉蛮不讲理的人。

mang 望

mang 望 〈动〉①远看。②看望：我来～～侬。③盼望：今朝侬介晏转来，我～畅～畅盼望好久。

mang 盲 〈形〉[旧] 头脑迟钝糊涂：辫个人失头～脑。◇《广韵》去声宕韵莫浪切："盲，老人不知。"

mangcong/mongcong 懵冲 〈形〉①刚睡醒而视不明。②糊里糊涂。

mangdhouli 忙头里 〈名〉忙的时候。

manggu 芒果 〈名〉

mangjixin 忘记心 〈名〉易忘的毛病：伊有个事体记性好，有个事体～大。

mangshanyhi 盲肠炎 〈名〉阑尾炎。

mao 毛

mao 毛 〈形〉触摸硬纤维的感觉：侬个皮肤摸上去真～。〈动〉发怒，发火：侬勿要触～伊，惹伊发脾气。〈副〉约，近：一块洋钿买了～三斤青菜就吃没了。〈名〉毛发。

maobhin 毛病 〈名〉病。又称病

bhin。

maobik 毛笔 〈名〉

maobizy 毛边纸 〈名〉用竹纤维制成的淡黄色的纸，比较粗糙，常用来练习毛笔字。

maocao 毛糙 〈形〉粗糙。

maocao 毛躁 〈形〉不细心，不细致：伊真~，做事体也毛毛躁躁。

maodhou 毛豆 〈名〉刚结实的大豆。

maohuhu 毛乎乎 〈形〉形容不光滑。

maojik(nyuxi) 毛脚(女婿) 〈名〉女儿的未婚夫。

maojiakxinfhu 毛脚新妇 〈名〉儿子的未婚妻。

maojin 毛巾 〈名〉

maojinjuoedhou 毛巾绢头 〈名〉用毛巾制法做成的手帕。

maojinte 毛巾毯 〈名〉质地像毛巾的毯子。

maomaoyhu 毛毛雨 〈名〉①很小的雨。②微不足道的数量：对于阿拉企业来讲，辩点损失，真是~，吭没关系个。

maopefhang 毛坯房 〈名〉未经装修的住宅房。

maosen 毛笋 〈名〉毛竹的笋。

maozy 帽子 〈名〉

mao 铆 〈动〉①盯住不放松：快点~牢伊，勿要拨伊逃脱。②猜：我~侬今朝会来个。

maobhahu 冒牌货 〈名〉①假冒产品。②喻指假的、冒充的人：当心伊假装来一套，其实是个~。

me 蛮

'me 蛮 〈副〉满，相当：种花叫伊去种倒~好。｜伊人是~好个，可惜运气总归勿大好。

me 蛮 〈动〉玩耍：伊辣外头~拆天，勿要~得辰光也忘记脱。

'mehao 蛮好 ①很好。②表示后悔的遗憾：我~跟侬一道去。

me 慢 〈形〉

me boepak 慢半拍 跟不上，慢一步：我个想法总归比侬~。

menik 慢热 〈形〉进入积极状态较慢：我辩个人比较~。

metenten 慢吞吞 〈形〉缓慢的样子。

mezou mezou 慢走慢走 走好走好。

mefu 霉夫 〈名〉烤麸再经霉化制成的一种食品。

megoece 霉干菜 〈名〉一种经发酵加工制作过的干菜。

mefu 妹夫 〈名〉

meme 妹妹 〈名〉

'memedhou 妹妹头 〈名〉小妹妹。

meguehhong 玫瑰红 〈形〉如玫瑰花一样的红色。

mejhin 美芹 〈名〉美国进口传来的大型芹菜，即"西芹"。

menian 晚娘 〈名〉后母。

meqi 煤气 〈名〉

meqizao 煤气灶 〈名〉使用煤气的灶子。

meyhuoe 美元 〈名〉

men 门

men 门 〈名〉

mendhangzy 门堂子 〈名〉①门洞；门框。②喻指门第、阶层：伊是啥个~里出来个侬晓得哦？

menfhang 门房 〈名〉值勤员，守门人。

menfong 门风 〈名〉①门前帘。②一家世传的道德和处世准则。

menjhiu 门臼 〈名〉装在门槛上承门枢的石或木制臼形物。

menjhiu(jhiu) 门球(球) 〈名〉圆球形门把手。

menke 门槛 〈名〉①计算得失的本领、窍门：辩个人~真精。②比喻标准或条件：辩个大学~高。◇义项①，由英语 monkey(猴子)的音译引申而来，据说猴子的模样很精明，故"门槛"一般与"精"结合为"门槛精"用，指人的精明。

menli 门帘 〈名〉挂在门上的布或竹做的帘子。

menmi 门面 〈名〉①商店房屋沿街的部分。②比喻外表：装~。|底子介推扳，侬勿要装~了。

menqian 门腔 〈名〉猪舌头。

menxhi 门前 跟前：样品就辣辣侬个眼~。

'men 焖 〈动〉紧盖锅盖，用微火把食物煮熟或炖熟：~饭。|油~笋。

'mensen dhafak she 闷声大发财 不出声、不声张而获利：俉只会得炒作，伊是一声勿响坐辣海，~。

mek 没

mek 没 〈动〉①沉下，沉没。②漫过，高过：河水~过脚馒头。③塞住不通：水落管子~脱。

mek 末 〈助〉①提顿话题：工资~，是侬个零头；上班~，大家淘淘浆糊！②引出虚拟假设句：讲出来~，就要拆穿西洋镜。③表示当然语气：侬本来就勿来三~！④表示劝听、商量语气：歌侬先唱~！⑤表示轻微反驳语气：我吤没做错~！⑥表示没有料到语气：常和"个"一起合成"个末"：辩点火腿蛮便宜~。⑦表示假推关系：我勿来~，啥人来啊？|搬勿动~，多叫几个人来搬！⑧……个言话，……：参加派对~，侬会穿啥个裙子去？

mekjiak 末脚 〈副〉①最后：我~一个走出去。②底：还剩到~一眼眼。

mekhak 墨黑 〈形〉漆黑。

meklok 墨绿 〈形〉暗绿。

meksybik 墨水笔 〈名〉

mekmek hek 墨墨黑 〈形〉像墨一样非常黑。

mekshy 物事 〈名〉东西。◇有些普通话开头为 w 的，在上海话中保留古音读声母 m，读 m 开头如"味道"的"味"，"忘记"的"忘"，"网络"的"网"，"物事"的"物"。

mi 面

'mi 渳 〈动〉品味,小口少量喝:侬吃勿来酒,辫瓶茅台要慢慢叫~。◇《广韵》纸韵绵婢切:"渳,《说文》,饮也。"

'mi 寐 〈动〉小睡:让我~脱一歇。◇《广韵》纸韵文彼切:"寐,熟寐也。"

mi(dhiao) 面(条) ◇面粉上海人不说"面",说"干面"或"面粉";粉末状物体说"粉"不说"面"。如:珍珠米粉(玉米粉)、药粉、胡椒粉。食品柔软少纤维也说"粉"不说"面"。

mibao 面包 〈名〉

mibaoco 面包车 〈名〉形似长方形面包的中型客车。

mibhen 面盆 〈名〉脸盆。

mibaofhang 面包房 〈名〉专卖面包、蛋糕的店。

mibin 面饼 〈名〉

migazy 面架子 〈名〉脸庞;脸型。

migekdak 面疙瘩 〈名〉一种面粉做的主食,形状任意,呈团状,放在滚水中煮熟而食。

'mihongexiao 眯花眼笑 笑逐颜开:听到好消息,伊开心得~。

'milimala 咪里吗拉 吹喇叭、唢呐的声音。

'mimi xiao/mimixiao 微微小 〈形〉很小:辫两个字~,看也看勿出。

mijiaodhou 面浇头 〈名〉吃面条时加上去的菜肴或酱汁。

mijin 面筋 〈名〉①用面粉加水拌和,洗去所含的淀粉后剩下的粘状物。②"油面筋"和"水面筋"的合称。

mikong 面孔 〈名〉脸。

mishanhhng 面杖鱼 〈名〉银鱼。

mi shok/mishok 面熟 〈形〉脸熟:我觉着侬老~个。

mishokmaksan 面熟陌生 似曾相识:辫个人~,像煞几年前看见过个。

mixhi 面前 〈名〉跟前:样品就辣辣侬个眼~。

mizy 面子 〈名〉①衣、枕等物的表面:姆妈故世以后,王家送过两条被~。②脸面;体面:侬~要侬还要勿要?|死要~活受罪。③情面:看辣侬个~浪,脱侬做做哦。|今朝拨侬眼~!

mi 'ao 棉袄 〈名〉

mihote 棉花胎 〈名〉用棉花纤维做成的絮被褥等的胎。

mimaoku 棉毛裤 〈名〉一种较厚的棉毛针织单内裤。

mimaose 棉毛衫 〈名〉一种较厚的棉毛针织单内衣。

misoxi 棉纱线 〈名〉棉线。

micu 米醋 〈名〉用米做成的醋。也泛指醋。

midhakcak 米达尺 〈名〉米尺。◇米达,英语 metre 的音译。

misaozok 米烧粥 〈名〉用生米煮成的粥。◇区别于用冷饭烧煮的饭泡粥,烧煮时间长,用文火。

misek 米色 〈形〉
miwhang 米黄 〈形〉米色。
mixi 米苋 〈名〉苋菜。
midhitindhong 免提听筒 经常自言自语,唠叨,没人爱听:只听见伊一个人啰里啰唆,像只~。◇又称"免提电话"。
milek 未了 时间长了,远着呢:《汉语方言字典》要编好,~!
mimao 眉毛 〈名〉
minijhun 迷你裙 〈名〉一种贴身且长度刚过臀的超短裙。◇迷你,英语 mini(minimum 的简称)的音译。
miwhu 迷雾 〈名〉雾。

miao 瞄

'miao 瞄 〈动〉瞟:~一眼。
miao 秒 〈名〉时间计量单位。

min 脗

min 脗 〈动〉①合拢(多指嘴唇):勿管侬个事体,侬 ~ 了嘴巴勿要响。②合拢空隙:~缝。◇《广韵》上声轸韵弥邻切:"脗,脗合。"
min fhong 脗缝 〈动〉合拢无隙。
minpi 名片 〈名〉为向人介绍自己姓名、职务、地址、电话而印制的硬纸片,有备查作用。
minqi 名气 〈名〉名声。
mindhang 名堂 〈名〉①花样,名目:当心伊拉又要搞啥 ~ 了。②道理,东西:侬要钻下去,里向一定有 ~。

mingong 民工 〈名〉来城工作的农民。
minho/minhoe 明虾 〈名〉对虾。
minni 明年 〈名〉
minzao 明朝 〈名〉明天。
minzaowhe 明朝会 明天见。

mo 麻

mo 濔 〈名〉沫子:河浜里水勿清爽,有交关 ~ ~。◇《篇海类编》地理类·水部眉波切:"濔,水濔也。"
mobhi 麻皮 〈名〉①麻子。因患天花而形成的麻脸。②借指脸上有麻子的人。
mofhe 麻烦 〈形〉
mofhenong 麻烦侬 麻烦你。
mojian 麻将 〈名〉①[旧]麻雀。②一种玩牌,又称"麻将牌"。◇雀,旧读音 jiak,儿化加上鼻音 ng,进而鼻化,读作 'jiang,俗写作"将"。
mojhiu 麻球 〈名〉一种糯米点心。球形,内含豆沙,外粘芝麻,油炸而成。
molak 麻辣 〈形〉
molaklak 麻辣辣 〈形〉辣得舌头发麻的感觉。
molikzy 麻荔子 〈名〉荔枝。
moqiak/mojiak 麻雀 〈名〉
moso 麻纱 〈名〉全棉织物,结构松,比较柔软,适合制作夏装。
moyhou 麻油 〈名〉芝麻榨的油。
moden 摩登 〈形〉时髦。◇英语 modern 的音译。

mosy 摩丝 〈名〉用于定型头发的产品。◇英语 mousse 的音译。

motokco 摩托车 〈名〉摩托。◇英语 motorcycle 的音译。

modhak 马达 〈名〉◇英语 motor 的音译。

modhong 马桶 〈名〉①大小便用的、有盖的木桶。②泛指西式的抽水马桶。

modhongge 马桶间 〈名〉卫生间。

modhonghuakxi 马桶豁笎 〈名〉细竹条束成的洗刷马桶的用具。

mogak 马夹 〈名〉背心。

mogakdhe 马夹袋 〈名〉形似汗背心（上海话旧称汗马夹）的盛物薄形塑料袋。

molu 马路 〈名〉大街。◇源自上海租界新辟载人马车行走的大街道。◇"路"与英文 load 音近。

mopijin 马屁精 〈名〉[詈]专门拍马的人。

mosekek 马赛克 〈名〉①砌墙的小方砖块，有不同颜色，可以配成花纹和图案。②引申为播放的电视片中为遮盖不让看到的地方而使用的格形图案。◇英语 mosaic 的音译。

modhou 码头 〈名〉

mozy 码子 〈名〉一类人（用作类后缀）：寿头～。｜三光～。◇英语 moulds 的音译。"码子"是老的用法和写法，新词后来用"模子"：跳弹～。

mogu 蘑菇 〈名〉

mogu cexin 蘑菇菜心

'mosy 慕司 〈名〉形同奶油状的西式甜点。◇法语 mousse 的音译。

mo whanghun 磨黄昏 晚上磨时间而不睡：侬好睏觉,勿要一点点事体就～。

mozy 模子 〈名〉①身形,样子：伊～瞎大。②有实力、有气魄、在社会上混得不错的人：侬是～,我就勿来三。③一类人（用作类后缀）：煤饼～,小刁～。◇旧写作"码子"。

moe 满

moe 满 〈形〉

moedhou 馒头 上海人将有馅的包子,无馅的馒头,都统称馒头。

moeli 鳗鲡 〈名〉海鳗鱼或河鳗鱼。

mok 木

mok 木 〈形〉做事动作迟钝;脑子不灵活。

mokbeshang 木板床 〈名〉板床。

mokhher 木耳 〈名〉

mokghok 木咽 〈形〉麻木;一般指冷而所致,也指头脑迟钝：箇个人年纪勿算大,已经有点～了。｜手冷得～了。

moksy 木梳 〈名〉木制的梳子。也泛指梳子：拿只塑料～来!

mokxiokxiok 木噱噱 〈形〉迟钝或呆板的样子。

mokzymokgok 木知木觉 〈形〉①麻

木迟钝。②因糊涂而不知不觉：我~落脱一只戒指。

mok 摸 〈动〉

mokyhawuju 摸夜乌龟 〈名〉称在晚上或老是在晚上工作或干杂事做得很晚的人。

mokyhoklu 沐浴露 〈名〉洗澡用的乳液。

N

n 唔

'nna 唔奶 〈名〉奶奶。

na 佴

na 佴 〈代〉你们。

na(na) 奶(奶) 〈名〉①乳房。②乳汁。

na(na)dhou 奶(奶)头 〈名〉乳头。有时也泛指乳房。

nadhang 奶糖 〈名〉用牛奶等制作的软糖。

nalao 奶痨 〈名〉婴儿因哺乳不当而引起的消化不良的病。表现为面色青黄、消瘦等。

nama 奶妈 〈名〉受雇哺乳者。

nashennaqi 奶声奶气 ①孩子说话稚嫩的腔调。②成人说话声音如孩子腔调。

nasho 奶茶 〈名〉奶和茶冲泡的饮料。可加各种水果香料制成各种口味的奶茶：木瓜~。|香芋~。

nayhou 奶油 〈名〉从牛奶中提出的半固体物。〈形〉①漂亮，好，感觉舒服：今朝伊打扮得老~个。|瀞只台子漆得老~。②白皙漂亮：伊一眼也勿粗犷，是个~小生。〈名〉[俚]精液。

nayhousek 奶油色 〈形〉如奶油一样的颜色。与米色相近。

nayhouxiaosan 奶油小生 〈名〉面容秀美、举止可爱的男青年：大家勿欢喜粗鲁来死个人，欢喜笑眯眯个~。

nazao 奶罩 〈名〉胸罩。

namowen 拿摩温 〈名〉①最好的，第一名。②蝌蚪。③[旧]工头。◇英语的 No.1 的音译。

nasouxi 拿手戏 〈名〉①戏剧中某个演员的擅长戏。②泛指某人特别擅长的本领。

nasou 拿手 〈形〉熟练，擅长：来看看我个~好戏。

nanen 哪能 〈副〉为什么，怎么：侬~勿要吃？|伊~勿来？

nak 捺

nak 捺 〈名〉捺儿，汉字笔画之一。

nak 衲 〈动〉缝补：~鞋底。|百~衣。

nao 喏

'nao 喏 〈叹〉表示给予：~，瀞张碟片拨侬！

nao 喏 〈助〉①表示威胁：侬嘴巴再硬，当心我拨侬吃生活~！②表示指明：侬看伊瀞种腔调~！〈叹〉表示指明：~，瀞个就是金茂大厦。

naoman 闹猛 〈形〉热闹：今朝侬屋里蛮~辣海。

naoxinfhang 闹新房

naonik 闹热 〈形〉热闹。

naomokyik 脑膜炎 〈名〉

naozy 脑子 〈名〉

naozy bek qian dangu 脑子拨枪打过 脑子坏了,神经有毛病;傻呆。

naozy gaksekholek 脑子格式化了 指头脑中空无一物,什么都想不出来了:今朝我勿来三,~。

naozy jin sy 脑子进水 脑子有毛病,喻思维功能出故障,神经错乱;或指傻、笨,戏骂词:拿介戆个物事买回来,侬~了?

ne 乃

ne 乃 ①〈名〉现在:刚刚天蛮好,~落雨了。②这下:落着一滴污点,~勿值价钿了。|~倒霉了,事体勿好挽回了。③〈代〉这:~以后,要注意经常锻炼身体。④〈连〉然后;接着:伊开了个头,~侬再好好连下去做

nehhoqi/ne hhoqi 乃下去 现在这样下去:已经秋天了,~越来越冷了。

nemek 乃末 〈连〉于是,那:吃得胖来死,~要影响发育。〈助〉在说上海话遇到语塞时,一般接续时使用。

nezong 乃终 〈副〉这下子:~伊完结了。|~伊个要求满足了。

'ne/no/'nao 拿 〈动〉用手或其他方式抓住、搬动:~一把扇子。|~走一叠文件。〈介〉①把:侬~一堆书搬走。②用:我~把尺量一量尺寸。③引进新处置的对象:伊~我哝没办法。◇旧上海话作"担'de"。

'nenong ghuecakqi 拿侬掼出去 表示无法接受对方的要求、提议、说法或是行动而作出的否定回应或戏警:再瞎讲,~!

ne 难 〈形〉不易:路滑~走。

nebe 难板 〈副〉偶然,很少:我~到图书馆里去个。

neghue(xi) 内环(线) 〈名〉环绕中心城区的高架公路。

neguxian 难过相 看上去不舒服:侬穿得大红大绿,真~!

negu 难过 〈形〉①不好受;难受:肚皮~,几日勿拆通便了。②不容易过,难熬:日脚真~。〈名〉积怨:侬脱伊有啥~,要辩能捉弄伊?

nehhang 难行 〈形〉难受:生活忒嫌重,真~。

nekoe 难看 〈形〉

nekoexian 难看相 难看的样子:侬勿要勿着勿落,~!

newhe 难为 〈动〉①花费:又要~两钿钞票去买。|对勿起,~脱侬勿少钞票。②为难:也勿要~伊了。

newhexhin 难为情 〈形〉羞,害羞:伊做错脱事体,一点也勿晓得~。

neshen tek sao 内存忒少 ①电脑存储容量不够:侬瓣台电脑~,可以换代了。②比喻人的修养不够,肚里知识少:侬瓣个~了,快点去充电哦,马上就要落伍了。

nen 嫩

nen 嫩 〈形〉

nendhou 嫩头 〈名〉①资格浅、不老练的人:伊还是个~,勿好托伊办事体个。②未婚少女。

nenjiji 嫩几几 〈形〉形容蔬菜的嫩。

ng 五

ng 五 〈数〉

ngdoushy 五斗橱 〈名〉一种有五个抽屉的柜子。

ngfenzong nikdhu 五分钟热度 只有短时的热情:伊欢喜侬,只是~!

nghelokzong 五颣六肿 到处肿得厉害:伊脱人家打相打,打得面孔浪~。

nghoniok 五花肉 〈名〉特指三层瘦两层肥间隔带皮的肉。有时也指多层肥肉和瘦肉夹心的肉。

ngjin hou lokjin 五斤吼六斤 说话、争论时激烈而急迫的样子:勿要争争吵吵,~。

ngngelokseks 五颜六色 各种颜色都有:国庆节放焰火,~,邪气好看。

ngxiandhou 五香豆 〈名〉上海特产,用蚕豆加料制成。

ngxianfen 五香粉 〈名〉一种带香味的佐料。由桂皮、八角茴香、芫荽、花椒配成。

ng 鱼 〈名〉

ngxi 鱼鲜 〈名〉鲜鱼。

ngyhuoe 鱼圆 〈名〉鱼丸子。

nga 砑

nga/ 'nga 砑 〈动〉①将硬物碾平。②啃:~骨头。◇《广韵》去声祃韵吾驾切:"砑,碾也。"

nga/'nga 唩 〈动〉啃:~骨头。|肉~~清爽。◇《广韵》平声佳韵五佳切:"唩,犬斗。"

nga 捱 〈动〉①拖延,留着:辫个地方老嗲个,伊~辣海勿走了。|生活今朝~明朝。②有意多时而取得:拨小囡~着两钿去。

ngabhu 外婆 〈名〉

ngacakho 外插花 计划之外的插入:今朝阿拉蛮好安排好做三桩事体,侬勿要来~了。|辫个月~太多,开销实在忒大。

ngacy 牙齿 〈名〉

ngacytong 牙齿痛 牙痛。

ngadhi 外地 〈名〉

ngadhinin 外地人 〈名〉

nga(di)dhou 外(底)头 〈名〉外面。

ngaga 外界 〈名〉地区以外的地方。

ngagao 牙膏 〈名〉

ngagokkhhong 外国红 〈形〉西洋红。

ngagoknin 外国人 〈名〉

ngagong 外公 〈名〉

ngahhangdaksak 外行搭煞 外行的样子:伊唱起歌来~,常常走音。

ngama 外卖 〈名〉送上门的饭菜:下班以后介吃力,当然勿高兴自家烧咉,要末叫份~算了。

ngami 外面 〈名〉
ngasan 外生 〈名〉外孙。
ngasannoe 外生囡 〈名〉外孙女。
ngasan 外甥 〈名〉
ngasannoe 外甥囡 〈名〉外甥女。
ngasek 牙刷 〈名〉
ngatao 外套 〈名〉穿在最外面的衣服。
ngayi 外烟 〈名〉进口香烟。
ngazy 牙子 〈名〉牙齿。

ngak 齾

ngak 齾 〈动〉①缺齿:牙齿~脱一只角。②缺,弄缺:一只碗拨伊~脱一小块。◇《集韵》入声韵牛切:"齾,《说文》,缺齿也。"《广韵》入声韵五切:"齾,器缺也。"
ngakkou 齾口 〈名〉缺口:碗浪有个~。
ngaktek 齾脱 〈动〉①弄缺了:玻璃~一角。②减却:侬嫌比贵,~两钿也勿要紧。
ngakgokdhou 额角头 〈名〉①额头。②侥幸,运气:今朝我碰着~。｜侬真高,中了头彩。｜今朝吭没查着我,~!

ngan 硬

ngan 硬 〈形〉
nganban 硬绷 〈形〉硬而绷紧。
ngancan 硬撑 ①难以支撑而坚持支撑:辫份刊物实在办勿下去,现在是辣~。②硬挺:侬搬勿动勿要~。
ngancekdhou 硬出头 〈名〉①不怕风险、敢于出头。②不怕风险、敢于出头的人:办好辫桩事体一定要扯破面皮,阿拉就缺~,所以办勿成。③不计后果、硬担责任的人。
nganjhiaojhiao 硬挢挢 〈形〉态度生硬或东西硬而翘出的状态。
nganjhuikjhuik 硬橛橛 〈形〉硬而突出。
nganjin 硬劲 〈形〉硬(要),非得:我叫伊勿要去,伊~要去。
nganqiknganzu 硬吃硬做 硬要干,逼着干:我勿想脱伊轧朋友,勿要~!
ngansang 硬伤 〈形〉①可避免而受损:一门题目吭没看清题意,弄讲~哦?②本来不应搞坏而搞坏了:一只录音机坏脱了,真~!〈名〉明显的错:辫两个字用错,两个~。
nganshang 硬上 〈动〉蛮干,硬拼:伊碰碰就~,事体挤拨伊弄坏脱了。
nganwhan 硬横 〈形〉实在,过硬:伊脾气是恘,勿过生活是~个。
nganwhang 硬黄 〈形〉货真价实。
nganzak 硬扎 〈形〉①物体硬而坚实:辫只包裹打得真~。②人身体强健:老伯伯,侬人老了,身体倒还蛮~。
nganzan 硬张 〈形〉硬而坚实:伊个腰还蛮~辣海。
nganzang fudhoubin 硬装斧头柄 强加罪名,强行张冠李戴:侬勿要~,我脱伊是浑身勿搭界个!

nganzang sendhou 硬装榫头 ①搭不上的事情硬加上去:依勿要~拿伊拉两个人牵辣一道。②横加罪名:辩只花瓶根本勿是我敲碎脱个,依勿要~污赖我。

ngao 嗷

ngao 嗷 〈动〉想吃得很:~食。◇《广韵》平声豪韵五劳切:"嗷,众口愁也。"◇又作"熬"。

ngao 爊 〈动〉煨:~猪油。◇《集韵》平声豪韵於刀切:"爊,煨也,或作衮。"

ngaofhekdek 熬勿得 不能容忍,忌妒:看到人家日脚比依好过伊就~了。

ngaoxinqikku 熬辛吃苦 含辛茹苦:爹爹~拿四个人抚养大。

ngaoga/ngao ga 傲价 不肯马上就卖而求高的价钱。

ngao nidu 咬耳朵 凑近耳朵说悄悄话:有意见当面讲,勿要鬼鬼祟祟~!

nge 癌

nge 癌 〈名〉

nge 碍 〈动〉阻止,妨碍,不便:啥人~着依?|勿要来~手~脚。

ngekou 碍口 〈动〉不便说。

ngesoungejiak 碍手碍脚 妨碍别人活动;给人带来阻碍:依勿要立辣我个旁边~!

ngebe(su)呆板(数) 〈副〉必然,肯定:事体明摆辣海,~辩能做。

ngeboklokdok 呆剥落丞 呆呆的模样:依一个人立辣辩搭~做啥?

ngedenden 呆憕憕 〈形〉发呆神昏的样子。◇憕,《集韵》去声证韵丁邓切:"憕憕,神不爽。"又写作"呆瞪瞪"。

ngefhekji whe xhin 眼勿见为净 ①脏物看不到就算数:物事摊得无天野地,我只当勿看见,~!②不去看或不理会不遂意的人或事,心里倒反而清净:伊辣外面瞎混,我也只好~。

ngeholokho 眼花落花 眼花缭乱,看不清楚:一房间个照片图画,看得我~。

ngehu 眼火 〈名〉视线,眼光的聚焦力:老远就看清爽依了,我~准哦?

ngejin 眼睛 〈名〉

ngejin 'ji 眼睛尖 眼力好,看得快而清:依~,我还吪没认出依哎!

ngeli(sy)眼泪(水) 〈名〉眼泪。

ngemenxhi 眼门前 〈名〉眼前:我~个事体还吪没做完。

ngenik 眼热 〈形〉①眼红:看见奖品就交关~。②羡慕:伊~我做先生。

ngepao(bhi)眼泡(皮) 〈名〉眼皮。

ngeqin bhikzong 眼青鼻肿 因挨打而造成的面部发青发肿。

ngewuzy 眼乌珠 〈名〉眼珠。

ngeyhang 眼痒 即"眼热"。

ngou 藕

ngou 藕 〈名〉

ngousek 藕色 〈形〉如藕一样的白色。

ngu 我

ngu 我 〈代〉年轻人又读 who。

ngu ghekbezy nindeknong 我辔辈子认得侬 ①怒言。我算被你耍了一次,我这辈子都看透你了。表示对某人极为不满,记恨。②有时仅在戏言时用,则是轻描淡写的:侬出我个洋相好了,~! ◇又称"我辔生世认得侬"。

ngu 'kaonong 我 call 侬 我打电话给你:重要事体,今朝夜到~。

ngu 鹅 〈名〉

nguzangfong 鹅掌疯 〈名〉手癣。

ni 研

'ni/ni 研 〈动〉磨:~墨。

'ni mek 研墨 磨墨。

'ni 黏 〈形〉做事拖沓,不爽快:勿要~发~发,快跟我跑。|伊辔人做事体老~个,一眼也没冲劲。

'nidakdak 黏搭搭 〈形〉黏而沾物的样子:帮囡囡揩鼻涕当心眼,勿要弄得自家手浪向~个。

'ni 捻 〈动〉拧:瓶盖头~~牢。|螺丝~勿动了。

'nishok 捻凿 〈名〉螺丝刀。

'ni 抳 〈动〉搓;抵着来回擦:伊脚辣地浪~。|橡皮~字,~~清爽。◇《集韵》平声脂韵女夷切:"抳,研也。"

ni/lian 二 〈数〉

ni 年 〈名〉

nicu yik 年初一 〈名〉正月初一。

nigao 年糕 〈名〉

nilik(pi) 年历(片) 〈名〉把一年的月份、星期、日期、节气等印在一张上的纸片。

niyhadhou 年夜头 〈名〉年底的时候。

nidhe 砚台 〈名〉

nidhou 念头 〈名〉①瘾:辔个人香烟~真重。②脑筋、想法:人家侪照规矩做,侬辣转啥~?

nidu dan bakzek 耳朵打八折 听不清话。常用于怪对方没有听清自己的话:我蛮好讲得仔仔细细,侬总归~。

nidughue 耳朵环 〈名〉耳环。

nihhongden 霓虹灯 〈名〉◇尼龙,英语 Neon 的音译兼意译。

nilongdakkou 尼龙搭扣 〈名〉用尼龙布制的彼此能紧密扣住的搭襻。

nilongku 尼龙裤 〈名〉用尼龙纤维织成的裤子。◇尼龙,英语 nylon 的音译。

niqi 义气 〈名〉

nixin 疑心 〈动〉怀疑:疑心疑惑。|我满肚皮个~,吃勿准伊个目的。

nixinbhin 疑心病 〈名〉多疑的心理:辔个人~真重,要去看心理医生。

nixin 腻心 〈形〉脏得使人恶心难受。

nizy 儿子 〈名〉

ni xuik/nixuik 验血

nie 廿

nie 廿 〈数〉数字20。

niak 捏

niak 捏 〈动〉握,持:饭碗~~牢。|~紧拳头。

niakbhikdhou zu mang 捏鼻头做梦 白日做梦:侬想做我个女婿,真是~!

niakshak gha 捏着骱 抓住把柄,抓住对方的弱点、漏洞。

nian 娘

nian 娘 〈名〉母亲的引称。

nianjhiu 娘舅 〈名〉舅舅。

niannianqian 娘娘腔 〈名〉男人的言行举动女性化。

'niannian 孃孃 〈名〉父亲的姐妹。

niao 绕

niao 绕 〈动〉纠缠:辫个人~头势结棍,吃勿消!

niaoghak 绕轧 〈名〉事情遇到的障碍:介有~个事体我第一次碰着。

niao 饶 〈动〉①宽容:辫趟~伊一记。②另外添:吃完一只,再~一只。

nik 热

nik 热 〈形〉

nik dhudhouhun 热大头昏 想入非非,做白日梦:侬想一步登天,马上出名,热侬大头昏!

nikcyputang/nikcypu tang 热吹潽烫 刚煮好,带着热气,往往上不了口:辫眼馄饨~个,快点吃!

nikdhongdhong 热烘烘 〈形〉暖和的样子。◇烘,《广韵》平声东韵徒红切:"烘,热气烘烘。"

nikgou 热狗 〈名〉面包夹熏香肠。◇英语 hot dog 的意译。

nikhun 热昏 〈形〉昏了头,不理智。

nikhundidao 热昏颠倒 昏了头:我今朝话讲过了头,真有点~!

nikjikdhou 热疖头 〈名〉夏天头部生的疖子。

niklok 热络 〈形〉朋友之间经常往来;关系亲热。

nikmenhu 热门货 〈名〉畅销货。

niksy 热水 〈名〉热的水。

nik sy 热水 〈动〉烧水或把已烧好而冷却的水再热一热。

niksybhin 热水瓶 〈名〉暖壶。

niksydhe 热水袋 〈名〉用橡胶制成的袋子,灌入热水后供取暖用。

niksydin 热水汀 〈名〉利用热水蒸气使房内变暖用的器具。又称水汀 sydin。◇英语 steam 的音译。

niksyqi 热水器 〈名〉通过燃气或通电使冷水变为可调节的热水的器具。

nikti 热天 〈名〉夏天。

nikshan 日场 〈名〉白天放映电影或演出戏剧的场次。

nikgaknik 日隔日 一天隔一天。同"日间日"。

nikjiak 日脚 〈名〉日子。
niklixian 日里向 〈名〉白天。
nikshansyjiu 日长世久 久而久之:勿养成好习惯,~下去总归要出毛病!
nikyin 日影 〈名〉太阳光投在地上的影子。
nikzanyhadhu 日长夜大 长得快:张家小囡~。｜辫棵花~。
nikzyjhi 镊子钳 〈名〉镊子。
nikzy 业主 〈名〉

nin 人

nin 韧 〈形〉①不脆,黏性大,软而粘连,拉不断咬不碎:牛肉筋~来。②稠:粥~。◇《集韵》去声震韵而振切:"韌,粘也。"俗写作"韧"。
ninzyzy 韧支支 〈形〉软而粘连不断的样子:牛皮糖吃起来~个。◇又作"韧几几"。
nindek 认得 〈动〉认识。
nisan/nin'san 认生 〈动〉怕生。
ninzan/nin zan 认账 〈动〉①承认该账目。②承认有此事:只要伊肯~,事体俉好办。
nindhao 人道 〈名〉在一块儿的人(一般指兄弟姐妹):辫家人家~多,要俉和睦相处也勿容易。◇"道",又作"淘"。
nindhou 人头 〈名〉①人的关系:伊~熟,办事就便当。②人数:电灯费照~算。
ninka gang 人家讲 据说,被称为"插入语",放在句子前,使那回事似是而非。如:~,庙会已经开始了。
ninlefong 人来疯 ①指小孩在客人来时表现得不安静、不文雅:外婆刚刚来,侬就要~!②在人多的场合,十分激动,手舞足蹈,好表现自己。
ninpin 人品 〈名〉
ninsan lufhek shok 人生路勿熟 人地生疏:我辣外地~,勿容易办事体。
ninshaosy/shenshaosy 人造丝 〈名〉
ninsou 人手 〈名〉劳力,做事的人:~勿够,还要想办法招人。
ninxin gak dhubhi 人心隔肚皮 知面不知心。
ninxinmin 人性命 〈名〉人命:关系到~个事体勿能粗心大意。
ninyhuoe 人缘 〈名〉与周围人的关系:随便比起啥人来,小张~最好。

niok 肉

niok 肉 〈名〉①猪肉:买三斤~。②人身上的肉:~里戳进一根刺。
niokbhi 肉皮 〈名〉①猪肉的皮。②油炸后风干的猪皮。
niokdhoe 肉段 〈名〉鱼、虾等食物中肉集中的一段。
niokdhou 肉头 〈名〉①肉,肉层:辫只猪腿~厚。②喻某人殷实的程度:伊~厚。
niokdin 肉丁 〈名〉切成小方块状的肉。
niokdudu 肉朊朊 〈形〉胖而丰满的

样子。◇胮，《集韵》上声哿韵典可切："胮,肉物肥美。"

niokjian 肉酱 〈名〉肉糜。

niokmo 肉麻 〈形〉①由轻佻、虚伪言行引起的听者不舒服感。②舍不得:物事坏脱真~。

niokqikbhi 肉皵皮 指甲边翘起的一丝皮。◇皵，《广韵》入声药韵七雀切："皵,皮皴，《尔雅》云,椻谓木皮甲错。"

nioksong 肉松 〈名〉

nioksy 肉丝 〈名〉切成细条形的肉。

nioktang 肉汤 〈名〉

nioktong 肉痛 〈形〉舍不得,心疼:侬要~掰点钞票,勿肯送点物事意思意思,还想调工作啊！｜就掰能拿囡儿送出去啦,侬~哦？

niokyhuoe 肉圆 〈名〉肉丸子。

niokzong 肉粽 〈名〉内馅为猪肉的粽子。

niok 搦 两手揉搓东西:~好面粉做大饼。｜衣裳浸好再~~伊。◇《集韵》入声屋韵女六切："搦,搯搦。"《篇海》昵角切："搦,手也。"

niok mi 搦面 揉面团。

niokzy 褥子 〈名〉

niong 浓

niong 浓 〈形〉

niongbu 绒布 〈名〉有绒毛的棉布,柔软而保暖。

niongxiku 绒线裤 〈名〉防寒用的、用毛线织成的裤子。

niongxise 绒线衫 〈名〉防寒用的、用毛线织成的衣服。

niongxi 绒线 〈名〉毛线。

niu 牛

niu 牛 〈形〉旺。

niubakyhik 牛百页 〈名〉作菜肴的牛胃。

niubhidhang 牛皮糖 〈名〉①一种内有芝麻的饴糖块儿。②比喻做事慢、作风拖拉:辩眼事体侬～拖到阿里一日再解决？③比喻对人对事缠着不放:侬是个~,得牢仔我勿放。

niubhizy 牛皮纸 〈名〉一种纸质较厚较有韧性的纸,褐黄色。

niudhou 纽头 〈名〉纽扣。

niugadhang 牛轧糖 〈名〉一种奶糖。◇牛轧,又译作"鸟结 niaojik"，英语 nougat 的音译。

niuniok 牛肉 〈名〉

niuniokgoe 牛肉干 〈名〉加工制作过的熟干牛肉。

niuxince 牛心菜 〈名〉呈塔形、如牛心状的包心菜。

niuzeku 牛仔裤 〈名〉

niuzy 纽子 〈名〉①纽扣。②中式服装上用布做的纽扣被扣部分。

'niu 扭 〈动〉①调转,转动:~过头来看我。②拧:~断树桠枝。｜~我一块肉,~得我老痛老痛。

'niuniunini 忸忸怩怩 不大方,不好意思的样子:立出来要大大方方,勿要~个!◇又作"扭扭捏捏"。

noe 男

noebhanyhou 男朋友 〈名〉
noexiaonoe 男小囡 〈名〉男孩。
noenin 男人 〈名〉①男子。②丈夫(俗称)。
noegozy 南瓜子 〈名〉南瓜的子,可作零食用。◇又称"饭瓜子 fhegozy"。
noego 南瓜 〈名〉
noexi 南西 "南京西路"的简称,在20世纪三四十年代和现今,都是上海商场最繁华的地方。今又特指中信泰富、梅陇镇、恒隆广场这一段高档商区:辩点金领侪是去~个。
noenik 暖热 〈形〉暖和。
noeng 囡儿 〈名〉女儿。

nong 侬

nong 侬 〈代〉你。
nong hao 侬好 互致问候时用。你好。
nong haohaojiao 侬好好叫 你正经一点。表示不同意对方意见、想法、行为时发的制止的感叹语。"好好"两音节读快了可能成一个"好"音,即成"侬好叫":勿要来碰我,~!
nong qi xi 侬去死 讨厌。对方说了带刺激的挑逗性的话或逆言后,表示不满,多含亲昵味:A 今朝侬陪我对哦? B~!

nong zandek lao yhou cangyi 侬长得老有创意 对长得其实很难看的人要说又不能明说的戏说:伊~个末,头大头颈粗,勿是大款是伙夫。
nong zao 侬早 早晨互致问候时用。你早,早上好。
nong/'nong 弄 〈动〉搞。代动词,泛义:~点物事来吃吃。|~只凳子来坐坐。|辩张派司侬~得着个。|让我~两个人来帮侬忙。|事体~过去算账。|要~就~~好。◇有"摆弄、逗引、做、干、办、搞、设法取得、耍、玩弄、勉强充着"等意思。
nongsong 弄松 〈动〉捉弄,戏弄,欺辱:侬~我小人勿作兴个!
nongbaocang 脓疱疮 〈名〉脓疱疮。◇又称"天疱疮 'tibaocang"。
nongdhou 脓头 〈名〉疮中脓水的源头,要等去除脓头才能治愈。

nu 糯

nu 糯 〈形〉①软:辩块糕咬上去真~。②语音柔和:苏州人讲话~是~得来。|伊个唱腔老~个。
numixinshan 糯米心肠 心肠很软:伊是个~,勿会骂侬个。

nyu 女

nyubhanyhou 女朋友 〈名〉
nyunin 女人 〈名〉①女子。②妻子(俗称)。
nyuxiaonoe 女小囡 〈名〉女孩。

nyuxi 女婿 〈名〉

nyudhou 蕊头 〈名〉花蕾。

nyoe 软

nyuoe 软 〈形〉

nyuoedang 软档 〈名〉身体上软的部位,如胸、腹等。又比喻差的部位或把柄:孖是伊的~,拨侬捉牢!

nyuoedongdong 软冬冬 〈形〉柔软的样子。

nyuoejiakha 软脚蟹 〈名〉胆小、意志薄弱的人:希望侬立场坚定一点,勿要人家一吓就做~!

nyuoenidu 软耳朵 〈名〉意志不坚,听别人话后易改变主意的人。

nyuoeshok 软熟 〈形〉纸张、被子、床铺、衣服等软而有舒适感。

nyuoebhidaklak 软皮搭拉 形容软而不挺的样子:侬看孖条裤子~个。

nyoeusygu 原始股 〈名〉①新股。②未被发现且无恋爱经历的纯情男人。有时泛指没谈过恋爱的人:孖位小朋友是~,侬看可爱哦?③初婚,第一次结婚。

nyuoefong 原封 〈形〉①按原来的样子:孖只箱子还是~勿动摆辣门口头。②按原本的包装:孖点舶来品是~个。

nyuoejhiu 原旧 〈副〉仍旧;照原来样子:弄来弄去,还是~回到老办法去做。

nyuoeyi 愿意 〈动〉

O

o 喔

'o 喔 〈叹〉表示醒悟：~，想起来了。

'okyo 喔唶 〈叹〉表示兴奋、惊讶：~，是侬啊！长远勿见！|~，打扮得介时髦啊！

'o 挜 〈动〉①善意强予；强加：我勿要挜本书，伊硬劲要~拨我。|挜个恶名声是伊~辣我头浪来个。②强要：挜个差使是我硬劲去~得来个。◇《字汇》衣架切："挜，强予人物也。"《篇海》："挜，取也。"

'ojhiukunao 挜求苦恼 苦苦哀求：我为了要伊帮我挜忙，已经到了~个地步了。

'olafhekcek 挜拉勿出 沮丧得说不出话：事体弄僵，我真是~。

'okong 挜空 〈形〉白做；徒劳无果：订个着实个计划做，勿要脱我~！

'o 搲 〈动〉①用手抓物：手里~一把烂泥。②伸手抓到：介高个地方我~勿着。|~牢头顶浪个电车把手。③挽：大势已去，再也~勿回来。◇《集韵》平声麻韵乌爪切："搲，手捉物。"又上声马韵乌瓦切："搲，吴俗谓手爬物曰搲。"又去声祃韵乌化切："搲，吴人谓挽曰搲。"

'okong 搲空 〈动〉①抓不到；没有收获地白干一场。②说、做不见效的话、事：依辩个人啊，勿要脱我~！◇又写作"掗空"。

'oco(dhou) 丫叉(头) 〈名〉丫形的竿，常用以支叉竹竿晾衣。

ozy 哑子 〈名〉哑巴。

oe 暗

oe 暗 〈形〉

oecokcok 暗黜黜 〈形〉①地方黑暗。②背地里。

oedhouli 暗头里 ①暗处：勿要蹲辣~看书。②暗中：小王辣~拆台脚。

'oeden 安登 〈形〉①安分、稳重：辩个小图一点也勿~，叫伊辣屋里登半日天也勿肯。②生活安稳：伊拉一家过得也老~了。〈动〉稳定地安置下来：等我~下来，请到我个新房子来白相。

'oemo 按摩 〈动〉

'oesan 安生 〈形〉安定：过~日脚。

'oeyik 安逸 〈形〉①平安：安安逸逸过日脚。②安心：依脱我办完辩桩事体，我也~了。

ok 恶

ok 恶 〈形〉恶毒，凶恶。〈副〉非常，程度极高的(多修饰含消极意味的形容词和少数动词，带强烈主观色彩)：~难看。|~戇。|~伤心。|~好。

okkak 恶掐 〈形〉恶做,出人不能,出人不料:觰个人待人~。

kxin 恶心 〈形〉

okxizu 恶死做 做得别人走投无路;做死做绝:觰个人~,拿只死老虫摆辣我个书包里。

okyhin 恶形 〈形〉①下流,不堪入目。②难看:觰个小囡吃相~?

okcok 龌龊 〈形〉肮脏。

oklixian 屋里向 〈名〉家里。◇"里向"是方位词。"向"(里向、浪向)不能写作"厢",因"厢 siang"原是尖音字,为名词"厢房"或"边上"的意思。这里历来读作团音"向"。

ong 喁

'ong 喁 〈动〉成群地挤:勿要~来~去。|一开门,大家就~进去。◇俗写作"嗡"。

ong 䐡 〈形〉腐臭味:~臭。◇《广韵》上声董韵乌孔切:"䐡,臭貌。"

ongzong 䐡肿 〈形〉懊丧,不愉快:事体弄得真~!|我~勿啦,敲脱一只热水瓶!

ong 齆 〈形〉鼻子不通气:我伤风了,今朝~鼻头。◇《广韵》去声送韵乌贡切:"齆,鼻塞也。"

'ongce 蕹菜 〈名〉空心菜。

ou 伛

'ou 伛 〈动〉低头,曲背:侬~倒点辣做啥?|头~辣海做生活,吃力交关。◇《广韵》上声麌韵於武切:"伛,不伸也,尫也,荀卿子曰,周公伛背。"

'ouyaoquikbe 伛腰曲背 弯着腰,弓着背:觰种生活要~做个,我吃勿消。|伊~辣辣垒烂泥。

'ouyhuoe 欧元 〈名〉

P

pa 派

'pa 派 〈动〉①打篮球时的传球:~拨伊!②传抛,通过:我拿事体~拨伊。◇英语 pass 的音译。

'pade 派对 〈名〉小型活动聚会。◇英语 party 的音译。

pa 派 〈形〉时髦,有气派,模样神气。

papa 派派 〈副〉按理说,料想:~伊勿会去个,结果倒去了。

padhou 派头 气派。

padhouyiklok 派头一六 气派很大:辫个人~,常庄请客。

'paliksy 派力司 〈名〉用羊毛织成的薄形平纹毛织品。◇英语 palace 的音译。

'pasy 派司 〈名〉①出入证。②通过。◇英语 pass 的音译。

pa/pu 破 〈形〉破旧,差劲:辫件衣裳介~,哪能好穿。|事体越做越~。|侬笔~字还敢拿出来?◇pa 音保留上古音。

pak 朳

pak 朳 〈动〉①用力破物:~开一只熟瓜。②叉开:立直,两只脚勿好~开。◇《集韵》入声陌韵匹陌切:"朳,破物也。"

pakco 泊车

pakzybhu 拍纸簿 〈名〉随时可以撕纸的记事便条本子。◇拍,英语 pad 的音译。

paklak 啪拉 〈拟〉书掉下的声音。

pak mopi 拍马屁 谄媚,奉承:伊是靠会~蹿上去个。

pak zao(xiang)/pakzao(xiang) 拍照(相) 照相,摄影。

pakjiak fhuti 朳脚扶梯 〈名〉人形扶梯。

pakpak moe 拍拍满 〈形〉很满。

paksoupakjiak 拍手拍脚 高兴得手舞足蹈的样子:伊中着头奖开心得~。

pan 拼

'pan 拼 〈动〉将线张开:~绒线。◇《集韵》平声庚韵披庚切:"拼,张弦也。"

'pan 抨 〈动〉指雨雪因风吹如雾散飘进来:雨侪从窗口~进来。

pan 閛 〈动〉①关,开:侬出去勿要忘记拿门~上。|拿门~开。②碰撞:当心窗~起来,玻璃~碎。|~台子。|~门。◇《集韵》去声诤韵叵迸切:"閛,开闭门也。"俗写作"揿"。

panjiang/pang 'jiang 閛僵 〈动〉僵持对立:为仔一点点小事体,两个人关系一直~辣海。

pandin 碰顶 〈副〉到顶,最多:到外滩~只有两公里路。

'panpanqi 乓乓器 〈名〉钹。

'panpan xian/ 'panpanxian 乓乓响 ①好得没话说了,响当当的:师傅个技术是~个。②过硬:阿拉物事个质量是~个。③守信用:伊讲言话~个,说到做到!

pang 胖

pang 胖 〈形〉

pangdenden 胖墩墩 〈形〉矮胖、结实。

pangbhaklenden 胖勃愣登 胖而结实的样子。

pangdhouhhng 胖头鱼 〈名〉鳙鱼。

pangzy 胖子 〈名〉

pangqijin 髈牵筋 脚抽筋:夹忙头里~(很忙的时候脚抽筋,比喻在很急的时候遇到意外的阻碍)。◇《玉篇》骨部浦郎切:"髈,股也。"《广韵》上声荡韵匹朗切:"髈,髀,吴人云膀。""忙"与"梦"同音,"夹忙头里"源自"夹梦头里",梦中腿抽筋,转至"忙里抽筋"用法。

pao 泡

pao 泡 〈动〉①较长时间地放在液体中:身体~辣水里。②消磨:我足足辣外头~了两个钟头。

paoba/pao 'ba 泡吧 长时间地待在吧里,如到书吧、网吧里去玩:休息日除了睏大觉就是约几个朋友一道~。

'paoce 泡菜 〈名〉

'paofhe 泡饭 〈名〉加水稍煮或用开水冲泡的饭。

'paofu 泡芙 〈名〉一种松泡的西式甜点。◇英语 poff 的音译。

'paoliksy 泡立水 〈名〉虫胶液,一种木器涂料。◇英语 polish 的音译。

'paopaoso 泡泡纱 〈名〉有水泡状凹凸形的棉布。

pao sho 泡茶 ①沏茶。②打开水。

pe 呸

'pe 呸 〈叹〉表示愤怒、鄙视:~!啥人要睬侬!

pe 鋬 〈名〉器物上的提梁:镬子~。|铜鼓~。◇《集韵》去声谏韵普患切:"鋬,器系。"

'pedhe 攀谈 〈动〉拉话:伊是一个最欢喜告人~个人。

pe 襻 〈名〉中式衣服上的纽扣环。

pen 喷

'penpenxian/ 'penpen 'xian 喷喷香 〈形〉香味浓厚扑鼻:辫趟新米饭,一开锅子~。

pi 劀

'pi 劀 〈动〉砍去一层,削去一层:~脱一层草。◇《广韵》平声齐韵匹迷切:"劀,劀斫。"《集韵》平声齐韵篇迷切:"劀,削也。"

'pi 狓 〈动〉用刀平切剖肉:辫眼肉~得薄一眼。◇《广韵》平声支韵敷羁切："破，开肉。"

pi 顢 〈动〉倾侧：~ 转仔头辣想啥？◇《集韵》上声纸韵普弭切："顢，倾头也。"

'pigu 屁股 〈名〉

pipi yhanindhou 骗骗野人头 骗那些不懂的、没头脑的人：介蹩脚个料作拿出去，只好 ~。

'pisabin 披萨饼 〈名〉一种意大利式的大圆饼，表面有各种配料，用烤箱烘烤而成。◇披萨，英语 pizza 的音译。

'piyano 披耶那 〈名〉钢琴。◇英语 piano 的音译。

'pizy 片子 〈名〉①电影、电视剧等全剧：《红楼梦》辫只 ~ 我看过两遍。②DVD、VCD、CD 等光碟：辫张 ~ 坏脱了，大概是盗版，放了一半放勿过去。

piao 漂

piaolian 漂亮 〈形〉

pik 撇

pik 撇 〈名〉撇儿，汉字笔画之一。

pik xhincao 撇情操 讨论一些风花雪月、有一搭没一搭、不切实际的话：伊拉一帮子人，天天辣一道 ~。◇又写作"劈情操"。

pik 㶽 〈动〉用勺子舀去轻贴液面的东西：还要 ~ 脱一层油。◇《广韵》薛韵芳灭切："㶽，漂。"俗写作"撇"。

pikqin 撇清 完全分清：我脱伊 ~ 关系，大家勿搭界。

pik ngansha 劈硬柴 平分付钱：今朝辫眼汽油钿，大家 ~。

pikte 劈腿 〈名〉男女朋友中有一方有第三者的人。〈动〉脚踏两只船：好拣好了，勿要一直 ~。

pin 拼

'pinbhen/'pin bhen 拼盆 〈名〉拼盘。把多种凉菜拼成一盘。

'pinco 拼车 几个陌生人合起来出钱坐出租车：此地有四个人，正好 ~ 到莘庄呀。

'pin dik 拼的 和陌生人一起打的分摊费用。

'pinlinpanlan 乒令乓冷 〈拟〉敲打或跌落玻璃、金属物体发出的响声。

pinlin panlan qi 乒令乓冷气 小孩豁拳游戏呼声。

'pinxi qik whudhen 拼死吃河豚 拼着死去吃有剧毒的河豚鱼。常喻为谋利而不顾生命去冒险或孤注一掷：辫种能 ~ 个事体，我是决勿会做个。

po 怕

po 怕 〈形〉可怕，失去常态：伊只面孔哪能介 ~，要光火了。〈动〉害怕：伊就是 ~ 生毛病。

pok 朴

pok 顉 〈形〉指肉不结实和肥：辫两块肉老 ~ 个。◇《广韵》入声铎韵匹各切："顉，面大貌。"

poklok 朴落 〈名〉电器插座。◇英语 plug 的音译。

poktok 扑托 〈拟〉小物体掉下的声音。

po newhexhin 怕难为情 害臊。

pu 潽

'pu 潽 〈动〉①沸溢：牛奶~光了。②盛不下而溢出或掉下：物事摆勿落了,再摆要~出来了。|阴沟里个水~了出来。

pudongji 浦东鸡 〈名〉产地在浦东的一种良种鸡。

pudongseksy 浦东说书 〈名〉起源于上海浦东一带的一种曲艺。

pudong sewhangji 浦东三黄鸡 〈名〉上海产的名种鸡,脚黄嘴黄皮黄。

Q

qi 扦

'qi 扦 〈动〉插;移种:花~活了。|杨柳~插好了。◇《集韵》平声儸韵亲然切:"擢,插也。"◇俗又写作"扦",如"蜡烛扦(蜡烛插具)"。

'qi 槷 〈动〉①轻度地平削:~皮。|~生梨。②修(脚):浴室~脚。◇槷,《广韵》平声盐韵七廉切:"槷,削皮。"

'qijiakdao 槷脚刀 〈名〉修脚皮的专用刀。◇槷,《广韵》平声盐韵七廉切:"槷,削皮。"

'qi 暽 〈动〉眼睛或眼皮向上带动:眼睛一~一~。◇《集韵》平声齐韵牵奚切:"暽,目动也。"

qibega 起板价 〈名〉起售价,讨价还价的最低价:辬点阳澄湖蟹~200元一只。

qi bhongdhou 起蓬头 ①起哄,造声势:伊事体上手还吭没上手,外头已经拉~了。②有新的发展:侬个生意开始~啦?

qijin 起劲 〈形〉情绪高,劲头大。

qile 起来 〈助〉表示催促、命令:大家票买~!

qi shendhou 起阵头 乌云骤起。

qi yhouhhok/qi yhouwhok 起油镬 炒菜前把生的食油煨热变熟。

qi whu 起雾

qizaolokyha 起早落夜 一清早就开始,很晚才歇:为了准时赶到,我~个赶路。

'qi dhoubhi 牵头皮 提起或数落别人的旧过失、把柄或已改正的缺点:我老早就勿打人了,侬勿要再~了!

'qifongyhindhou 牵风引头 引起,挑起事端:辬桩坏事体是伊~个。

'qidhou/'qi dhou 牵头 〈动〉①接洽,联系:参观海港要侬去~。②领头,主持安排:侬~个事体侬要负责到底。

'qiji 牵记 〈动〉惦记,挂念:我~我个外甥。

'qijinong 牵记侬 想念你。

'qisy 牵丝 〈形〉磨蹭,拖延,不爽快:辬桩~事体勿晓得要拖到啥辰光解决。

'qisybeden 牵丝扳藤 拖拖拉拉;不爽快:要伊答应我个请求,伊就是~,到现在我等勿到回应。

'qiyhun 牵匀 〈形〉均匀:辬眼物事分勿~。

qi hhali 'xiaosa 去阿里潇洒 去哪儿玩:今朝夜里阿拉~?

qi xi 去死 对对方说法不满意的反映。女性青年中使用较多,使用时有嗲意,不带贬义。表达"不许你这样说""不要取笑我了""不赞成"等意思:(甲)我看箇个男生对侬有意思。(乙)~!

qicang 气窗 〈名〉便于通风换气而设于门或窗上部的较扁平的小窗。

qifhekgu 气勿过 气得按捺不住。

'qimen 气闷 〈形〉①因胸闷而呼吸困难:箇两日真~。②不好受;苦闷:事体做勿好,心里想想真~。

qilian 气量 〈名〉

'qimi 气味 〈形〉气味怪;难闻:箇块毛巾~!

qipupu 气潽潽 〈形〉发怒时满腔怒气的样子:现在伊~个样子,侬勿好去碰伊。

qisek 气色 〈名〉人的精神和脸色。

'qisu 气数 〈形〉①令人气愤:真~,伊拿我个书落脱了。②倒霉:真~,我个钢笔落脱了。③不像话:吃完西瓜,瓜皮乱丢乱掼,真~。④没劲:今朝一锅子饭烧坏脱了,真~!

qizy 气饐 〈形〉气味难闻:箇只橘子已经有眼~了。◇饐,《广韵》去声祭韵征例切:"饐,臭败之味。"

qico 汽车 〈名〉

'qisy/qisy 汽水 〈名〉

'qing 千鱼 〈名〉青鱼。

'qinikcang 千日疮 〈名〉扁平疣。

'qininebe 千年难板 很偶然;偶尔:伊~到我屋里来个。

'qi shanshen 砌长城 打麻将:退休之后,辣屋里~。

qi xhiandhou 砌墙头 打麻将:我末,砌了一夜天个墙头。

qia 箿

qia 箿 〈动〉歪、斜。〈形〉歪的、斜的:伊~转仔身体看人打牌。◇《广韵》去声韵迁谢切:"箿,斜逆也。"

qiak 雀

qiak 雀 〈动〉石块横刮过水面:一块石头~过水面。

qiak 皵 〈动〉皮肤、指甲、木头老化,表面裂开成丝翘起:节掐子~起来。|手指掐旁边~起一丝肉~皮。◇《广韵》入声药韵七雀切:"皵,皮皴,《尔雅》云,楢皵,谓木皮甲错。"

qiaksy 皵丝 〈名〉翘起的丝:箇条木头浪有一根~,要触手个。

qian 抢

qian 抢 〈动〉①抢夺。②争先:~跑道。③赶紧;突击。④当面插入责备或讥讽的话:我~伊几句。⑤岔过:两个人走~脱了,所以老是碰勿着头。

qian bhaodhao 抢跑道 ①强把别人的事揽去:自家个职责侪要搞清爽,当心别人~!②打麻将时抢各种可能争取和牌赢钱。啊呀,眼看有两只跑道好走,侬侪吭没去抢。③先取得向电脑配对系统输入股票交易行情的申报通道:今朝大家侪辣吃"银行股",侬看我跑道抢得着哦?

qiangadang/qian 'gadang 抢家当

争抢家产。

qianganfhe 抢羹饭 心急得很,抢着做(含贬义)。◇羹饭,原指死人吃的饭。

qiannge/qian nge 抢眼 〈形〉引人注目:演唱会贵宾席高头坐辣海两个小MM,辣辣一堆大人当中特别~。

qian shangfong 抢上风 争夺优势。

qian 䤆 〈动〉用酒汁、卤汁、酱油腌:~蟹。◇䤆,《玉篇》卷第十五卤部音昌:"䤆,卤渍也。"

qianha/qian ha 䤆蟹 〈名〉用酒或酱油腌制的蟹。

qianhoe/qianho 䤆虾 〈名〉用酒腌制的虾。

'qian/'xian 镶 〈动〉掺和:热水里~点冷水。I对~。

'qianbin 羌饼 〈名〉一种圆形烙饼,厚实,直径有尺许。

'qiandan cekdhouniao 枪打出头鸟 出头者必担风险:我勿出头,~,倒辰光倒霉也来勿及!

'qiandhiao 腔调 〈名〉①戏曲歌曲的调门。②声音。③形象,模样,样子:侬看看侬自家个~好勿好。

qiandhiao lao zok 腔调老足 很有个性和特色,或指架子十足:王生~,与众勿同。

'qiansy 腔势 〈名〉神态,模样:讲言话好好叫讲,㧅种恶狠狠个~勿要摆出来!

qiansy niong 腔势浓 气派大,花样多,气势足:伊拉搞活动~,阿拉比勿过!

qiao 跷

'qiao 跷 〈形〉跛:~脚。

'qiaojiak 跷脚 〈名〉跛足,瘸子。

'qiaobi/'qiao 'bi 缲边 做衣缝边,把布边往里卷进再缝,使不露针脚。

'qiaoqiaobe 跷跷板 ①〈名〉一种儿童游戏装置。中间是支点,一长条的硬板,孩子坐在两头,一上一下。②放不稳;摆不平:侬勿要摆块~,大家走起来吓势势。I发津贴勿好~,要大家摆平。

'qiao 缲 〈动〉①把布边往里头卷进去,不露针脚地缝上:~根带子。②向上卷:拿袖子管~起点。I~袖子管。◇《集韵》平声宵韵千遥切:"缲,以针衣。"

'qiao 峭 〈动〉①在捆东西的绳子中插入短棒旋转绞紧。②结缚:~尿布。◇《广韵》去声笑韵七肖切:"峭,缚也。"

qiao 翘 〈动〉①一端向上高起:一条地板~起来了。I胡苏~起像菠菜根。②扭:伊动气了,一~就走。③噘:嘴巴一~,挂得上油瓶。

qiaodokdok 翘笃笃 〈形〉硬翘的样子。

qiao zy 翘嘴 嘴唇翘起。常指不开心时的嘴巴动作。

qiaobi 撬边 〈动〉托。从旁帮腔助阵,怂恿买者购物。

qiaobimozy 撬边模子 〈名〉在买卖时与摊主串通假装顾客从旁怂恿别人买东西的人。

qiao febi 撬反边 帮倒忙:侬辣我旁边末,要帮我推销商品,勿要~。

qiao ku 撬课 逃课,旷课:明朝夜里辣辣体育馆男排决赛,阿拉数学课勿要上了,~去看好哦?又写作"跷课"。

qiaoke 窍槛 〈名〉窍门:做随便啥个事体,侪要寻着点~。

'qiaokeklik 巧克力 ◇英语 chocolate 的音译。

qik 七

qik 七 〈数〉

qikdinbakdhao 七丁八倒 颠颠倒倒:侬讲个言话~,我听勿懂。

qikfhekke 吃勿开 ①不受欢迎:伊辣大家面前~!②行不通:伊个一套老早过时,~个。

qikfheklaoqi 七勿牢牵 不正规,不像样:衣裳着得~。

qikhuabakqi 七歪八牵 ①不整齐:排队排了~。②不端正:写字写得~。

qikhunbaksu 七荤八素 头昏脑涨,糊里糊涂:我拨㑚批人搞得~。|今朝我吪没睏醒,~,勿晓得做了点啥个事体。

qikjhiaobaklik 七撬八裂 ①到处裂开翘起:㑚条小路~,车子吪没办法开。②东西不平贴:地皮~,哪能好走?③闹矛盾,惹是非:大家要搞好团结,勿要弄得~。◇撬,《集韵》去声笑韵渠廟切:"撬,举也。"

qiklinbaklok 七零八落 零零落落:人末~来,勿是一道来个。|一场暴风雨,吹得树枝浪个叶子~。

qiksoubakjiak 七手八脚 人多手杂(常含因此而坏事意):~个,反而麻烦。

qikwebakquik 七弯八曲 弯弯曲曲:一条河,旁边侪是好风景。

qikzybakdak 七支八搭 ①乱搭腔:阿拉辣商量要紧事体,勿要侬来~。②乱说胡扯:勿懂勿要~乱讲。

qik 吃 〈动〉"吃"能延伸表达多种意义。①一些用嘴的动作:~饭。|~奶。|~开水。|~酒。|~香烟。②在出售食物地方吃:~食堂。|~排档。③依靠某种事物或职业来生活:~萝卜干饭。|~木行饭。④液体吸收:~墨。|~水。⑤得到、收进:~进废牌。|~只零汤团。⑥受:~一拳。|~记耳光。|~批评。⑥侵占:黑~黑。|~脱㑚块地盘。⑦消灭:~脱一只炮。|~脱敌人一个团。⑧耗费:~劲。⑨钻、嵌:螺丝~进去。⑩按上:~硬挡。|~错一只排档。⑪碰到、遇上:~红灯。|~火车。|我正好~着1966年㑚只档子。⑫挨打:~屁股。|~手心。|~耳光。⑬敬佩、喜欢、受吸引:我就是~伊长得好看。|伊最~

我个一套。|~伊聪明。|~房型。⑭惹、欺负(要重叠用"吃吃"):我~~侬。|我算得老小心翼翼做事体,伊还要常常~~我。|~~㑚个猪头三!

qikbik 吃瘪 〈动〉①被强势压垮:伊拉人多势众压下来,我只好~。②理亏而无言应对或被迫屈服:我实在对付勿了伊拉个责问,~了!|过去伊狠三狠四,今朝碰着了顶头,只好~。

qik bhabhou 吃牌头 受人批评指责:任务呒没完成,预备回去~了。

qik bhakshek 吃白食 ①未替别人做事而白吃饭:我常庄到丈母家去~。②欺诈人的财物:㑚个人老早头从前专门~。

qikbhezan/qik bhezan 吃赔账 自己赔钱。

qik 'binjhilin 吃冰淇淋 让别人白欢喜一场:伊热热闹闹个吹嘘了一番,像讲得真个一样,结果是拨阿拉吃一块冰淇淋!

qikdekke 吃得开 行得通,受欢迎:伊朋友多,人缘好,到东到西~。

qikdekzen 吃得准 有把握:侬今朝要对付个问题,侬倷~哦?

qik dhe(bhi)gong 吃弹(皮)弓 要求被人拒绝,尤指示爱未被接受:伊去追求小英,我晓得要~个。

qik dhinxinwhoe 吃定心丸 使心中有数而安心:伊做事体牢靠来死,侬笃定~好。

qik dhoutak 吃头塔 打头顶;头顶挨打。

qik dhouwhu 吃豆腐 ①挑逗、侮辱妇女:㑚个流氓专门寻女人~。②挑逗着开玩笑:侬勿要来吃我个豆腐了,我已经弄得哭笑勿得了。

qik fhe 吃饭

qikfhekxiao 吃勿消 受不了,支持不住:一直撑下去,我~了。

qikfhekzen 吃勿准 拿不准:伊到底来勿来我也~。

qikga 吃价 〈形〉了不起,看不出。常指平凡而干大事:看不出伊倒是一个大学教师,真~!〈动〉值钱;底气足:㑚只钻戒~个!|伊讲出言话算数,真~!

qik ghakdang 吃轧档 两头受气:两面勿讨好,我辣辣㑚两个人当中~!

qik ghakdhou 吃轧头 受挫:侬要注意点,当心吃着轧头。

qik ghokdhou 吃搁头 受挫:㑚桩事体自从吃着搁头以后,就勿想做下去了。

qikguoesy/qik 'guoesy 吃官司 坐班房。

qik hhojiak 吃下脚 偷窃露天仓库或路边所堆的货物:㑚两个瘪三专门是~个。

qikjin 吃劲 〈形〉费力:㑚桩生活实在~。

qikjin 吃进 ①收购进:㑚点货色我先~。②被迫忍受下来:伊骂我个言话,我只好~。

qikkak 吃客 〈名〉①下馆子的人。②吃东西很精的人；美食家。

qiklao 吃牢 〈动〉认定，盯住：辫点烂污是伊拆个，侬要～伊勿放。

qik lakhujian 吃辣货酱 ①吃辣椒酱：我老欢喜～。②给点厉害尝尝：侬勿识相，是勿是要～？

qik laobhokgoe fhe 吃萝卜干饭 从最初的做起，下苦功夫去学本领；做学徒：到一个地方，就要准备～吃伊几年。

qik laogong 吃老公 用公家的钱：伊是～吃惯个，总有一天要吃勿了兜着走。

qiklik 吃力 〈形〉①劳累，疲乏：跑了一天路，觉着邪气～。②费力。

qiklik fhektao hao 吃力勿讨好 花费了许多精力、体力却没得到好效果：我做得介辛辛苦苦，结果倒～！

qik lusy 吃螺蛳 说话或唱歌时出现失误性的停顿。

qikmek 吃没 〈动〉吞没。

qik nana 吃奶奶 吃奶。

qik nendhouwhu 吃嫩豆腐 招惹最软弱可欺者：我要吃吃侬辫个嫩豆腐。

qik shangfong 吃上风 运气好：侬末，老是～，阿拉总归等下风。

qik 'sanmifhe 吃生米饭 喻态度很恶劣：侬勿要烂骂人，今朝～了啊！

qik 'sanwhek 吃生活 挨打：侬再勿识相，当心～！

qik sho 吃茶 喝茶。

qik 'sanyifhe 吃生意饭 经商：～过去人家看勿起，现在勿要忒好噢！

qiksoe 吃酸 〈形〉①棘手，难堪，无可奈何：侬要我当了大家面前承认，我真～！②懊恼：今朝脱伊关系弄僵脱，老～个！③吃不消，不好受，没话说了：伊辫能仗势欺人侮辱我，我真吃老酸了！

qik xifhe 吃死饭 无职业而靠家里人养活：一家门里只有我工作，还有几个侪是～个。

qik xijiu 吃喜酒

qik yhafhe 吃夜饭 吃晚饭。

qik yhak 吃药 〈动〉上当：伊约我见面，到辰光又勿来，伊阿是拨我～？

qikxian 吃相 〈名〉模样，尤指争吵时的架势：侬讲言话个～可以好看点哦？

qikxian 吃香 〈形〉受欢迎，入时：现在是直统裤～。

qikxinqikku 吃辛吃苦 含辛茹苦。

qik 'yhuoewanguoesy 吃冤枉官司 ①因冤枉而坐牢：我～两年。②泛指被人冤枉：辫两日我辣～，真倒霉！

qikzak 吃着 〈动〉①吃到。②碰巧：我刚刚辣巴望伊来，～伊倒来了。

qikzen 吃准 〈动〉肯定，保准：辫个答案我是可以～对个。

qik 龀 〈动〉像齿一样地被咬住：轮齿拨沙～牢。◇《广韵》入声屑韵胡结切："龀，齧也。"

qin 轻

'qin 轻 〈形〉

'qingue 轻轨 〈名〉

'qinguekdhou 轻骨头 〈名〉喻卖弄风骚或不稳重的人：辫个女人东勾勾，西搭搭，十足个~！

'qin 清 〈形〉

'qinjikgong 清洁工 〈名〉打扫卫生的工人。

'qinminjik 清明节 〈名〉

'qinsang 清爽 〈形〉①清洁：地板~。②清楚：脑子~。｜言话~。

'qinyiksek 清一色 同一种颜色，同样：辫点客人尽管面目各一，但笑容是~个。

'qinzao 清早 〈名〉一~，窗门前鸟就叫了。

qin 撳 〈动〉按：~了牛头吃草。◇又作"搇"，《集韵》去声沁韵丘禁切："搇，按也。"

qin nyuoelian 请原谅

qindin 撳钉 〈名〉图钉。

qinniu 撳纽 〈名〉子母扣儿。

qingmen 请问

qinnong 请侬

'qinguangnge 青光眼 〈名〉

'qindhuoe 青团 〈名〉用艾叶或青菜汁做的绿色团子。多在清明节期间。

'qinng 青鱼 〈名〉

'qinjhijhi 青奇奇 〈形〉带有青色。

'qinjiao nioksy 青椒肉丝

'qinlakjiao 青辣椒 〈名〉青椒。

'qinli 青莲 〈形〉青紫色。

'qin'o 青蛙 〈名〉

'qino whangzy 青蛙王子 〈名〉不好看的男子，具嘲笑性：网浪向凡是号称帅哥个，大多数侪是~，勿要去相信伊。

'qinzoehhng 青占鱼 〈名〉油筒鱼。

'qinga 亲家 〈名〉子女结亲的两家。

'qinju 亲眷 〈名〉亲戚。

'qinqik 亲戚 〈名〉

'qinyouyou 轻悠悠 〈形〉形容重量轻或轻手轻脚做事、轻声说话。

qiu 秋

'qiulaohu 秋老虎 〈名〉入秋后仍然很热的天气。

'qiuxianlok 秋香绿 〈形〉如作物成熟泛黄的绿色。

qu 橻

qu 橻 〈形〉美好，漂亮，好看：小姑娘生得真~。｜伊面孔~，身材又好。◇《广韵》上声语韵创举切："橻，《埤苍》云，鲜也，一曰美好貌。"俗写作"趣"。

qu kuoe 取款

quni 去年 〈名〉

quoe 劝

quoexiandan 劝相打 劝架。

qiuk 曲

quik 曲 〈形〉

quikjhibin 曲奇饼 〈名〉家常奶油小甜饼。◇曲奇,英语 cookie 的音译。

quikdakdak 屈搭搭 〈形〉人行为不精通、不入门:人家告诉伊办法去做,伊还~,戆是戆得来。

quikxi 屈死 〈名〉[詈]不识事、不识货、不内行的人。又称"阿屈死 akquikxi"。

quikzy 缺嘴 〈名〉裂唇。

S

sa 酾

'sa 酾 〈动〉酒、茶自壶中注入杯中：~茶｜酒侪要我来。◇《广韵》上声纸韵所绮切："酾，分也，见《汉书·沟洫志》，《说文》曰，下酒也，一曰醇也。"

sa 啥 什么：辩个是~？｜~个水果好吃？

sadifang 啥地方 哪里：侬从~来个？

sagangjiu 啥讲究 为什么，怎么：侬~勿要吃？｜伊~勿来？

saghek 啥个 什么：辩个是~？｜~水果好吃？

sanin 啥人 谁：侬是~？

sashenguang 啥辰光 什么时候：侬~去？

sadhe 晒台 〈名〉在楼房屋顶设置的露天小平台，供晒衣物或人晒太阳用。

'sadhu 衰瘏 〈形〉劳累，吃力，疲惫：一日生活做下来，~煞了！

'sasywhu 洒水壶 〈名〉带有莲蓬头的水壶，用于浇花或在地上洒水。

sak 煞

sakfheklao 刹勿牢 忍不住，停不了：伊一上机白相，就~了。｜谦虚点，勿要老是~要表现。

sak 煞 〈副〉①得很,极了：儿子介晏还呒没回来，我真是急~。②非常：房间~亮。

sakfongjin 煞风景 在兴高采烈的场合下使人扫兴：大家介高兴个辰光，今朝勿要侬来点评缺点~。

sakgen/sak 'gen 煞根 〈形〉过瘾，彻底痛快，厉害的，令人满足的：今朝麻将搓得~。

sakgenga 煞根价 〈名〉最低价，降到底的价：我辩眼桃子已经卖到~，勿可以再便宜了。

sakkua 煞快 〈副〉很：我对伊拉恨~！

saksak bhak 煞煞白 〈形〉非常白，常指脸色很白，无血色：急得伊面孔~。

saksak xhin 煞煞静 〈形〉非常安静：教室里~，大家憋了气看伊做实验。

sakxi 煞死 〈副〉……个没完：吃~。｜做~。

sak yhan 煞瘾 〈动〉过瘾：辩一夜天真~，赢了一千多块。

sak 湿 〈形〉

sakdakdak 湿搭搭 〈形〉有点儿湿：今朝天潮湿，墙壁浪~个。

sakloklok 湿漉漉 〈形〉

sakjiji 湿几几 〈形〉含水的样子（常作贬义）：辩眼扁尖~个，回潮了。

saksou dak mifen 湿手搭面粉 粘住了甩不掉，喻介人某事后甩不掉：辩两笔账现在缠牢我，我~，永远弄勿清爽了!

sak 擛 〈动〉塞住,夹住:一把横刀~辣裤腰里。|~好被风头。◇《集韵》入声盍韵悉盍切:"擛,破声,一曰持也。"

sak 漖 〈动〉洒少量水:青菜浪向~点水。◇漖,《集韵》入声麦韵色责切:"漖,《说文》,小雨零貌。"

sak 涮 〈动〉把肉片等放在开水里烫后取出蘸作料吃:~羊肉。

sakbok 杀搏 〈形〉①身体结实健壮。②大刀阔斧,彻底:让我杀杀搏搏用一趟。|小王做事体老~,总归成功个。

saklak 杀辣 〈形〉①厉害,狠毒:晚娘打起小囡来忒~了。②利落,手段、办法等严厉:要末勿做,要做就要做得~点。◇常作重叠"杀杀辣辣"用。

sakpe 杀胚 〈名〉[詈]①该杀的人。②强横暴戾的人。③体壮憨猛的人。

sakkeksyfong 萨克斯风 〈名〉萨克管。◇英语 saxophone 的音译。

sakku 刹枯 〈形/动〉过分苛刻:伊待人老~个。|舍种事体还是放我一码,勿要~我好哦?

saklak 色拉 〈名〉①用土豆丁、香肠(或红肠丁)、豌豆等加油拌和成的一种冷西菜。②生菜、番茄、水果等加调料拌成的一种冷西菜。◇英语 salad 的音译。

saklakyhou 色拉油 〈名〉拌做色拉用的油,由植物油做成。

sekmimi 色迷迷 〈形〉轻浮淫荡的样子:侬看伊贼塌兮兮,~个样子,勿是个好东西!

san 生

'san 生 〈形〉

'sance 生菜 〈名〉①叶用莴苣。②一种自西方传入的蔬菜,叶如大白菜形,生食。

'sanbhinnin 生病人 〈名〉患病的人。

'sanjianhhong 生姜红 〈形〉如生姜上的红色。

'sanjimoedhou 生煎馒头 〈名〉用油煎熟的一种小包子,肉馅。

'sankokkok 生皻皻 〈形〉(食物)生硬而脆的样子。

'sansan qin 生生清 〈形〉①清清楚楚,十分清洁。②绿叶植物颜色非常青。

'sansou 生手 〈名〉新做某项工作,还不熟悉的人。

'sanxin 生性 〈名〉性子:小王~急躁。

'sanguang dik whak 生光的滑 滑得生光。

'sanli 生梨 〈名〉梨。

'san maobhin 生毛病 生病。

'san luzy 生炉子 在炉子里生火。

sanxin/san 'xin 生心 〈动〉起疑心;有了警惕:今朝伊真个讲舍种言话出来,勿由我暗暗~起来。

san 省 〈形〉

sanghek yikbak san 省个一百省 ①

算了吧;省点事吧;辦种事体勿要侬管得个,脱我~！②办不到:要我帮伊忙？~！

sanqin 省轻 〈形〉省力轻松:~个生活伊总关让拨别人做,自己做重个。

'sanqi 声气 〈名〉声音;声调。

sansan lian 锃锃亮 〈形〉非常光亮。◇锃,《广韵》去声映韵除更切:"锃,磨锃出剑光。"

'sanwhek 生活 〈名〉活儿,工作。

sang 霜

'sang 霜 〈名〉

'sangdan 霜打 下霜。

'sang 伤 〈形〉①费,浪费:侬衣裳着得真~。|钞票用~了。②损失大:侬看辦记我弄~了！〈动〉一蹶不振;无法挽回;完了:乃末~脱！

'sangfong/sang 'fong 伤风 〈动〉感冒。

'sangtek 伤脱 〈形〉①身体受伤,多指重伤:我年轻辰光挑担腰屏~了！②受重创,一蹶不振:我30万投辣股市里,年底从美国回来,跌剩3万,辦记~！③"伤"的另一义,是"省"的反义,"浪费"的意思,所以"伤脱"另一含义是"过量""太多""大大过了头":今朝我吃~了！|买房子买到我钞票用~,元气吭没了！

'sangxin/sang 'xin 伤心

sang 爽 〈形〉

sangkua 爽快 〈形〉痛快,舒服。

sangqi 爽气 〈形〉爽快;干脆利落:~点,偷辣个物事侪拿出来！

sangxin 爽心 〈形〉心中爽愉快。

'sangdang 双档 〈名〉由油面筋和百页包肉糜两样食品做成的汤,上海闻名小吃之一。

sao 烧

'sao 烧 〈动〉①焚。②煮:~饭 ~菜。

'sao fhe 烧饭 做饭。

'saokao 烧烤 〈名〉用火烤熟的食物,如牛肉、猪肉。多指来自日本、韩国的烤肉方式,也有中国四川式的。

'saoma 烧卖 〈名〉一种点心,皮薄,用面粉做成,内包糯米与肉做的馅。

'saosywhu 烧水壶 〈名〉煮开水的水壶。

sao 少 〈形〉

saogen 'jin 少根筋 脑子糊涂,领会时就差人一截:依辦个人脑袋瓜子哪能介笨个啦,阿是~？

saonyuyhi noesan 少女系男生 性格斯文或长得比较女性化的男生:嗲得来,斯文得来,辦两个是~。

saoyha 少爷 〈名〉①[旧]对尊府儿子的尊称。②[旧]仆人对主人的儿子的尊称。③对看不惯的男子贬称:~脾气又来了。

saoyhousaoji 少有少见 指人或事的坏样子真是少见(含厌恶意):侬辦种能个人也碰得着个,真是~！

sao 悮 〈形〉快,痛快:伊办事走路~来,一歇歇。◇《集韵》去声号韵先到切:"悮,快也。"《玉篇》卷第八心部诉到切:"悮,快性。"

saosao 嫂嫂 〈名〉

saozou 扫帚 〈名〉

se 三

'se 三 〈数〉

'sebak loklin bhudhe 三八六零部队 〈名〉对妇女、老人组成的在社区中维持秩序的队伍的谑称。"三八"是"妇女"的借代,"六零"指六十(岁),因老人六十岁退休。

'secolukou 三岔路口 〈名〉三条马路交叉之处。

'sedhoulokmi 三头六面 与事有关的各方面:辩桩事体一定要~对清爽。

'sefelin 三翻领 〈名〉羊毛衫的长领子,穿时翻下呈三层。

'sefhokti 三伏天 〈名〉

'segakbe 三夹板 〈名〉①三合板。②喻指左右为难、两头受气的人:我现在是~。

'segokcak 三角尺 〈名〉三角板。也指用胳膊肘顶人:吃了一记~。

'sejiakmao 三脚猫 〈名〉样样都懂但都不精通的人:只要是个~就好,勿要样样物事一窍勿通。

'sejiktiao 三级跳 一下有很多进步:侬个恋爱经验~了!

'sekokku 三角裤 〈名〉呈三角形的内裤。

'selenco 三轮车 〈名〉人力脚踏三个轮子的载人车。

'seminshy 三明治 〈名〉夹心面包片◇英语 sandwith 的音译。

'senik lianwhandhou 三日两横头 经常:伊~要到我店里来看一看。

'senikliandhou 三日两头 常常:小王~要到我屋里来望我。

'seqinsylok 三青四绿 衣着整齐清洁:今朝伊要去望亲眷,伊着得~个。

'sequik yik 三缺一 四人为单位的游戏,如打麻将等,只有三个人,缺少一人。

'sexitang 三鲜汤 〈名〉

se 散 〈形〉

sesong 散松 〈形〉①松弛:辩搭纪律~,大环境勿好。②松散:辩点木砧结构~,一拆就碎。

se 碎 〈形〉

selu 碎路 〈名〉成条裂缝:辩只缸有一条~,因为摆水辣海漏。

segu 赛过 〈副〉好像:事体伊~侪晓得个。

'seyhu 山芋 〈名〉甘薯。

sen 深

'senganboeyha 深更半夜 〈名〉深夜。

'sen hu 升火 〈动〉①上火。②火气大。

'sennoe 孙囡 〈名〉孙女。

'senquik 申曲 〈名〉[旧]沪剧。

'senti haofha 身体好哦 身体好吗?

'senwhek 生活 ①〈名〉人生活动:日常~起居侪要注意习惯。②〈动〉进行各种活动:我脱孙子~辣一道。

senyao/sen 'yao 损腰 伤了腰。

'senyhou 生油 〈名〉①花生油。②生的食油。区别于熟油。

'senzy 孙子 〈名〉

sek 涩

sek 涩 〈形〉

sekdakdak 涩搭搭 〈形〉味儿带涩:辩眼葡萄吭没熟,吃起来有点~。

sek juhho 说鬼话 瞎说;说谎话:伊拉辣辣~,勿要相信。

seksy/sek 'sy 说书 〈名〉①评话。②苏州弹词。

sekco 塞车 交通堵塞。

sekdhou 塞头 〈名〉塞子:热水瓶~。

sek ka 刷卡 刷磁卡消费或通过:白领多数是~族。把卡插入计费计数器:啥个侪用卡,~真方便。◇卡,英语 card 的音译。

sekhu/sek hu 识货 ①〈动〉懂事:辩个小囡一眼勿~。②〈形〉内行:辣辩个门档里,伊拉侪是~朋友。

sek shy 识字 〈动〉认字。

sekxian 识相 〈形〉①安分;知趣;不冒犯:勿要拿事体弄僵,还是~眼好。|勿~要吃辣货酱。②会看别人神色行事:侬看伊~哦?立辣旁边一声勿响。

sekpik 失撇 〈动〉一时失利,失算:伊也会拨人家弹回来,真叫老鬼~。

sekqi 湿气 〈名〉皮肤湿痒。常指脚癣。

sekyi 适意 〈形〉舒服,感觉好:要白相就要白相得~。|我脱侬舻能敲敲背,侬~哦?

sen 榫

sendhou 榫头 〈名〉榫儿。

sengoe 笋干 〈名〉干笋。

sennian 婶娘 〈名〉婶婶。

sha 惹

sha 惹 〈动〉触烦欺负对方:伊常常要来惹惹我。

sha hu 惹火 好漂亮。主要用于形容女子的身段:侬看伊个身材,~哦?

shajin 惹劲 〈形〉有趣,可爱,可逗:大眼睛,小嘴巴,辩个小姑娘真~。

shaqi 惹气 〈形〉惹人厌:像伊舻能介~个人,真是少有个!

sha 射 〈动〉①排泄:~尿。|~污。②腹泻:昨日夜到~了好几趟。◇另一说法为"拆 cak",如称"大便"为"拆污"。

shasy/sha 'sy 射尿 〈动〉小便。

shacaonin 柴草人 〈名〉①赶走田里的麻雀用的、用稻草扎起的人形。②多病或一击即垮的、无用的人。

shak 闸

shak 闸 〈动〉因阻塞而不畅通：路浪车子忒多，~牢了通勿过去。｜我拨伊~杀一只马（象棋用语）。

shak 煠 〈动〉把食物放在沸水或沸油里烧煮：拿菠菜先~一~。｜~脱点黄水。｜煠毛豆。◇煠，《广韵》入声洽韵士洽切："煠，汤煠。"

shak 趚 〈动〉①乱窜，乱跑：伊真皮，马路浪向一~就勿见人影了。｜鱼辣水里~来~去。②顿：伊急得穷~脚。③踏，踩：~伊一脚。《集韵》入声盍韵疾盍切："趚，疾走貌。"

shakgok 趚角 〈名〉对角：要走横道线，勿好~穿马路。

shakjinshakcak 趚进趚出 ①凸出凹进，不平整的样子：衣裳袋塞得~。②穿进穿出频繁的样子：㑚个人辣弄堂口~，忙得勿得了。

shakshak 趚着 〈动〉撞到，突然撞见：伊正辣做坏事体，正好拨阿拉~。

shabhe 柴爿 〈名〉劈开后的木柴。〈名〉称体质差的人。

shak 着 〈动〉①用在动词后，表示达到目的或有结果：猜~了。｜刺~两刀。②接触，挨上：上勿~天，下勿~地。③燃烧：火~了。

shakdi 着底 〈形〉差到底。同"十三点"：㑚个人做出来个事体真~！

shakdhile 着地雷 〈名〉声音响亮，打到最近的地面，震天动地的霹雷。

shakgang 着港 〈动〉到手：费仔交关神思要拿㑚眼物事弄来，现在总算~了。

shakngadhou 着外头 最外边：㑚只台子排辣~靠出口个地方。

shakhuek 着瘄 〈动〉沉睡：㑚觉睏~，外头声音介响也勿觉着。

shak lan/shaklan 着冷 〈动〉受凉。

shakmekjik 着末脚 〈副〉最后。

shakmeksandhou 着末生头 〈副〉突然。

shakniok/shak niok 着肉 〈形〉贴身：㑚件衣裳着了~。

shaksandhouli 着生头里 〈副〉冷不防，突然：伊一想着要到苏州去了。◇英语 suddenly 的音译。

shakshek 着实 〈形〉①结实：拿把地基打~。②落实：拿㑚桩事体敲~。③实事求是，踏实，一丝不苟：侬做事体真~。

shak 踖 〈动〉踩：~脚。《集韵》入声荡韵日灼切："踖，蹀也。"

shak 射 〈动〉①用推力送出：~进一只球。②一下钻进：伊一讲，我就耳朵里~进去。

shakdhou 石头 〈名〉

shakgueektin ngan 石骨挺硬 〈形〉非常坚硬。

shakkumen 石库门 〈名〉具有上海特色的居民住宅，一般位于旧式弄堂内。因以石头做门框，以乌漆实心厚木做门扇而得名。

shakliu 石榴　〈名〉

shak(shak) ngan 石(石)硬　〈形〉非常坚硬。

shakxik 石屑　〈名〉细碎石：饭里吃出~来。

shakzy 石子　〈名〉碎石头。

shakgaklongdong 杂格龙冬　〈形〉杂七杂八、参差不齐：辔只抽屉里物事~一大堆。

shan 长

shan 长　〈形〉①两点之间的距离大。②人高：人~个人样样合算，就是裤子料作伤。

shandhu dhihho 长途电话　〈名〉

shanfonggongyhuoe 长风公园　〈名〉

shangangdhou 长豇豆　〈名〉豇豆。又称"豇豆 gangdhou"。

shantongmak 长统袜　〈名〉长袜。

shanjiaklusy 长脚鹭鸶　〈名〉讥称腿长而瘦的人，戏谑语。

shanjiakyhu 长脚雨　〈名〉持续时间很长的雨。

shansengu 长生果　〈名〉带壳的花生。

shantongku 长统裤　〈名〉长裤。

shantongxu 长统靴　〈名〉穿到膝盖高的靴子。

shanxin 长心　〈名〉恒心：辔个人做事体就是吭没~，所以啥个事体侪勿了了之。

shanyaoyao 长腰腰　〈形〉两头稍宽中间稍细的长形：一荚长生果，~个。

shanyhuoe 长远　〈形〉许多时间，很久。

shan 碾　〈动〉往里紧塞：瓶里糖要~紧。|再~进去，布袋要破了。◇《广韵》去声映韵除更切："碾，塞也。"

shan fhe 剩饭　〈动〉剩下饭来：伊每趟吃饭要~。

shanfhe 剩饭　〈名〉被吃剩下来的饭。

shanlian/shang lian 铿亮　〈形〉表面平滑光亮。◇铿，《广韵》去声映韵除更切："铿，磨铿出剑光。"

shanmnian 丈姆娘　〈名〉岳母。

shannin 丈人　〈名〉

shanqin 藏青　〈形〉带蓝黑色的青色。

shanwhe 肠胃　〈名〉

shanwheyhi 肠胃炎　〈名〉消化系统炎症。

shanzang 常庄　〈副〉常常：伊~要旧地重游。

shang 上

shang 上　〈动〉①做，干：辔样生活我来~。②上方(不组成方位结构时用)：~~下下侪是人。◇构成方位结构时，读 lang。如：台子上 dhezylang。通常写作"浪"。

shangboenik 上半日　〈名〉上午：我~一直吃中饭。

shangboeti 上半天　〈名〉上午。

shangboeyha 上半夜 〈名〉

shang dangzy 上档子 品质、品位较高,合乎某个标准,够进入高一级的档次。

shang dhao 上道 领会快,善察人意,做事爽快,行事符合市风:侬辖个人就是勿~呀,现在啥个社会啊?呒没钞票,侬啥事体侪做勿成功。

shang dhemi 上台面 ①人举止谈吐落落大方:辖小囡算数,总归勿~了!②事物的品质较高,有面子:今朝几只小菜总算是~了。

shang(di)dhou 上(底)头 〈名〉上面。

shangfhekshang 上勿上 ①从下面上不去:介轧个电车,我~。②上去否:辖班车侬~?③[旧]没力气干:今朝我生病,~了。

shangfongdhou 上风头 〈名〉风所吹来的那一方:我立辣~,葛咾被头个灰尘呒没吹着。

shangghek yhuik 上个月 〈名〉

shanghe 上海 〈名〉

shanghe bokfhekguoe 上海博物馆〈名〉

shanghe dhongfhekyhuoe 上海动物园〈名〉

shanghe 'kujhiguoe 上海科技馆〈名〉

shanghe liksy shenlikguoe 上海历史陈列馆 〈名〉

shanghete 上海滩 〈名〉泛指上海。因为上海历史上是由海边泥沙冲积形成而得名。

shanghe tiyuikshan 上海体育场〈名〉

shangjin/shang jin 上劲 〈形〉带劲。

shangjin 上紧 〈形〉起劲:伊复习功课,写文章,侪老~个。〈动〉拿出干劲:做生活勿要拖沓,一定要~!

shangku/shang ku 上课

shang lu 上路 ①做事对头,讲理,不触犯底线:勿管哪能,办事体第一要~。②够朋友,讲义气:我个朋友当中,小王最~。

shang pin 上品 品位高,上档次:辖个小姑娘无论从身材到卖相侪老算个。|产品要~,首先工作人员个素质要~。

shangqian 上腔 〈动〉①比喻发作:我个老毛病腰痛又要~了。②寻衅,闹事:老板再欠我个薪,我要告伊~了!

shangsen 上身 〈名〉身体的上半部。

shangshehun 上场昏 怯场;在关键的场合不能正常发挥:辖个小囡一到考试就要~,平常倒成绩蛮好。

shangsou 上手 〈名〉与"下手"对称。指做主要工作的人:伊是烧饭间~。

shangsou/shang sou 上手 〈动〉①开始工作:辖桩生活~辰光勿顺利,后来倒熟练了。②得手:侬看辖个姑娘已经~,以后够伊玩弄个了。

shangsy 上司 〈名〉

shangxin 上心 〈动〉一直放在心上：辩眼事体我一直～辣海，侬放心好了。

shangXinshy/shang 'xinsy 上心事 心中担忧：辩两日我一直睏勿着，辣～了，勿晓得儿子大学阿考得取。

shangzakgok 上只角 〈名〉在城市里，居住条件好，生活水平高，居民文化层次、素质较高的地区：伊住拉～，比较高级。

shang 床 〈名〉

shang lokdhe 撞落袋 喻车子撞在一起：侬勿要老酒吃饱，去～去！

shangqian/shang 'qian 撞腔 〈动〉寻衅：伊介坏，侬勿敢碰伊，我来脱伊～！

shao 嘲

shao 嘲 〈动〉嘲讽，开人玩笑：今朝阿拉又～伊了。｜侬勿要～我了，我蛮一本正经个。〈形〉很会嘲讽别人的，很风趣的：侬辩个人老～个。

shaojiji 嘲叽叽 〈形〉很喜欢很善于取笑嘲讽别人：侬勿要再～个，侬看伊面孔也红了！｜伊辩人～个，侬当心点！

shao nin 嘲人 嘲讽别人。

shaonin 嘲人 〈名〉很会嘲讽别人的人。

shao 膆 〈形〉胃酸多不舒服：心里～。◇《集韵》平声豪韵财劳切："膆，一曰腹鸣。"

shaodakdak 潮搭搭 〈形〉有点儿潮湿的样子。

shaofe 造反 〈形〉非常多（可重叠作"造造反反"）：辩条河里鱼～。｜花园里人造造反反。〈动〉采取反抗行动。

shaofedao 造反倒 许多人乱吵乱闹：先生一跑，教室里～了。

shaohhouqi 朝后去 以后：～我勿做生意了。

shaoshao 槽槽 〈名〉沟形的凹下去的地方：我还看见～里有一粒米。

shaoyhankak 朝阳格 〈名〉彩格布。

she 绽

she 绽 〈形〉饱满：辩眼毛豆老～个。

she 侪 〈副〉都，全：伊拉～是好学生。

shedhou 站头 〈名〉车站。

shecaopiao/she caopiao 赚钞票 挣钱。

shedhou 赚头 〈名〉①猪舌头。"舌"上海话中与"折"同音"shek"。②利润，赢利。

she ngakua 赚外快 赚常规收入之外的钱。

shefhang 栈房 〈名〉①[旧]旅馆。②[旧]货栈。

shefhongsywhu 裁缝司务 〈名〉缝纫工。

shegu 罪过 〈形〉①可怜：看伊全靠别人接济，老～个。②[旧]表示感谢：侬帮我做了一日，吃力煞侬，～，～！

sheguxian 罪过相 〈形〉造孽、可怜的模样:看伊一身衣裳破破烂烂~,我老同情伊个。|饭落辣地浪真~。

shelao 馋痨 〈形〉嘴馋:侬吃了又想吃,真~!

she(lao)pe 馋(痨)坯 〈名〉[詈]口馋者。

shetu(sy)涎唾(水) 〈名〉口水。

shek 十

shek 十 〈数〉

shekli yhanshan 十里洋场 〈名〉指旧上海租界区域。也泛指上海繁华地带。

sheknikbakyha 十日八夜 许多天,很长时间:我看着个苦头~也讲勿完。

sheksedi 十三点 〈名〉[詈]①做出痴傻、轻浮不入眼的举动或有此类举动的人。②说出痴傻、轻浮不中听的话或说这种话的人:侬看伊叽叽喳喳讲自家个风流史,~勿啦!

shekyikdi bakkek 十一点八刻 同"十三点",更诙谐。◇"八刻"为"两小时"。

shekyiklu dhico 十一路电车 喻步行。因两条腿形似阿拉伯数字"11"而得名。

shek 直 〈形〉

shekbhaklongdong 直拔弄通 形容笔直不能转弯:辫条弄堂~,头浪望得见底。|我讲话欢喜~,勿会兜圈子。

shekbhikbhik 直别别 〈形〉①挺直的样子:一根棒头~戳过来。②直截了当,不拐弯:伊讲起话来~个,从来勿照顾人家面子。

shektongku 直统裤 〈名〉裤管上下粗细差不多的裤子。

shekyaoleghue 直腰懒损 无精打采,身子东斜西靠的样子:坐正点,勿要~!

shek 折 〈动〉折断;拐:~脚(跛足)。|~脚~手难看煞。

shekben 折本 亏本。

shek 掷 〈动〉投,抛:~骰子。

shekbhikbhik 实别别 〈形〉包内、袋内等充实:袋袋里~摆了五千元。

shekdi 实底 〈名〉实际的底细:伊名气交关大,~老推扳个。

shekjik 实结 〈形〉东西结实、装满:地浪堆了实实结结。

shekjikjik 实结结 〈形〉充实饱满。

shekdhou 舌头 〈名〉

shekdhougounao 贼头狗脑 鬼鬼祟祟的模样:好好叫,勿要~!|侬看伊~个样子真难看,为啥勿光明正大一点?

shekqian 贼腔 〈形〉怪样子不堪入目;怪话不堪入耳;不三不四:侬辫个人真~。|侬看伊做出来个事体真~。

shekguangden 日光灯 〈名〉

shektakxixi 贼塌嘻嘻 嬉皮笑脸。

sheknoe 侄囡 〈名〉侄女。

shekzy 侄子 〈名〉

shen 盛

shen 盛 〈动〉放入容器:~汤。|~粥。|~水。

shen 沉 〈动〉

shen caopiao 存钞票 存钱。

shengen 存根 〈名〉

shenkuoe 存款 〈名〉

shendang 顺当 〈形〉顺利,稳当:车子开了顺顺当当。

shendhong 神童 〈名〉神经病儿童(戏谑语):跟伊瓣种~辣辣一道,够受了!

shenhundidao 神昏颠倒 神志恍惚,不分昼夜,形容入了迷:自从伊轧着瓣个女朋友,真有点~了。

shenjin 神经 〈名〉神经病:瓣个人有点~。〈形〉精神失常的样子:介许多年过去了,侬还是介~。|伊老~个!〈动〉发神经病:侬勿要~。|伊弄弄就要~起来。

shenjinbhin 神经病 〈名〉①精神病。②[詈]人行为或语言如同精神病患者。③有时虚指,代"不理睬你"一语,用于女子对男子挑逗行为的斥责,常带善意。

shenqi 神气 〈形〉①有精神。②骄傲的样子:侬~来死做啥?

shenqiwhekyhi 神气活现 趾高气扬,不可一世:侬勿要看伊~,戳穿了也只不过是只纸老虎。

shenyaojugua 神妖鬼怪 ①〈名〉鬼神:一间破房子里侪是~。②装出鬼样子:侬勿要~,吓煞人。

shenyhanyhan 神烊烊 〈形〉舒坦、迷迷糊糊、陶醉的样子:我脱小图搔痒,瓣个小图~个。

shenzywhuzy 神志无主 头脑糊涂,不清醒;做事说话糊里糊涂,不上心,不加思考。

shendhoufong 阵头风 〈名〉阵风。

shendhouyhu 阵头雨 〈名〉阵雨。

shenfonglian 乘风凉 乘凉。

shenguang 辰光 〈名〉时间;时候。

shenjikde 成绩单 〈名〉

shenminbhi 人民币 〈名〉

shenshaomi 人造棉 〈名〉

shensy 纯水 〈名〉

shenzek 橙汁 〈名〉

shen(zy) 绳(子) 〈名〉绳子。

shik 拾

shik bhigakzy 拾皮夹子 喻意外地得到好处,得到小便宜:侬勿要异想天开,老是想~。

sho 茶

sho 茶 〈名〉①用茶叶泡的茶。②白开水:拨我吃杯~。③含开水的饮料:茶叶~。|大麦~。|菊花~。|咖啡~。|姜~。|吃杯~。

shobe 茶杯 〈名〉主要用于喝茶的杯子。

shocoetin 茶餐厅 〈名〉喝茶、饮料配以小餐的食店。

shoji 茶几 〈名〉用于喝茶时放茶具的小桌子。一般较矮,适于置沙发前。

shoyhikdhe 茶叶蛋 〈名〉用茶叶、茴

香、酱油等作料煮熟的鸡蛋。

shoe 缠

shoe 缠 〈动〉纠缠:依真~勿清爽。
shoefhekqin 缠勿清 ①纠缠不休:我归我,依归依,勿要来~! ②搞不清。多指因愚笨或事情头绪多而成:依脱伊讲辩种难事体,头绪又多,伊是~个。
shoe 船 〈名〉
shoedhao 隧道 〈名〉
shoedhou 蚕豆 〈名〉
shoesy 鳝丝 〈名〉烫熟后划成条状的鳝鱼。
shoewhu 随和 〈形〉和气,不固执己见。

shok 凿

shok 凿 〈动〉
shok ngezy 凿眼子 凿洞。
shok 熟 〈形〉①果实等长成。②食物加热到可食的程度。③加工制造或炼过。④精通而有经验。⑤程度深。⑥因常见或常用而知道得清楚。⑦纸经揉擦发生皱折、磨毛:纸头翻~脱。
shokmenshoklu 熟门熟路 ①得心应手:做辩种能个生活我是~个。②门路十分熟悉:我到伊屋里去,已经是~了。
shoknin 熟人 〈名〉
shokpaomi 熟泡面 〈名〉方便面,快餐面。

shoksou 熟手 〈名〉熟悉某项工作的人。
shok 謷 〈动〉奚落:我要寻两句言话来~~伊。◇《集韵》入声铎韵疙各切:"謷,詈也。"
shok 戳 〈动〉戳:再~过去一针就缝好。◇《广韵》入声觉韵直角切:"戳,筑也,舂也。"
shok yhak 赎药 抓药(指按药方买中药)。
shoknik 昨日 〈名〉
shokti 昨天 〈名〉

shong 重

shong 重 〈形〉
shongdenden 重墩墩 〈形〉份量重。
shongyhianjik 重阳节 〈名〉
shongxhidhou 从前头 〈名〉从前:~我勿住辣辩搭。|伊拉屋里~是开木行个。也说"老底子"。

shou 寿

shou 寿 〈形〉傻,老实而愚蠢。
shoube 寿斑 〈名〉老人皮肤上出现的褐色的斑。常指脸上的。
shoudakdak 寿搭搭 〈形〉不聪明或不为己打算的,傻乎乎的。
shoudhou 寿头 〈名〉傻瓜。
shoudhoubeqi 寿头板气 傻里傻气,不灵活。
shoudhoumozy 寿头码子 〈名〉[詈]迟钝、不精明、易上当受骗的人。

shoudhoushounao 寿头寿脑 〈形〉傻里傻气。

shou 挦 〈动〉顺理；用手收聚进：~井绳。|~鹞线。|~藤摸瓜。◇《集韵》平声尤韵字秋切："挦，捊聚也。"

shoudhenmok 'go 挦藤摸瓜 顺藤摸瓜，喻沿着线索调查研究，追究根底：抓到线索，~，捉着一窠流氓。

shou 稑 〈动〉积聚：钞票一眼眼~起来买房子。|~一桶水。◇《集韵》上声有韵士九切："稑，捊聚也。"

shoudhoe 绸缎 〈名〉

shu 坐

shu 坐 〈动〉

shubecang 坐板疮 〈名〉因久坐而生的褥疮。

shu dhenzong 坐臀中 没防备地突然一屁股坐在某处而受痛：我脚一滑，坐了一个臀中。

shudhongco 助动车 〈名〉

shu lanbeden 坐冷板凳 受冷遇：今朝伊拨我~，下趟啥人高兴再去看伊。

shu 'qiaoqiaobe 坐跷跷板 左右摇摆不定：两个人侪要告我好，我~了。

shunoe shao bok 坐南朝北 脸向北端坐：伊像一尊菩萨，~。

shy 是

shy 是 〈助〉提顿话题：痛~痛歇过个，吭没现在介厉害。|要等伊踢完~，有一歇辣海咪!

shyfha 是哦 〈助〉①提顿话题：现在上海年轻人结婚~，新习俗脱旧俗相结合，各取所长。②像问听者是不是，实际并不问：伊拉爷娘~，老宠伊个。

shy mozy 是模子 是个人物；有魄力：依一人做事一人当，~!

shy 竖 〈动〉使物体跟地面垂直。〈形〉垂直。

shyqindhin/shyxindhin 竖蜻蜓 倒立。

shy 住 〈动〉

shybheco 自备车 〈名〉私家车。

shygayhou 自驾游 自己开车旅行。

shylehu 自来火 〈名〉火柴。

shylesy 自来水 〈名〉

shysekshyhho 自说自话 ①自言自语：伊一家头辣辣~。②未经他人同意自作主张：伊哪能~就开了我个车子跑脱了，弄得我去借了部脚踏车踏仔到人民广场。

shycang 痔疮 〈名〉

shydao 迟到 〈动〉

shyfhangge 厨房间 〈名〉

shysy 厨师 〈名〉

shyfhouco 磁浮车 〈名〉磁悬浮列车。

shyjhi 时件 〈名〉鸡、鸭内脏中做菜的肝、心、肫、肠的合称。◇有"四件"的说法。

shymao 时髦 〈形〉

shyxin 时兴 〈形〉时髦。

shyxi 时鲜 〈形〉刚上市的，新鲜的：

买眼~小菜吃吃。|小菜要吃~货。

shyng 鲥鱼 〈名〉一种有名的海鱼,脂肪厚,味美。

shyka 磁卡 〈名〉

shykou 市口 〈名〉①开店做生意的地段。②热闹之处。往往是十字路口,店摊设满:寻只好一眼个~开爿店,做点小生意,也是一条出路。

shylin(le) bu 士林(蓝)布 〈名〉[旧]用阴丹士林蓝染的布。◇德语 Indanthren 的音译。

shytekzy 除脱仔 〈连〉除了:~专业以外,侬还有啥个爱好哦?

shyti 事体 〈名〉事情。

shywhu 乳腐 〈名〉豆腐乳。

shyzoe 瓷砖 〈名〉瓷制的砖片,多用于装饰墙壁、地面。

shyzylou 字纸篓 〈名〉放废纸的小篓。

so 砂

'so 砂 〈动〉用砂皮、砂轮等有砂的东西擦物:用砂皮~一~。

'sobin 沙冰 〈名〉一种冷饮。刨制成像沙粒的冰粉。

'sodhang 沙糖 〈名〉

'sodinng 沙丁鱼 〈名〉一种小鱼。常被紧密排列在一起做成鱼罐头。常比喻拥挤、透不过气:车厢里个人,轧得像~罐头一样。◇沙丁,英语 sardine 的音译。

'sofak 沙发 〈名〉◇英语 sofa 的音译。

'soha 沙蟹 〈名〉扑克牌的一种打法。◇英语 show hand 的音译。

'socang 纱窗 〈名〉为防蚊虫而在窗门上用金属或塑料丝织制的网状如纱布的副窗。

sodek 舍得 〈动〉肯,愿意:辖眼技术,侬~拿出来为大家服务?

'somnian 舍姆娘 〈名〉产妇。

soe 酸

'soe 酸 〈形〉

'soejiji 酸几几 〈形〉酸酸的。

'soelaktang 酸辣汤 〈名〉一种有酸味和辣味的菜汤。

soe xiaosoezy 扇小扇子 从背后替人出坏点子。

soezy 扇子 〈名〉

soeji 算计 〈动〉①考虑,打算:今朝办勿办辖桩事体,还要~~。②暗中谋划损害别人:伊当面是好好先生,背后又辣~人家。〈名〉打算,计划:做事体要预先有个~。

sok 缩

sok 缩 〈形〉胆小,退缩:侬辖个人就是呒没出息,关键时刻末冲上去呀,~啥~啦。

sok sy 缩水 ①衣服放在水里洗了以后缩小缩短了。②从股票贬值义扩大引申到任何东西贬值:辖点蹩脚楼盘房价侪辣~。

sokdhouwuju 缩头乌龟 〈名〉[詈]遇事退缩者。

sokhu 缩货 〈名〉[詈]胆小、遇事退缩的人。

sokzekse 缩折伞 〈名〉

sok 嗍 〈动〉吮,吸:小毛头~奶头。|~螺蛳肉。|面条一~,~进嘴里。◇《集韵》入声觉韵色角切:"嗍,《说文》,吮也。"

sok 甑 〈动〉用楔儿等固定之物散松了;器物散破:竹椅子全部~脱。◇《集韵》入声合韵合悉切:"甑,器破。"

sokliaodhe 塑料袋 〈名〉用塑料做的袋子。

soknoe 淑男 〈名〉斯文温柔的青年男子:勿好了,~告辣妹辣海打 kiss 了!|~应该配啥呢?辣妹哦!

soksok dou 索索抖 〈形〉抖得很厉害。

sokxin 索性 〈副〉干脆:我自己来做,~勿要依帮忙了。

song 松

'song 松 〈形〉

'songhao 松糕 〈名〉一种米粉糕。一般是圆形,直径可近一尺,糕中放豆沙、赤豆等,面上嵌有枣子、胡桃、蜜饯等。

'songkokkok 松皷皷 〈形〉松脆、松而欲碎裂的状态。◇皷,东西干后中间凸起。《广韵》入声觉韵苦角切:"皷,皮干。"

'song 摏 〈动〉用拳击:~我一拳。◇《广韵》平声锺韵书容切:"摏,撞也。"

sou 馊

'sou 馊 〈形〉

sou 瘦 〈形〉

souguakguak 瘦刮刮 〈形〉身体消瘦无肉的样子:舜只狗~个。

sou 手 〈名〉

soubiao 手表 〈名〉

soubibo 手臂巴 〈名〉手臂。

soudhidhong 手电筒 〈名〉手电。又称电筒 dhidhong。

soudhou jin 手头紧 ①经济拮据。②抓得紧,不放松:做事体手头试紧,往往勿容易办好。

soudixin 手底心 〈名〉手心。

soujikdhou 手节头 〈名〉手指。

soujikkak 手节掐 〈名〉手指甲。

soujin 手巾 〈名〉[旧]毛巾。

souji 手机 〈名〉

soujishu 手机座 〈名〉放手机的底座。

souli 手链 〈名〉

souninin 手艺人 〈名〉

soushok 手镯 〈名〉

soutao 手套 〈名〉

souteco 手推车 〈名〉依靠手推的购物车。

sou tang 手烫 手气好:我今朝打牌

~,来运道了。

'sou guekdhou 收骨头　对人开始严加管束,不得松垮:开学了,大家要~了!

'sou whenlindhou 收魂灵头　收心:侬勿要老是野辣外面了,可以收~了。

'sou bhoe 收盘　交易市场中报告最后一次行情。

'souju 收据　〈名〉

'soulokji 收录机　〈名〉收音和录音兼备的机器。

'souyinji 收音机　〈名〉

'souzok 收捉　〈动〉①整理:快点拿房间~~。②整治;收拾:长远勿~侬了,骨头又轻了。

su 酥

'su 酥　〈形〉松而易碎。

'su 蔌　〈形〉食物已煮烂。◇《集韵》平声模韵孙租切:"蔌,烂也。"

suji 素鸡　一种用百叶做成的豆制品,形容鲜味如鸡肉。

sushan 素肠　〈名〉一种以大豆蛋白做成的仿肉肠。

suxhin 素净　〈形〉①颜色朴素,以淡色为主:伊衣着向来~。②食物清淡:肚皮勿好,吃得~点。

suza 素斋　〈名〉庙中做佛事时吃的净素饭菜。

'sudanbingoe 梳打饼干　〈名〉一种加以苏打粉的带咸味的饼干。◇梳打,英语 soda 的音译。

'suzangdhe 梳妆台　〈名〉梳妆打扮用的家具,通常置有一面大镜子。

'suzouwhu 苏州河　〈名〉由西往东流经上海繁华地区的黄浦江支流。又名"吴淞江"。

sy 书

'sy 书　〈名〉

'sydhokdhou 书喥头　〈名〉书呆子。

'syfhang 书房　〈名〉

'syshy 书橱　〈名〉书柜。

'sy 尿　〈名〉小便。

'sybu 尿布　〈名〉尿片。

'syzydhou 狮子头　〈名〉大的肉丸。

sy 四　〈数〉

syfang whedhe 四方会谈　打牌(戏谑语):明朝夜到到侬屋里~。

syjidhou 四季豆　〈名〉菜豆。

sylin hhnglin bhudhe 四零五零部队　〈名〉指40岁至50岁之间的下岗在家人员。

syyhouxinnin 四有新人　有车、有房、有钱、有貌的未婚男人:侬是要寻个~出嫁是哦?

'sybekyhi/'sybek yhi 输拨伊　拿他没奈何。对某人行为或想法不理解或受不了时说此话:伊就是前讲后忘记,哪能教育也没用场,我也真~了。

sybik 水笔　〈名〉①[旧]用铜笔套套着、平时墨水不干的笔。②内置能自动流下墨水的笔。

sy(cak)dhou 水(赤)痘　〈名〉水痘。

sydhang(dhang) 水荡(荡)　〈名〉积

水处;水坑:厕所间边浪向只~,当心勿要踏进去!

sygu 水果 〈名〉

sygudhang 水果糖 〈名〉有水果香味的用糖果纸包的小块糖。也泛指各种用糖果纸包的小块糖,包括奶糖、果仁糖等。

syjhiaodhou 水桥头 〈名〉为用河水而架起的一头搭在岸边一头伸入河中的长板或石阶称为"水桥"。小河边拾台阶下邻水处,用于洗东西的地方称"水桥头":伊大概辣~汏衣裳。

syjhin 水芹 〈名〉芹菜的一种。茎细长,叶生顶部,生长在浅水中。

syjiao 水饺 〈名〉饺子。

sylinlin 水灵灵 〈形〉如水珠一样闪闪的样子。

sylindakdi 水淋溚渧 湿得滴水:呒没带洋伞,衣裳弄得~。

sylokgoezy 水落管子 〈名〉①屋檐下的排水管。②喻指输卵管。

sylok 水绿 〈形〉如水一样的绿色。

sylongdhou 水龙头 〈名〉

symentin 水门汀 〈名〉经加水和黄沙伴和干燥坚硬后的水泥板。◇英语cement 的音译。

symijin 水面筋 〈名〉一种水中煮成的面粉制品。

symikdhao 水蜜桃 〈名〉一种优良的桃子品种。汁多味甜,原产于无锡。

sypao(pao) 水泡(泡) 〈名〉水泡儿。

sypudhe 水潽蛋 〈名〉将鸡蛋打入沸水中不加搅拌地煮熟,加盐或糖吃。

sysen 水笋 〈名〉水发的干毛笋。

'syzy bhukekou 狮子大开口 ①说大话,口气大:伊讲讲又要~,实际一眼也呒没做出来!②要求高,胃口大:伊真是~,一上来就要贷款一千万!

sybiklinsu 司必灵锁 〈名〉弹簧锁。◇司必灵,英语 spring 的音译。

'sydikek 司的克 〈名〉手杖。◇英语 stick 的音译。

'syji 司机 〈名〉

'syfhu 师傅 〈名〉①对各行各业中有专长者的一般尊称:皮鞋~,大菜~,剃头~。②对被拜师者的尊称。③对一般不相识者的尊称。◇也写作"司务"或"师父"。

'symu 师母 〈名〉①称老师的夫人。②称老师傅的夫人。③称知识阶层家的女主人。

'syfhangdhongdhi 私房铜钿 〈名〉私房钱;家庭里的某个成员个人私自储存的钱。

'sygo 丝瓜 〈名〉

syguangmi 丝光绵 〈名〉表面光闪的全棉布料。

'syzok(gasan) 丝竹(家生) 〈名〉琴、瑟、箫、笛等江南民乐乐器。◇"丝"指弦乐器,"竹"指管乐器。

'syjigongyhuoe 世纪公园 〈名〉

'syxhi 舒齐 〈形〉妥帖不迫促:勿要急,阿拉随便啥个事体俫可以谈~个嘛。|生活安排得舒舒齐齐。

T

ta 拖

'ta 拖 〈动〉①挂：～鼻涕｜鞋带～辣地浪。②[俚]暗地里放入：多收了脟眼钞票末侪～到自介袋袋里向去！◇"拖"，一般读 'tu，'ta 是古音读法。

'tabhikti/ 'ta bhakti/ 'tubhikti/ 'tu bhekti 拖鼻涕 鼻涕流到嘴唇上。

tafidhang 太妃糖 〈名〉一种奶糖。◇太妃，英语 toffee 的音译。

tase 泰山 〈形〉心中安定、踏实不慌；勿要急，泰泰山山好了。又见"笃定泰山"。〈名〉岳父的另一种称呼。

'tata 太太 〈名〉妻子。

tayhan 太阳 〈名〉

tayhandhouli 太阳头里 太阳底下。

tak 揌

tak 揌 〈动〉①抹、涂：～粉。｜墙壁浪向勿要瞎～一泡。②拓土：～花。◇《集韵》入声合韵讬合切："揌，冒也，一曰摹也。"

takbhi 揌鏖 〈动〉两相抵消：侬捆了我两记，我踢了侬两脚，阿拉两个人已经～了。

takbhi 揌皮 〈形〉淘气的，捣蛋的，不可信的，无赖的：勮个人做事体交关～，大家勿要上伊个当。〈名〉无赖；流氓；淘气鬼；捣蛋鬼；不可信的人。

takbin 餷饼 〈名〉单用面粉做的一种较硬的饼。咸餷饼，加猪油等煠出；甜餷饼，内含甜馅的餷饼。

tak bhini 揌便宜 ①占到便宜，讨便宜：买物事伊顶欢喜～。｜侬要别人叫侬爸爸，老是揌人家便宜勿好个。②侮辱他人（常指轻佻地打人或抚摸女性身上某些地方）。

taktakpu/taktak 'pu 塔塔潽 〈形〉①满得都溢出来了：一碗汤盛得～。②东西、人挤满：一碗菜盛得～。｜勮个剧场里个人～。③肥胖的样子：侬看伊面孔浪个肉已经～了。

takco 榻车 〈名〉[旧]装载器物的人力推车。

takkuce 塔棵菜 〈名〉塔菜。◇又写作"塌窠菜"。

tang 烫

tang 烫 〈动〉用温度较高的物体使较低的温度升高或发生变化：～酒。｜～头发。｜～衣裳。〈形〉温度很高。

tang bhin/tangbhin 烫平 〈动〉彻底摆平，使无法作梗：勮点搞勿清爽个矛盾，请我去可以脱伊拉～。

tang dhoufak 烫头发 烫发。

**'tang ** 〈动〉①用手推止：拳头过来也要～脱。②遮盖：勮两个字拨我用手～牢仔，勿拨伊看。｜侬拿我光线～

脱了。◇《字汇》他郎切："撜,以手推止也。"

'tangbe 撜板 〈名〉挡板。

'tangfheklao 撜勿牢 ①挡不住：一只球削过来,实在~。②受不了：伊箇种吃相,~！

'tang 'fong 撜风 将风挡住。

'tangbao 汤包 〈名〉用蒸笼蒸的、内含较多汤水的小型包子。

'tangbhuzy 汤婆子 〈名〉内灌热水的取暖器,扁圆形,一般放在被窝内暖脚。

'tangdhoe 汤团 〈名〉内含豆沙、芝麻或肉馅的糯米团,放在滚水里煮熟后吃。

'tangdhou 汤头 〈名〉①中药的药汁。②有时泛称配好的煎汤成药：~歌诀。

'tangsexi 汤三鲜 〈名〉用"三鲜"和包心菜煮成的汤。"三鲜"多指肉皮、鸡块、鱼块。

'tangshok 汤勺 〈名〉舀汤或作料用的勺子。

'tangsy 汤水 〈名〉菜汤。

'tangyhak 汤药 〈名〉煎汤喝的中药。

tao 讨

tao 讨 〈动〉①(向人)要：我要问侬~两张信纸。②娶：~老婆。

taobezan 讨扳账 因买了次货、以次充好的货、价钱不公道的货,而向商贩讨还已付的钱：伊算得勿对,我去~！

taodan/tao dan 讨打 自己找打：我会识识相相,勿会去~。

tao (hhe) hho 讨(言)话 要得到答复：我已经拿阿拉个意见告诉伊了,现在侬去讨句言话来。

taodhou 套头 〈名〉①成套的：书一~一买。②老一套：写写,侬~又来了。

tao koufong 讨口风 探口气：大家嘴巴紧点,勿要拨人家讨口风。

taoga/tao ga 讨价 要价。

tao koufong 套口风 套出对方的话来：我勿晓得伊心里到底啥个意思,一定要套出伊个口风。

tao kouqi 讨口气 探口风。

taolao 套牢 〈动〉①股票买进后股价下跌,抛不出去：我买只股票,~了,真晦气！②喻被不如意的婚姻等羁绊住：我勿当心寻了个垃圾股,结婚以后原形毕露,现在苦了,~了！③陷入爱河不能自拔：我自家拨自家个感情~,再也拨勿出来了。④泛指被长期牵制、束缚住：我现在是拨我个小孙子~,天天上学要我接送。⑤打住：好了,阿拉侪听厌了,好~了。

tao laobhu 讨老婆 娶老婆。

tao niao/taoniao 讨饶 〈动〉求饶。

taoqiao/tao 'qiao 讨俏 〈形〉受人喜欢,使人满意：箇个姑娘会待人,真~！

taoqiao 讨巧 〈动〉迎合时尚或人们的喜好：伊会~,所以大家欢喜伊。

taoshayi 讨惹厌 惹人讨厌：我末，去做自己个事体了，免得立辣此地～。

tao soujiak 讨手脚 给人添麻烦：箇个小囡真勿乖，常常会讨爷娘个手脚。

taoge 套间 〈名〉①小公寓房子；提供整套的住房。②两三间相连的屋子中的一间，没有直通外面的门。

taose 套衫 〈名〉胸前无纽扣，贯头而穿的针织上衣。

te 摊

'te 摊 〈动〉铺平：摊床。◇《集韵》寒韵他亡切："摊，手布也。"

'te shang 摊床 整理床铺。

'te bhidhou 摊被头 铺平被子或折叠被子。

'te bin 摊饼 把米面粉调成糊状在锅里摵成薄饼。

'tefe 摊贩 〈名〉在路边摆摊子卖货的小生意人。

'te 推 〈动〉由外往里送进：～进嘴里吃。◇《集韵》灰韵通回切："推，进也。"

tebe 推扳 〈动〉相差：～一眼眼。〈形〉差劲：生活做得～得勿要话起。

'tebehu 推扳货 〈名〉①质量差的货物。②比喻品质差或胆小、能力差的人：伊箇个～，大家勿要当仔伊本事大来死。

'tedhou 推头 〈名〉推托的借口：我明朝勿高兴去，要寻个～。〈动〉找借口：我～身体勿好，勿去听报告了。| 勿想去介入了，我一～就跑路！

'tewe 推为 〈形〉差：箇个人～哦？〈动〉相差：还～一寸。

'texiaoyhuoe 推销员 〈名〉

tecong 坍惷 〈形〉难为情（一般形容小孩）。◇惷，《广韵》去声用韵丑用切："惷，愚也。"又写作"坍宠"。

'te dhe 坍台 〈形〉出丑，丢脸：依介大个人做出箇种小儿科事体来，～哦！

'tewhang 滩簧 〈名〉江南各地20世纪20年代初期在上海演出的地方小戏，有"苏（苏州）滩""申（上海）滩""甬（宁波）滩""无锡弹簧"。

tehubhen 炭火盆 〈名〉烧炭块用的盆。又称"火盆 hubben"。

teqi 坦气 〈形〉大方不计较；坦和：依～点，让伊两步。

tewhu 坦和 〈形〉坦然和气；平和：箇个人处事勿是猴极来死，交关～。

tezaosy 退招势 丢脸：依啥个也答勿出，真～！

tezy 瘫子 〈名〉瘫痪者。

tek 脱

tek 脱 〈介〉和，跟：我～依一道到北京去。〈连〉和，跟：依～伊明朝一定要交作业了。◇"脱"自"替"虚化而来，"脱"为俗字。或用"得 dek"。"得"自"对"虚化而来。"得"也写作"搭"，但与老派上海语音稍异。

tekbhaji 脱排机 〈名〉

tekdhoulokpe 脱头落襻 说话做事丢

三落四；器物损坏不完整：做事体勿要~，当心一眼！

tekdi 脱底 〈形〉不留余地，不留后路：辩记伊做得老~个，哦没办法挽回了。|伊是~棺材。

tek gha 脱骱 〈动〉脱臼。

tekjiak 脱脚 失足：立得稳些，当心一~，跌进山沟沟里去。

tekkong/tek'kong 脱空 〈动〉落空：想个脱离实际，结果完全~。

tekkuzy/tak'kuzy 脱裤子

tek lik 脱力 完全失去力气：今朝生活做得~了。

tekqu(bhao) 脱趋(包) 乒乓的擦边球。◇英语 touch ball 的音译。

tekxi 脱线 〈动〉不正常：小张今朝讲言话做事体有点~了。

tekzy 脱仔 〈介〉和，跟：我今朝~小张打了半个钟头电话。〈连〉和，跟：伊勿拿情况告诉我~依两个人。◇又作"得仔"。

tek 忒 〈副〉太：车子踏得~慢了。|迭个地方~龌龊。

ten 吞

'ten 吞 〈动〉

'tendhousy 吞头势 〈名〉模样，面色，架势(含贬义)：看伊辩副~，我真也勿会帮伊忙。|辩个人争问题辰光个~真难看。◇英语 tendency 的音译。

ten 汆 〈动〉①漂浮在油中炸：~油条。|~花生米。②漂浮：人~辣水面浪。③水波荡漾：河水一发~发。

tengangfhousy 汆江浮尸 〈名〉[詈]浮在水面上的尸体。

ti 舔

ti 舔 〈动〉用舌头接触摄取东西：拿盆子~干净。

ti 拣 〈动〉①延火：油灯要~火了。②蘸墨：~笔。|毛笔要~墨了。

'tidhi lianxin 天地良心 一片真心不被理解，有口难言：我侪为仔侬好，依还要怪我害侬，真是~！

'tihao/'ti hao 天好 天气晴朗。

'tihobe 天花板 〈名〉

'tijin 天井 〈名〉房屋中间的小院子。

'ti lan 天冷 ①天气寒冷。②天凉。

'tiliankua 天亮快 近天亮时：假期里一帮子人白相到~。

'ti nik 天热 天气炎热。

'tiqikxin 天吃星 〈名〉①很会吃的人：老五是个~，啥地方有饭局伊就朝啥地方钻。②食量很大的人。

'tixiaodek 天晓得 天知道，表示难以理解或无法分辨：人老大，还介馋，真是~。|侬看我哪能可能会做辩能个事体，真是~。

'tizyjiaodhang 天主教堂 〈名〉

'ti yin 天瀴 天气寒凉。多指在秋天的早晚时给人的寒凉感觉。◇瀴，《集韵》去声映韵于孟切："瀴，冷也。"

ti dhou/tidhou 剃头 理发。

tigak jisho 体格检查 检查身体。

'ti mofhe 添麻烦

'tinong mofhe 添侬麻烦 给你添麻烦。

'ti soujiak 添手脚 添麻烦:侬脱我旁边陷陷,勿要凑上去~。

'tita 添拖 〈形〉①面部肮脏,衣发散乱:孵个小囡衣裳着得交关~。②不干净;不整齐:灶间里摊了真是添添拖拖。③拖泥带水:套鞋勿要穿进来,~,侪是龌龊。|做事体~,一眼也勿爽气。◇"拖"读"ta"时,保留了汉语古音。

'tixuik T恤 〈名〉

tiao 跳

'tiao 挑 〈动〉给人轻易可得的好处:~~侬,让侬吃点甜头。

'tiao dhoulu 挑头路 梳头时把头发向两边分开。

'tiaoshoe 挑染 一种时尚的染发方式。将一缕缕头发挑起染成夹杂的棕色、黄色等。

tiao 跳 ①醒目;突出;与众不同。常用于衣饰:侬看伊个领带好~哦!②做人张扬个性,夸张出位:小张言话常常忒~。③莽撞嚣张,有挑衅意味:侬勿要看伊辩能~,其实是勿堪一击个。

tiaoban/tiao 'ban 跳浜 ①跳过小河。②跳过一段做:绒线~结。

tiao shao 跳槽

tiao shen 跳绳

tiao sy 跳水 大幅降价;也泛指大幅跌落。

tiao whangpu 跳黄浦 原指投黄浦江自杀,后泛指投河:再横吵竖闹,我恨起来就要~了。

tiao whu 跳舞 〈动〉

tiao xianbhijin 跳橡皮筋

tik 贴

tikbu 贴补 〈动〉补贴。

tikgakbik 贴隔壁 〈名〉隔壁,只一道墙之隔:从前阿拉两家人家就住辣~。

tik 'gaoyhak 贴膏药 把药膏片贴在患处。◇又称"贴药膏 tik yhakgao"。

tik niok/tikniok 贴肉 〈形〉十分亲热;十分宠爱。

tikjhin 贴近 〈形〉靠得很近:我住辣伊~个地方。|~牌楼个地方有一家人家。

tikjiak(xi) 贴脚(线) 〈名〉墙壁贴近地板的四周木板,用以保护墙脚。

tikqiao 贴巧 〈副〉完全正好。

tikzen 贴准 〈副〉①正好,恰巧:~是侬嘛,阿拉可以好好谈谈了。②完全:~照侬个话做。

tik jizy 踢毽子

tikliktaklak 踢力沓蜡 〈拟〉走路时拖鞋在地上发出的声音。

tik zokqiu 踢足球

tikgongji 铁公鸡 〈名〉一毛不拔。喻指吝啬的人。

tikhue 铁灰 〈形〉如铁屑一样的灰色。

tikxiuhhong 铁锈红 〈形〉如铁锈一样的红色,近乎棕色。

tin 听

'tin 听 〈量〉一种罐筒,一个称"一听"◇英语 tin 的音译。

'tinbikjiak/'tin bikjiak 听壁脚 在墙壁跟前或隔墙偷听对方谈话,引申为躲着偷听:讲话声音轻点,当心别人~。

'tin 'cangpi 听唱片

'tindhou 听头 〈名〉装水果、食品等的铁罐,多用马口铁制成。

'tin gang 听讲 据说,被称为"插入语",放在句子前,使那回事似是似非:~,庙会已经开始了。

'tin whujhik 听沪剧

tin 挺 〈动〉剩,余,留:侬吃饭勿要~饭碗头。|辫眼生活~下来拨侬做。|勿要俏送完,~两只下来我要个。

tinshan 挺剩 〈动〉留剩:侬~下来交关饭拨啥人吃?

tinxi 挺死 没法硬撑,只好等死:癌已经转移,只好~。

tinzan 挺张 付钱:今朝辫顿饭,我~。◇又写作"挺账"。

tinguak 挺括 〈形〉①衣服、布料、纸张等硬直平整:辫件衣裳~来。②好,经得起检查,没有缺点:依办个事体办得交关~。

toe 蜕

toe 蜕 〈动〉松、掉:裤子~下来,要束束紧。|~戒指。

toe 撺 〈动〉把挂在钩上或装戴好的东西取下:~篮头。|~帽子。◇撺,《广韵》去声勘韵他绀切:"撺,深取。"

toe 煺 〈动〉宰杀家禽畜后,用开水烫后去毛:~鸭。|~毛。

'toexin qik bhakzok 贪心吃白粥 讽刺贪心而无所得:能够得几化就几化,勿要~。

tok 托

tok 托 〈动〉①以手掌或其他东西向上承受物体。②陪衬。③委托,寄托。④推托。⑤依赖:~福。⑥加上一层:~袜底。|~字画。

tong 痛

tong 痛 〈形〉①痛。②疼。

tong 捅 〈动〉平移:两只台子要~到窗口头去。◇捅,《广韵》上声董韵他孔切:"捅,进前也,引也。"

tong 裗 〈名〉鞋、裤、袜的管儿。◇裗,《集韵》上声董韵吒孔切:"裗,衣短袖。"又作"统"。

tonghu 统货 〈名〉不分等级、不让挑选的货物:辫眼橘子是~,勿好拣个,要买就买,勿买拉倒。

'tong luzy 通路子 打通关节,走后门:帮帮我忙,请侬通通路子好哦?

tou 敨

tou 敨 〈动〉①展开：一张报纸~开来了。②振,抖搂：拿被头~~清爽。◇敨,《集韵》上声有韵他口切："敨,展也。"

tou 趚 〈形〉①步高不稳重：走路勿要~发~发……②年轻人不踏实,赶时髦和出风头：㾣个小青年打扮得~来。

'toubhoe(zy) 偷迖(子) 偷偷地；暗地里：阿拉做事体光明正大,用勿着~做。

tu 拖

'tu dhang/'tudhang 拖堂 〈动〉老师延长上课时间：㾣个老师上课专门~。

'tu dhibe 拖地板

'tu hhabhi 拖鞋皮 〈动〉用脚踩着鞋后帮走路：拿鞋子穿穿好,勿要~,鞋子要坏脱个。

'tuhha 拖鞋 〈名〉

'tunidasy 拖泥带水 ①物体上、身体上等带着污水,湿淋淋的水：田里向刚刚出来,一身~。②比喻做事不干脆利索或说话、写文章不简洁：一点是一点,勿要~个,讲了交交关关。

'tuxibe 拖线板 〈名〉电器插座板,有一根较长的电线连到插头上。

'tusy 土司 〈名〉面包片上抹一层肉糜,然后油炸而成的面饼。◇英语 toast 的音译。

'tuzyden 兔子灯 〈名〉元宵节小孩玩的兔子形的纸花灯。

V

vek 勿

vekcenong 勿睬侬　不理你：侬去双脚跳好了,阿拉~!

vakcenxin 勿称心　不满意。

vekdekfhekshoe 勿得勿然　只得这样,不得不如此：我硬劲要伊做,伊也就~,只好做。|伊今朝沦落到辯个地步,也是~。

vekhaosoesa 勿好算啥　不算什么。

vekhaoyisy 勿好意思

vekliqi 勿连牵　①不连贯：言话也讲~。②不像样：侬辯眼生活做~,脱我好好叫学学伊!③不成,没办法：我饭也吃~,哪能讨家主婆法子?

vekngesa 勿碍啥　没关系。

veknifhekse 勿二勿三　不正经：讲话~,当心吃耳光!

veksangqi 勿爽气　①吞吞吐吐的：伊讲言话老是~。②不干脆：伊做事体一眼也~。③吝啬,不大方：问伊讨点物事,伊一点也~。

veksefheksy 勿三勿四　不伦不类,不正派,不规范：我勿情愿脱辯排里~个人来往。|写字写得~。

vekshakfheklok 勿着勿落　①言语举动不合适,没分寸：小人就是会没大没小,~。②事情尚未完成的状态：迭桩事体做得~,倒叫我哪能办法子?③形容人做事虎头蛇尾：事体交拨伊做一向是~,实在是勿放心。

vakshekdhiao 勿入调　行动或说话庸俗低级：辯个人正经事体勿做,弄弄就要~。

veksekdhou 勿识头　①倒霉;晦气：我~,拨伊敲竹杠敲脱十块洋钿。②不知好歹：辯个人真~,帮伊也呒没用。③出气：丈夫外头混得勿好,回来拿我~。

veksekyi 勿适意　①不舒服：我看侬辯能个姿势坐辣海老~个。②身体有病：昨日我受着点风寒,今朝~,勿去上班了。

vekyaojin 勿要紧　没关系。

vekzoksu 勿作数　不算数。

vekzokxin 勿作兴　不应该;道德上过不去：侬欺侮小囡,~个。

W

wak 挖

wakersy 挖儿丝 〈名〉①办法、窍门、名堂:辫里肯定有~。②噱头:辫个人老有~个。◇英语wsys音译的引申。

wakkak 挖掐 〈形〉①恶做,出人不能,出人不料。②使人难以对付,使人十分为难和憎恨:辫门题目真~!

wakkongxinsy 挖空心思 用尽心计:伊~想害人。

wan 横

'wan 横 〈形〉蛮横;脾气扭:勿要~,要讲道理!

'wanban 横绷 〈形〉蛮横,硬把无理说成有理:侬勿要~,有道理好好叫讲。|现在弄僵脱了,辫个侪是伊个~脾气造成个。

'wande 横对 〈动〉对着干,蛮不讲理:勿要脱我~了,照我讲个做勿会错个。

wang 枉

'wangkong 枉空 〈副〉白白地:伊~读了十几年书,连礼貌也勿懂。〈动〉没用:我看侬啊真是~!

we 喂

'we 喂 〈叹〉不够客气的招呼:~!走开点!

wek 殟

wek 殟 〈形〉不舒服,不痛快:今朝碰着勿开心个事体,天气又勿好,心里向~得来。◇殟,《广韵》入声没韵乌没切:"殟,心闷。"

weksek 殟塞 〈形〉不舒服,心中烦闷。

wek 頋 〈动〉①强纳头入水。②沉没:伊~杀辣河里。◇頋,《广韵》入声没韵乌没切:"頋,纳头水中。"

wen 稳

wen 稳 〈副〉肯定,准,有把握:我晓得迭盘棋,伊~赢个。|数学考试,伊~拿一百分。

'wensen 瘟牲 〈名〉①骂人如遭瘟病的畜牲。②引申称冤大头。◇造词时,也与英语one cent有关,取一文不值义。又写作"瘟生"。

'wenten 温吞 (水、脾气)不冷不热。

'wentensy 温吞水 〈名〉①不冷不热的水。②喻缺少热情,行动迟缓的脾气、性格和习惯:碰着侬辫种~也倒霉了!

'wententen 温吞吞 〈形〉不冷不热的样子:辫点水~个。

'wensy/'wen 'sy 温书 〈动〉复习功课。

wha 坏

wha 坏 〈形〉
wha 'fen/whafen 坏分 [俚]破费,损失金钱:碰着侬,我晓得要~了。
whaerzy whu 华尔兹舞 ◇英语 waltz 的音译。

whak 划

whak 划 〈名〉笔画中的横儿。〈动〉画,刻,擦,割开:~出一条线来。|~一块地皮出来。|一勿当心,~破皮。|一块蛋糕拨我用刀一~二。
whakdhak 滑跶 〈形〉滑而不停。
whak whuti 滑胡梯 〈名〉滑梯。
whakdhou 滑头 〈形〉不老实,无信用,油滑:伊做事体忒~,勿可信赖!〈名〉油头滑脑的人:箇个人年纪轻轻,却是个小~。
whakji 滑稽 〈名〉〈形〉
whakjixi 滑稽戏 〈名〉上海方言喜剧,有说唱、独脚戏和多幕剧等。
whakjiak 滑脚 溜走:大家注意好,勿要拨伊~。
whakliuliu 滑溜溜 〈形〉很滑:侬个身体像泥鳅一样~个。
whaksang 滑爽 〈形〉
whakxikse 滑雪衫 〈名〉内胆用腈纶棉或羽绒,面子一般用尼龙做成的冬令保暖外衣。

whan 横

whandhaoxi 横道线 〈名〉马路中的人行道。
whandongdhao 横东道 打赌:我告侬~喏,明年肯定加工资!
whanlanwhanlan 横冷横冷 〈拟〉大声说话或叫喊的声音。
whansy 横竖 〈副〉反正:我~要输了,索性帮帮侬个忙。
whansywhan 横竖横 横下心来:依勿要来管我,我~了,让伊去。
whansyyhin 横输赢 打赌。
whanyikxik/whang yikxxik 横一歇 躺一会儿。

whang 黄

whangdhou 黄豆 〈名〉干大豆。
whangdhounga 黄豆芽 〈名〉黄豆发制成的豆芽。
whanggo 黄瓜 〈名〉
whanghanhan 黄亨亨 〈形〉有些黄的样子:箇块墙壁涂得~个,勿好看。
whanghundhou 黄昏头 〈名〉傍晚时分:~回转去常常要塞车。|~乘乘风凉。
whangng 黄鱼 〈名〉黄花鱼。分大黄鱼和小黄鱼两种。
whangngco 黄鱼车 〈名〉用脚踩的三轮小货车。
whangngace 黄芽菜 〈名〉大白菜。
whangngnaozy 黄鱼脑子 〈名〉喻记

性很糟糕的脑子:物事摆辣啥地方,问我辩个~是等于白问个。

whangngxian 黄鱼鲞 〈名〉黄花鱼干。

whangmeti 黄梅天 〈名〉春末夏初的一段时期,我国长江中下游地区连续下雨,空气潮湿。

whangnilu 黄泥螺 〈名〉泥螺。

whangniu 黄牛 〈名〉①倒卖物资或车票、门票等票券的人。②说谎,不负责任,油滑或有类似行为的人:哎,言话侬讲讲清爽,勿要做~。

whangniujigak 黄牛肩胛 〈名〉耷拉肩膀,喻不负责任,遇事卸肩:辩个人~,侬勿要看伊胸脯拍拍,靠勿住!

whangpanglok 黄胖绿 〈形〉带黄的绿色。

whangpugang 黄浦江 〈名〉分割上海为东、西两片的上海母亲河。江的西岸称浦西,江的东岸称浦东。

whangshoe 黄鳝 〈名〉鳝鱼。

whangso 黄沙 〈名〉沙子。

whangbakbak 王伯伯 戏称经常把事情忘记的人,也指没有责任心的人:我托着个~,事体根本叱没办。◇也写作"忘伯伯"。取"王""忘"文读谐音。

whayhun 怀孕

whe 喂

whe 喂 〈叹〉打电话开始的招呼:~,侬是啥人?

whe 胃 〈名〉

whe(qi)tong 胃(气)痛 〈动〉胃痛。

whecao 会钞 付酒、饭等钱:俦勿要付钞票了,就让我弟弟一个人~。

whesu 会所 〈名〉小区中供居民娱乐的场所。

whedhou 回头 〈动〉①回绝,不答应:伊要来参加工作,我已经~伊了。②告诉,回答:昨日我去问过伊,今朝伊来~我讲已经批准我参加了。③回过头来。

whedhoukak 回头客 〈名〉买了又来买,消费了又来消费的顾客。

whenin 回韧 〈动〉食物受潮而不脆。◇韧,俗写作韧。

wheshao 回潮 湿度高而潮湿。

whesy 回丝 〈名〉废棉纱头,常当作抹布用。◇英语 waste 的音译。

whetang dhouwhugoe 回汤豆腐干 原指煮熟后到需吃时再放回汤内去煮的豆腐干,比喻再操旧事:俙已经嫌我勿好勿要我做了,现在又要再启用我,我勿会做~!

whewangxin 回往心 〈名〉后悔心,回转的心思:侬看伊做错了事体,一点也吤没~个。

wheyhinbhikzen 回形别针 〈名〉呈回字形的夹纸针。

whezoele 回转来 〈动〉回来,常特指回家。又称"转来 zoele"。

whezoeqi 回转去 〈动〉回去,常特指回家:我勿高兴白相了,我要~了。◇

又称"转去 zoeqi"。

whega/whe ga 还价 ①买方嫌要价太高而提出愿出的价钱。②可指责的:伊家生做得介好,依还有啥~?

whezy/whe zy 还嘴 〈动〉顶嘴。

whekuoe 汇款 〈名〉

whekuoede 汇款单 〈名〉

whesa 为啥 〈代〉为什么,怎么:依~勿要吃？|伊~勿来?

whesenge 卫生间 〈名〉盥洗室。

whesense 卫生衫 〈名〉一种厚的针织衣服,一面起绒。

whek 囥

wheklenten 囥囥吞 吃东西不细加咀嚼就吞下去:孖个小囡吃东西常庄勿嚼碎,~。

whekbokxitiao 活剥鲜跳 活跃有劲,生命力旺盛:孖两只虾~,交关新鲜。

whekdhongke 活动铅 〈名〉用铅芯可替换的铅笔。

whekfe 活怰 〈形〉活泼,伶俐:孖个小姑娘老~个。

whekjhi 活期 〈名〉

wheklok 活络 〈形〉①筋骨、器物衔接处可活动、松动:人上了年纪,牙齿也有点~了。|孖只是~扳头。②灵活:伊个人头子脑子~,兜得转。③话不确定:伊讲得老~,勿晓得伊啥个意思。④宽余,自在:小张手头~来,日脚也过得~。

wheksenpigu 活狲屁股 喻坐不住的人:伊是一个~,坐下来只要三分钟就走。|~坐勿牢。

whekteksy xhian 活脱势像 非常相像,活像,一模一样:两个双胞胎,面孔~。

when 混

when 混 〈形〉混浊。

whendhang 混堂 〈名〉[旧]浴室。

whendhaodhao 混淘淘 〈形〉①水混浊。②头脑不清醒:依孖个人真有点~。

whenkeklasy 混克拉司 混个出众自在。◇克拉司,英语 class 的音译。

whenlinsesen 魂灵三圣 [旧]灵魂:吓得我~侪出窍。

whenlin(xin) 魂灵(心) 〈名〉灵魂。◇不引申指抽象的思想灵魂。

whenqiangsy 混腔势 找机会混。◇腔势,英语 chance 的音译。

whendhen 馄饨 〈名〉用薄面粉皮包馅而成,煮熟后带汤吃。

whensen fhekdak ga 浑身勿搭界 一点关系也没有:伊关伊做官,我关我做学问,阿拉两个人~！|依书寻勿着,反正我吭没拿过,脱我~。

whoe 换

whoetang fhekwhuoe yhak 换汤勿换药 表面更换,实质未换:依孖篇作文,还是老样子,~。

whu 糊

whu 糊 〈形〉烧烂。

whuban 河浜 〈名〉小河。◇浜,《集韵》平声庚韵晡横切:"浜,沟纳舟者曰浜。"

whubhan 河蚌 〈名〉蚌。

whudhenhhng 河豚鱼 〈名〉河豚。

whuha 河蟹 〈名〉淡水蟹。

whujihhng 河鲫鱼 〈名〉鲫鱼。

whutedhi 河滩地 〈名〉岸边上的滩地。

whubaodhe 荷包蛋 〈名〉去壳后不打散蛋黄在滚油里煎熟的整鸡蛋。因形如荷包,故称。

whuce 和菜 〈名〉配好的多盆煮熟的大众化菜肴。

whudhiao 和调 〈动〉附和别人的话:我讲啥,伊也讲啥,常常跟辣我后头~。

whucou 狐臭 〈名〉

whudhakdhak 糊达达 〈形〉全煮烂了的样子;颜色混在一起分不清楚。

whudhikjik 蝴蝶结 〈名〉①一种打扣的形式,形状像蝴蝶。②女孩子戴在头上或胸前的装饰,打扣形式像蝴蝶。

whudhou 户头 〈名〉①客户:辣家公司是阿拉个大~,一定要帮我照顾好。②与金融部门在账册上有账务关系的个人或团体:伊银行里~至少是只六位数。③某人:侬要快点完成辣桩生活,一定要寻个老实~合作。

whujhik 沪剧 〈名〉上海地方戏剧。

whujhin 胡琴 〈名〉二胡。

whujiaofen 胡椒粉 〈名〉用黑胡椒或白胡椒制成的调味粉。

whusu 胡苏 〈名〉胡须。

whuledhou 荷兰豆 〈名〉由西方传来的一种豆种。扁形豆荚,豆小,豆荚薄,可同食。

whulibhi 狐狸皮 〈名〉狐皮。

whulok 湖绿 〈形〉如湖水一样的绿色。

whulong 啩咙 〈名〉喉咙。◇俗写作"胡咙"。啩,《集韵》平声模韵洪孤切:"啩,咽喉也。"

whuqian 武腔 〈形〉形容人不文雅、粗鲁:小姑娘介~,讲起言话石骨铁硬。

whusonggang 吴淞江 〈名〉即"苏州河"。

whusuwhe 无所谓

whusyzy/whu'syzy 舞狮子 耍狮

whutiyhadhi 无天野地 ①不着边际:伊吹起牛来~。②没有收场的时候:辪两日爷娘勿辣海,伊就~个白相。◇又作"胡天野地"。

whuguedhico 无轨电车 〈名〉

whuxidhi 无线电 〈名〉①收音机。②不用线传送的电波。

whuyaoku 无腰裤 〈名〉直统的没收腰的裤子。

whuxhianbe 护墙板 〈名〉在墙壁中

下部四周用木板制成的保护墙壁用的板壁,兼有美化墙壁作用。

whu xiaonoe 护小囝　袒护自己小孩。

woe 碗

woe 碗　〈名〉

wu 焐

'wu 焐　〈动〉用热的东西接触凉的东西使变暖,或使热的食物较长时间保持温度:~酥豆|用热水袋~~手。

'wu bhidhou 焐被头　已醒还不肯离开被窝。

'wudou 焐抖　〈形〉心中得意(含贬义):我看伊今朝~煞了,得着一点好处有啥了勿起!

'wuxin 焐心　心中欢喜,高兴。

'wu 捂　〈形〉不爽快:年轻人做事体勿要像老头子一样~来死。

'wugao 捂搞　〈动〉不讲道理,乱搞一气。

'wughao bakyhikjik 捂搞百叶结　胡搅蛮缠:侬有啥个要求,爽爽快快讲,勿要跑来~!

'wu 浣　〈动〉陷入:当心鞋子勿要~到烂泥里去。◇又写作"捂"。

'wu 喋　〈动〉小儿啼闹:勿要~吵。◇喋,《集韵》平声歌韵乌禾切:"喋,小儿啼。"

'wu 搗　〈动〉①塞,按、封闭、遮盖:伊~了耳朵勿听。|伊~了嘴巴笑。②四周封塞,挤压:勿要~辣一筑堆。③使暖:寒冷中我~仔侬几化次脚。◇搗,《集韵》平声歌韵乌禾切:"搗,煖貌。"又写作"捂"或"焐"。

wu 污　〈名〉大便。

'wuju shekjhiangdhao 乌龟贼强盗　[詈]一帮歹徒。

'wuqi 乌千　〈名〉青鱼的一种。

'wuqin 乌青　〈名〉青鱼。

'wuqinkue 乌青块　〈名〉因碰撞而形成的淤血块,表面看来呈青紫色。

'wushekhhng 乌贼鱼　〈名〉乌贼。

'wusu 乌苏　〈形〉潮湿闷热;杂乱而脏,使人难受。

'wujusen 莴苣笋　〈名〉茎用莴苣。

X

xhi 齐

xhi 齐 〈形〉

xhiqiao 齐巧 〈副〉恰巧,正巧。

xhice 荠菜 〈名〉

xhice nioksy 荠菜肉丝 〈名〉

xhidhou 前头 〈名〉

xhighek yhuik 前个月 〈名〉

xhigong jinqi 前公尽弃 离过很多次婚的女人。"公"与"功"同音,这里"公"指"老公"。戏谑语。

xhijiakhhoujiak 前脚后脚 紧跟着,几乎同时:我脱伊是~到公园门口个。

xhiliannik 前两日 前几天。

xhi liangnik 前两日 〈名〉昨天和前天。

xhimen 前门 〈名〉

xhini 前年 〈名〉

xhinik 前日 〈名〉前天。

xhi(yik)qian 前(一)抢 〈名〉前一段时候。

xhisy yikjik 前世一劫 前世欠债:我真是~,又碰着依辩只讨债鬼。

xhisy zok nik 前世作孽 ①在现实生活中找不到原因,只能是前世做坏事,今世受报应:真可怜,伊哪能会弄得辩能狼狈个地步,真是~!|~,我犯了啥个罪了啊? ②真造孽:介厉害个人,~,要拨雷响打煞个!

xhiti 前天 〈名〉

xhigakgak 贱格格 〈形〉自己主动去招惹是非的样子。

xhigawhe 徐家汇 〈名〉

xhilikgu 潜力股 〈名〉①有发展潜力的股票。②喻有发展希望的恋爱对象:我介绍一个~拨侬,跟伊以后有好日脚过了。

xhia 斜

xhia 斜 〈形〉

xhiademi 斜对面

xhiadhangngou 斜塘藕 〈名〉藕。又称"塘藕 dhangngou"。

xhiaqi 邪气 〈副〉很,非常:辩眼茶叶~好。|辩眼茶叶好来~。◇在动词后面的用法是旧上海话用法。表示极度的程度副词往往用一些最贬义的词。

xhiaxhianong 谢谢侬 谢谢你。

xhiaxhia yikgamen 谢谢一家门 ①事情被对方办糟时的埋怨话:菜侪拨侬烧焦脱,真~! ②对别人表示讨厌或回绝时的嗔语,但有时语气并不重:~,明朝勿要来捣蛋了!

xhian 详

xhian 详 〈动〉解开谜团,详细说明:~梦。|~字。◇《集韵》平声阳韵徐羊切:"详,审议也。"

xhian 'zenghek yikyhan 像真个一样 ①太认真了:侬要带伊进去?~,放伊走末算咪！②假正经:侬看伊装得潇洒,~!

xhianbhi 橡皮 〈名〉

xhiandhoucao 墙头草 〈名〉喻某种人像墙上的草一样风吹两面倒,自己没有立场和主意。

xhiangbik 墙壁 〈名〉

xhianjiakgen 墙脚跟 〈名〉墙脚,墙基。

xhiansak 像煞 〈副〉好像:瑞块地方我~来过歇个。

xhiansakyhougashy 像煞有介事 ①装模作样,像真有这么一回事似的:伊~做一套,实际浪天晓得伊是真懂还是假懂。②摆足架势:我去求伊,伊~勿理我。

xhik 捷

xhik 捷 〈动〉急速地回转:我~转屁股就走。｜~转身来看。

xhikbe 绝版 〈形〉形容一人或一物非常好且极少见:像瑞能温和性格个男人,~了!

xhikdhe jianen 绝代佳人 ①结婚不要小孩的自由女性。"绝代"用语义双关法:我真佩服瑞眼~,为祖国减少人口而奋斗。②也指不能生育的女性。

xhikmongsy 席梦思 〈名〉内装弹簧的床铺垫。◇英语 simmons 的音译。

xhikxhik nen 习习嫩 〈形〉非常嫩。

xhikzy 席子 〈名〉

xhin 寻

xhin 寻 〈动〉找。

xhinhousy/xhin'housy 寻吼势 寻衅;有意找茬儿来为难。

xhinkexin 寻开心 开玩笑;逗着玩:侬好好叫,规规矩矩,勿要老是嬉皮笑脸~!

xhinxianmo 寻相骂 吵架。

xhinxizokwhek 寻死作活 耍无赖,做出故意要寻死的样子:好日脚勿要过,专门~寻出事体来。

xhinnyuoe 情愿 〈动〉心中愿意:我~跟伊走。〈副〉宁愿,宁可:我~少点钞票,也勿去合伙。

xhinoeshy 静安寺 〈名〉

xhinyouyou 静幽幽 〈形〉环境幽逸闲静。

xhinti 晴天 〈名〉

xhiu 就

xhiushygang 就是讲 在说上海话遇到语塞时,一般解释时使用。

xhiushy gangya 就是讲呀 你说得对呀,是呀。表示赞同的惯用语:~,还要骗啥人啦!

xhiutao 袖套 〈名〉防止袖口弄脏或厨房做菜洗碗时用的护袖。

xhiuzennoe 袖珍男 〈名〉身材矮小的男子:侬是个~,老可爱!

xhiuzy(guoe) 袖子(管) 〈名〉袖子。

xi 稀

'xi 稀 〈形〉

'xijhifheksak 稀奇勿煞 稀奇;了不

起(含嘲讽意味,常用于"勿要""有啥""啥个"等之后):有啥~,我也勿要侬!

'xilihuangtang 稀里晃汤 形容稀薄的样子:一碗薄粥~个吃光了。

'xiliuliu 稀溜溜 〈形〉稀薄的样子:瓣眼浆糊~个。

'xi 妗 〈形〉①轻浮不持重:伊常常~辣外头老晏勿回来。②炫耀:伊一有好物事就欢喜拿出去~拨人家看。◇妗,《集韵》平声咸韵虚咸切:"妗,女轻薄貌。"◇俗写作"鲜"。

'xigakgak 妗夹夹 〈形〉轻浮不持重;炫耀。

'xi 鲜 菜肴味道好。

'xilakfen 鲜辣粉 〈名〉以味精与辣椒粉、小茴香、花椒粉等制成的带有鲜辣味的调味品。

xi 细 〈形〉

xijik 细洁 〈形〉细腻光洁:瓣个姑娘皮肤交关~。

xi 显 〈形〉颜色明亮。

xi 癣 〈名〉

'xice 西菜 〈名〉西式菜肴。

'xicoe 西餐 〈名〉西式饭食。

'xigo 西瓜 〈名〉

'xigozy 西瓜子 〈名〉西瓜子儿。

'xijhin 西芹 〈名〉由国外传入的一种芹菜,形大。

'xileho 西来花 〈名〉由西方传入的绿色花菜,形较小。

'xizang 西装 〈名〉

xifen 线粉 〈名〉粉丝。

xini 线呢 〈名〉一种质地厚实的棉织品。用有颜色的纱或线按不同花型织成,外表有点像毛呢。

xidao kokkokliqi 死到角角里去 ①情况很糟,无可挽回:本来我还好抢救伊一下,现在事体既然如此,只好让伊~! ②让人滚开:勿睬侬,脱我~!

xihalek 死蟹了 完蛋了,没希望了:乃好咪,全部弄坏,~!

xiha yhikzak 死蟹一只 ①事情办糟弄僵,不可挽回:乃末僵脱,~。②喻人疲惫不堪、不能动弹或失去自由:乃~,关辣里向跑勿出了。③喻外行无能为力:碰着瓣个难题,我~。④喻一切无指望:数学一考坏,乃末~。|伊跑到上海,路也摸勿着,~。

xiji 死机 ①原指电脑瘫痪,延伸称别人愣住了,呆掉了:侬阿是~了? 勿要介紧张末! ②比喻人反应迟钝,一下子想不通,一下子没有反应过来:侬~啦! 瓣点也勿懂!

xiqian 死腔 ①像死的模样。②对挑逗、反悔、拖延、拒绝等行为的詈语(多出于女人之口,往往带有感情或善意)。

xiwheklenten 死囲图吞 没精打采,爱理不理:叫伊做起事体来要起劲点,勿要~个样子。

xiyhanguaqi 死样怪气 ①无精打采的样子:随便做啥,伊总归~个。②爱理不理的样子:我叫侬,侬勿要~!

xiyhanyhan 死洋洋 〈形〉无精打采的样子:侬看一个样子像呒没吃饱饭。

xijikjin 洗洁精 〈名〉用于厨房洗净碗筷等炊具的液体。加少许在清水中,用以去除油腻。

ximina 洗面奶 〈名〉洗脸用的乳液。

'xi shangco hhou mapiao 先上车后买票 戏谑语,指未婚先孕:伊拉匆匆忙忙办喜事,因为伊拉已经是～了。

xisouyhik 洗手液 〈名〉用于洗手的液体。

xiyiji 洗衣机 〈名〉

'xixi 兮兮 〈副〉表示"有那么点儿":我看伊邋遢～|舑个人戆～。

xia 屒

xia 屒 〈动〉滑:伊从滑胡梯浪～下来了。◇屒,《集韵》去声祃韵四夜切:"屒,倾也。"

xia shy 写字 〈动〉

xiashydhe 写字台 〈名〉书桌。

xiashylou 写字楼 〈名〉办公的大楼。多指由多家公司分别租用的商务用房。

xiayi 写意 〈形〉舒服,愉快。

'xiaza 啤嚓 〈形〉[旧]小孩聪明灵巧,善领会。

xiak 削

xiak 削 〈动〉①用刀斜着去掉物体外层:～甘蔗。|～铅笔。②理发方式之一,用刀将头发割短、割出发型:～头。

xiakkebikdao 削铅笔刀 〈名〉削笔刀。又称"铅笔刀'kebikdao"。

xian 相

'xian 相 〈动〉仔细看;看:伊脱我～面。|伊～中了对象。

'xianbang 相帮 〈动〉帮助:今朝请侬～我领领儿子好哦?

'xianhao 相好 〈名〉情人:舑个人辣外头还有一个～。〈动〉男女之间友好或互爱:伊拉两个人～交关辰光了。

'xianxin 相信 〈动〉①认为正确、确实而不怀疑:我～侬办得好舑桩事体。②[旧]喜欢:俹侪勿情愿做,舑桩事体我～拉个。

xian 相 做词缀,表面样子:人～。|坐～。|瞓～。|卖～。|品～。|难过～。|茄门～。

'xian bhikdhou 香鼻头 相撞、碰壁:今朝早晨马路浪两部汽车～。|侬再笔直走下去,要～了。

'xian 香 〈动〉用嘴唇接触:舑小毛头真可爱,让我～只面孔。〈名〉用木屑和香料制成的细条,祭祖先或神佛时燃烧着用,气味很香。〈形〉气味好闻。

'xianbhishao 香肥皂 〈名〉香皂。

'xianbu 香波 〈名〉洗发乳液。◇英语 shampoo 的音译兼意译。

'xiance 香菜 〈名〉芫荽,茎叶可生食,为菜肴中的配料。

'xiancendhou 香椿头 〈名〉香椿树的嫩叶,供食用。

'xiangozy 香瓜子 〈名〉葵花子儿。

'xiangu 香菇 〈名〉

'xianjiao 香蕉 〈名〉

'xianpenpen 香喷喷 〈形〉香味浓厚。

'xiangpiao 香飘 〈形〉得体,漂亮,潇洒,有气度:看伊又帅,做出个事体又~!

'xianshan 香肠 〈名〉

'xianxhin 香蕈 〈名〉[旧]香菇。

'xianyi 香烟 〈名〉

'xianyibhazy 香烟牌子 〈名〉[旧]儿童游戏用的印花牌,用硬纸制成,上面有成套图画。

'xianyihue 香烟灰 〈名〉①烟卷的灰烬。②如香烟灰一样的颜色。

'xianyiso 香烟纱 〈名〉香云纱。一种提花丝织品,上面涂过薯莨汁液,适做夏衣。

xian 想 〈动〉

xiannong 想侬 想你。

'xianhhodhou 乡下头 〈名〉乡下地方。

xianhhonin 乡下人 〈名〉

'xianqi 乡气 〈形〉色彩过艳,大红大绿:辫件衣裳忒~。

xiao 小

xiao 小 〈形〉

xiaobaklakzy 小八腊子 〈名〉①小孩子:一群~辣弄堂里跑来跑去。②无权无位的群众:阿拉侪是~,讲言话讲勿响,哦没人要听个!

xiaobha(guek) 小排(骨) 〈名〉猪颈以下附有少量肉的背椎骨、肋骨:糖醋~。

xiaobhak 小白 〈名〉①白痴:侬后面跟了一个~,缠勿清爽个!②常用于形容对某些常识不懂的人,如初入网络的新玩家:喔,又来了个~。◇又写作"XB"。

xiaobhakce 小白菜 〈名〉小的青菜。

xiaobhakli 小白脸 〈名〉①面容白皙、容貌秀美的男青年。②年轻貌美的情夫:伊辣外面还供养了一个~。

xiaobhanyhou 小朋友 〈名〉对小孩子较亲热的称呼。

xiaobhizy 小辫子 〈名〉①把头发扎成小型的辫子。②把柄,一点差错:当心拨伊捉着~。

xiaobhudhao 小蒲桃 〈名〉山核桃。

xiaoce 小菜 〈名〉①下饭的菜肴:~好,饭就吃得落。②菜场上的蔬菜和副食品:每日姆妈早浪第一桩事体就是到~场去买~。

xiaoceshan 小菜场 〈名〉菜场。

xiaoce yikdhik 小菜一碟 原指一小盆的菜肴,现喻指小事一件,有很方便不必放在心上的意思:侬要叫我去办辫桩事体,哦,~!

xiaodek 晓得 〈动〉知道。◇上海话不说"知道"。

xiaodhangce 小塘菜 〈名〉小棵青菜。

xiaodhijhin 小提琴 〈名〉

xiaodiaomozy 小刁麻子 〈名〉①刁钻阴险、会用心计者。②吝啬的人。

xiaoerku 小儿科 〈名〉①不起眼、很简单的事：㪙种事体～来死，阿拉勿做个！②吝啬、气派小：伊送人家物事，总归是大兴货，～哦！③小孩做的幼稚可笑的事：介大个人，还要跟小人抢物事，真是～！

xiaogabhaqi 小家败气 吝啬；没气派：碰着㪙种～个人，顶好勿要脱伊打交道。

xiaoguanin 小乖人 〈名〉会处世、不得罪人的人。

xiaogunian 小姑娘 〈名〉女孩。

xiaohekte 小黑炭 〈名〉皮肤黝黑的小孩。

xiaohhoedhou 小寒豆 〈名〉豌豆。

xiaohhok 小学 〈名〉

xiaojiklindin 小即零仃 瘦小而有俊气：㪙个～个人办事邪气能干。

xiaojime(dhao) 小姐妹(道) 〈名〉称呼女子最亲密的同性伙伴。

xiaojinku 小金库 〈名〉小组织在账外留有的供自由支配的钱。

xiaoke 小开 〈名〉厂主、店主的儿子。◇开，英语 kite 的音译转义词。

xiaokesy 小开司 〈名〉一件易处理的小事：噢，～，我告侬做好了。◇又作"小 K 司"。

xiaolokwhe 小乐惠 舒适；小小的满足和自在：伊要求勿高，只求～。

xiaolongmoedhou 小笼馒头 〈名〉用小蒸笼蒸的一种小型肉包子。

xiaomaodhou 小毛头 〈名〉婴儿。

xiaonin 小人 〈名〉孩子，未成年人。

xiaonoebhiqi 小囡脾气 〈名〉孩子气：侬人已经介长介大，还是一副～。

xiaonoenin 小男人 〈名〉指那些缺少气概的、精于小事、遇事斤斤计较的男子。

xiaonoe 小囡 〈名〉小孩。

xiaoqi 小气 〈形〉吝啬；气量小。

xiaoqico 小汽车 〈名〉①小型的汽车。②轿车。

xiaoqiju 小气鬼 〈名〉[詈]气量小的人。

xiaoqik 小吃 〈名〉不作正餐的那些点心饮食的总称：上海传统～有鸡鸭血汤、油豆腐线粉汤、汤团、酒酿圆子、桂花赤豆汤、白糖莲心粥、兰花豆腐干等。

xiaoqince 小青菜 〈名〉

xiaoqinni 小青年 〈名〉刚成年而未婚的男青年。

xiaoqu 小区 〈名〉新居民住宅区。

xiaosezy 小三子 〈名〉打杂的人。泛指地位低、不受重视的小人物。

xiaoshek cek ngakua 小贼出外快 有人趁机获取意外的好处：大家要注意点，勿要拨伊～！

xiaosok 小叔 〈名〉

xiaosy 小书 〈名〉连环画：我到～摊头浪去租～看。

xiaotakbhi 小撘皮 〈名〉[詈]小顽童；小无赖（有时作昵称）。

xiaowhakdhou 小滑头 〈名〉①油腔滑调的青少年。②不守信用的青少年。③顽皮会耍嘴皮的青少年（常作昵称）。

xiaowhendhen 小馄饨 〈名〉纯肉、皮薄且较小的馄饨。

xiaoyaogua 小妖怪 〈名〉打扮花枝招展的年轻女孩。

xiaoyhancen 小阳春 〈名〉夏历十月里和暖似春的天气。

xiaoyhan 小样 〈形〉身材瘦小；骨架小：身体～点呒没关系，独怕四肢发达，头脑简单。

xiaoyhimma 小姨姆妈 〈名〉小姨母。

xiaoyisy 小意思 〈名〉①谦词，表达心意的薄礼：请侬收下来，一点点～。②没什么关系的，无关紧要：辫两桩事体～，勿摆辣我心浪个。

xiaozoewe 小转弯 〈名〉马路车道口的车子右拐弯。

'xiao 撬 〈动〉①揭，翻，掀：～镬盖。｜～开被头。｜～开帐子。②分离开，拉开：～脱一张纸头。｜～馄饨皮子。

'xiao 捎 〈动〉①用尖或硬物旋转搅捣洞窟，使洞中之物出来：～鸟窠。｜～耳朵。｜～马桶。②在圆洞物等里辗转摩擦：伊辣床浪～来～去。｜～被头。◇捎，《广韵》平声宵韵相邀切："捎，摇捎，动也。"③打篮球时的投篮：～球。◇英语 shoot 的音译。

'xiao dhiguang 捎地光 赖在地上频繁转侧，耍赖：辫个小囡一碰就要～，逼伊拉娘买玩具。

'xiao nidu 捎耳朵 用尖物伸进耳洞挖耳朵。

xiaofhekdhong 笑勿动 特高兴，乐死人：伊看见别人出了问题，就～了，以为自己机会来了。

'xiao shek 消食 积食后吃药除积。

'xiaoyha/ 'xiao yha 消夜 〈动〉整个夜里不睡干某事。

xik 雪

xik 雪 〈名〉

xikzy 雪珠 〈名〉雪粒儿。

xikbik 雪碧 〈名〉

xikbhakgunzang/xikbhakgun zang 雪白滚壮 〈形〉白白胖胖。

xikfang 雪纺 〈名〉一种轻柔飘逸的面料。◇英语 chiffon 的音译。

xikgao 雪糕 〈名〉冰糕。

xikghayi 雪茄烟 〈名〉叶卷烟。◇雪茄，英语 cigar 的音译。

xikhogao 雪花膏 〈名〉20 世纪三四十年代产于上海、广为使用的香型护肤油牌号，通常作面油用。后泛指所有的香型护肤油膏。

xiklihong 雪里蕻 〈名〉雪里红。一年生草木植物，芥菜的变种。◇《集韵》去声送韵呼贡切:"葉,吴俗谓草木萌曰葉。"《集韵》"葉"又作"蕻"。

xikxik jiak 歇歇脚 坐下来休息片刻。

xik sou/xiksou 歇手 停手,停工:做得太吃力,阿拉歇~。

xikxik 歇歇 〈副〉马上,一会儿:侬等一等,伊~就来个。〈动〉休息一下:侬~,我马上来叫侬。◇歇歇,老上海话有时读 xinxin,是"歇"儿化为"xin"的读法。又:儿化失落后"歇"也读作"xi",如"坐一歇""坐歇"分别读作"shuyikxi""shuxi"。"歇歇"也有读作"xinxin"。

xikliksoklok 屑力索落 〈拟〉因小动作而发出的轻微声音。

xin 新

'xin 新 〈形〉
'xincen 新邨 〈名〉
'xinfhu 新妇 〈名〉媳妇。
'xinhao noenin 新好男人 〈名〉很温柔体贴的男人,优秀男人:阿庆垃拉屋里买汏烧样样来了,真勿愧是阿拉小区里个~啊。
'xinjhin 新近 〈副〉~碰着伊过。
'xinke dhouwhudi 新开豆腐店 ①刚开张:~,卖卖老价钿(儿歌)。②新加入者:伊拉是熟手,熟门熟路,我是~,勿内行个。
'xinseklilong 新式里弄 〈名〉
'xin 星 〈名〉星星。

xin 信 〈名〉
xinfong 信封 〈名〉
xinkok 信壳 〈名〉信封。
xinsenwhek 信生活 〈名〉短信生活。手机上发短信息成为时尚:大学里一半人天天辣习~!◇自"性生活"一词谐音而来。

xinsaolao 信骚扰 〈名〉用手机发短消息骚扰别人:~老讨厌,采取啥个办法好制止呢?◇自"性骚扰"一词谐音而来。

xinzy 信纸 〈名〉
xin 兴 〈形〉多;密;盛:人头~。|稻谷~。|市面~。
xindhou 兴头 〈名〉因高兴或感兴趣而产生的劲头:讲到~浪,忘记了吃饭辰光。

xinzy 兴致 〈名〉兴趣,情绪:辩两日我~老好。

xin 醒 〈动〉
xin 䏭 〈动〉肿起:皮肤浪~起来一条红。◇《广韵》去声澄韵许应切:"䏭,肿起。"

xinyhanwhek 䏭阳棚 〈名〉淋巴肿核。

'xin 眚 〈名〉眼病,眼内生点。◇《集韵》上声梗韵所景切:"眚,《说文》,目病生翳也。一曰过也。"

'xin jik/ 'xin jik 心急
'xinjin 心境 〈名〉心绪,心情:辩两日我~勿大好。
'xinjinnioktiao 心惊肉跳 心惊胆战:

各种事体吓得我~。
'xin shao 心嘈 胃里难受。
'xinshan 心脏 〈名〉
'xinsy 心思 〈名〉
'xintong 心痛 〈形〉心疼。
'xinxian 心想 〈名〉①心思:伊现在个~啥人也摸勿透。②耐心:依做事体真有~,所以做得成功。
'xinminjiaogue 性命交关 很危险:依单脱手踏脚踏车,真是~个事体。
xinzy 性子 〈名〉性格。

xiong 胸

'xiongdhang 胸膛 〈名〉
'xiongpu 胸脯 〈名〉胸部。
'xiongqindhou 熏青豆 〈名〉经熏制的青豆,味香。
'xiongyi 胸衣 〈名〉女用无带裹胸的衣服。
'xiongdhidhaoli 兄弟道里 兄弟之间。

xiu 修

xiu mi 修面 刮脸。
'xiuzenyhik 修正液 〈名〉修改错字的涂白液体。

xu 嘘

'xu 嘘 〈叹〉示意不发声或把尿声。
xudu 许多 〈形〉多:依看河里有介~鱼。

'xudhou 虚头 〈名〉①幌子:辦个是~,依只要照原来个做好了。②标价中含有水分的部分:现在出去买物事,杀价要杀得低眼,~老多个。

xuik 噱

xuik 噱 〈形〉滑稽:辦个人个表演老~个。〈动〉逗引;哄骗,作弄:伊当仔我勿懂,今朝来~~我。|~伊一~。
xuikdhou 噱头 〈名〉滑稽;花招;令人发笑:辦个人讲起话来真~!
xuikdhou(sy) 噱头(势) 〈形〉滑稽。〈名〉引人发笑的话头、东西、举动、样子、花招:辦个人~真足!
xuikakgao/xuikak 'gao 血压高 〈名〉高血压病。〈形〉血压是高的。
xuikngahhong 血牙红 〈形〉比橘红稍深的红色。
xuikxuik hhong 血血红 〈形〉像血一样很红。

xuoe 捹

'xuoe 捹 〈动〉打,踢:一脚拿被头~到地浪|~伊两记耳光。◇《广韵》去声霰韵许县切:"捹,击也。"
'xuoe 趐 〈动〉快走:我昼夜勿停,一脚~到上海。◇《集韵》平声仙韵躚缘切:"趐,疾走貌。"
'xuoejhuoelebi 揎拳捋臂 犹摩拳擦掌,摆出打架的架势:勿要~,大家坐下来好好叫谈谈。

Y

ya 呀

'ya 呀 〈助〉表示催促、命令:勿动做啥? 走~!

'ya 迓 〈动〉躲藏,隐藏:小偷~辣壁角落里。

yali 雅梨 〈名〉鸭梨,梨的优良品种之一。

yan 央

'yan 央 〈动〉求:~亲眷托媒人。

yao 妖

'yao 妖 〈形〉奇特。

'yaonin 妖人 〈名〉奇特的人,时髦的人:辩种题目侬也做得出啊,真是~哦!

'yaohinguashang 妖形怪状 奇形怪状:衣裳着得~,面孔搨得五花六花。

yao 要 〈动〉

yao fheksy 要勿是 要不是:~侬来提醒我,我随便哪能也想勿起来个。

yao haokoe 要好看 看洋相:今朝伊拉要我好看了,我对付勿了。◇"好看"原指"漂亮",这里用反语说。

yaohao 要好 〈形〉感情融洽、亲近:伊拉三个人是~朋友,有十几年个交情了。

yao hao 要好 要上进:辩个小囡老~个,勿肯落辣人家后面。

yaojin 要紧 〈形〉紧要。

yaojinfheksak 要紧勿煞 ①有什么要紧的:~!慢慢来好哦? ②很紧要:伊要侬做个事体总归讲得~个,侬看情况再讲好唻。

'yaoda 腰带 〈名〉系在腰上的呈串珠状或项链状的装饰带。

yaomek 要末 〈连〉要不,两种情况选择一种:吭没介快个,~寄"特快专递",明朝就可以到。

yaoshy 要是 〈连〉表示假使:~侬对我勿相信,辩桩事体就勿要托我办了。

yao 闄 〈动〉折起,隔开:纸头先一~二再写字。|早浪起来,被头要~好。◇闄,《广韵》上声小韵於小切:"闄,隔也。"

'yaoho 腰花 〈名〉猪肾划出交叉的刀痕后切成的小块儿。

'yaonge 腰眼 〈名〉腰部。

'yaozy 腰子 〈名〉肾。

'yaozybhin 腰子病 〈名〉肾炎。

'yaongheklok 吆五喝六 神气活现地吆喝这、吆喝那:有言话好讲,~做啥?

'yaoni(se)goklok 幺二(三)角落 ①冷落的地方;人迹罕到处:店开辣~里生意哪能会得好? ②很差的地方:~我勿愿意去!

yha 爷

yha 爷 〈名〉父亲的引称。
yhalaodhouzy 爷老头子 〈名〉儿子对父亲不严肃的称呼(引称):阿拉~勿会拨我出远门个。
yhasok 爷叔 〈名〉叔叔。
yhayha 爷爷 〈名〉
yhabao 夜报 〈名〉晚报。
yhadhou 夜头 〈名〉~夜报翻翻,电脑打打。
yhafhe 夜饭 〈名〉晚饭。
yhakuadhou 夜快头 傍晚时分:~回转去常常要塞车。|~乘乘风凉。
yhali 夜里 〈名〉
yhalixian 夜里向 〈名〉晚上:~夜报翻翻,电脑打打。
yhashan 夜场 〈名〉晚上演出的场次。
yhashenxi 夜神仙 〈名〉晚上精神特别好、不想早睡觉的人。
yhashymi 夜市面 〈名〉夜市。
yhawhuxian 夜壶箱 〈名〉床头柜。因旧时放置盛尿的夜壶而得名。
yhaxi 夜戏 〈名〉[旧]夜场戏。
yhadekcek 野得出 ①做得出不正派、野蛮的举动:别人勿会做个事体伊侪~。②闯得开:孬个人做桩桩个事体侪~。
yhadhouyhanao 野头野脑 没规矩,不受管(一般指青少年或小孩):孬个小姑娘~,一点呒没家教个。

yhahuakhuak 野豁豁 〈形〉①说话做事没有分寸、不着边际。②距离远。
yhaluzy 野路子 非正统,非科班出身:阿拉正规专业弄勿来,只好来来~,说勿定还有点创造性个。
yhamexiaoju 野蛮小鬼 〈名〉顽皮孩子,皮大王。

yhak 药

yhakgao 药膏 〈名〉①成张儿的膏药。②糊状的外涂药。
yhakguoedhou 药罐头 〈名〉①煎中药用的瓦罐。②比喻常吃药的人。
yhakjhin 药芹 〈名〉旱芹。有人认为有药味。
yhakpi 药片 〈名〉
yhaksy 药水 〈名〉
yhaktang 药汤 〈名〉中药的药汁。
yhakyhinzy 药引子 〈名〉中药配药中加入的引导药效的药物。
yhakzo 药渣 〈名〉中药的渣。
yhakshy 钥匙 〈名〉

yhan 洋

yhang 洋 〈名〉钱(一般指"元"):拨我三只~。
yhanbhakdhou 洋白头 〈名〉白化病。
yhanbhoe 洋盘 〈名〉不内行、不识货、对事物缺乏经验的人。常指在都市里遇事上当但又不觉察的人。◇本义是旧时小商铺对付外国人开的货价。因高出原价数倍,而使外国人因不明真相而上当。

yhancongdhou 洋葱头 〈名〉①洋葱。②[俚]被敲竹杠的外国人。◇自动受骗被敲诈的人称为"头"(俗写作"冲头"),与"葱头"谐音。

yhance 洋菜 〈名〉琼脂。

yhandhi/hhandhi 洋钿 〈名〉钱:五角~买一斤。

yhandin 洋钉 〈名〉钉子。

yhanfhang 洋房 〈名〉

yhanjinban 洋泾浜 〈名〉今延安东路处原是一条小河,名为洋泾浜,最早是英租界与华界相交处,后是旧上海法租界和公共租界相交处,与上海南市华界也相近。在19世纪后期和20世纪初期,成为通商要地,通用一些上海语化的英语,称为"洋泾浜语"。今也称讲夹杂汉语的不通的外语为"洋泾浜"。也引申为外行:侬孬个~,只好辣辣旁边阵阵!

yhanlakzok 洋蜡烛 〈名〉蜡烛。

yhannoenoe 洋囡囡 〈名〉布娃娃。

yhanpaopao 洋泡泡 〈名〉小气球。

yhanse 洋伞 〈名〉雨伞。

yhanseyhu 洋山芋 〈名〉土豆。

yhanseyhu qikdulek 洋山芋吃多了 笨。"洋山芋"即"土豆",与"土头"谐音:孬眼事体也做勿好,我看侬就是~!

yhan 炀 〈动〉①熔化,溶化:火烧得连铁都~脱了。◇炀,《广韵》平声阳韵与章切:"炀,释金也。"《广韵》平声阳韵与章切:"焬炀,出陆善经《字林》。"又作"烊":太阳一开,雪就要~了。

yhan nge 养眼 〈形〉①受用:现在个人就欢喜看青春偶像剧,因为~呀。②形容女子漂亮看了舒服:侬看辩位小姐,几化~啊!

yhanxiaonoe/yhan xiaonoe 养小囡 生孩子。

yhancenmi 阳春面 〈名〉光面。

yhangdhe 阳台 〈名〉

yhanmaose 羊毛衫 〈名〉

yhanmaote 羊毛毯 〈名〉用羊毛织成的防寒毯子。

yhanniok 羊肉 〈名〉

yhanjiji 痒几几 〈形〉有些痒的感觉。

yhanme 杨梅 〈名〉

yhanzy 样子 〈名〉模样。

yhang 旺

yhang/whang 旺 〈形〉①太阳晒得猛:日头~。②火烧得猛烈:炉子里个火生生~!③兴旺,茂盛:辩片田里稻长得~来。

yhao 舀

yhao 舀 〈动〉用勺、瓢等盛取:我去~面盆水来。

yhaotang/yhao 'tang 舀汤 用匙或大勺盛汤。

yhaodhou huak mibo 摇头豁尾巴 摇头摆尾。形容驯服或得意的样子:侬勿要对侬豁上司~了,实在难看煞!

yhi 伊

yhi 伊 〈代〉他,她,它。

yhi gang 伊讲 "他说"的虚化用法。①跟在句子的"哦"后,还带有一点"惊讶""居然"味:要考试了哦~。②在说上海话遇到语塞时,或后煞时使用"……伊讲"。

yhi ghang 'tangyha 'tangfheklao 伊戆,潭也潭勿牢 笑人蠢到极点,傻得够呛:侬看伊呀,自家会去自投罗网,哈哈,~。

yhila 伊拉 〈代〉他们,她们。

yhila gang 伊拉讲 据说,被称为"插入语",放在句子前,使那回事似是似非。如:~,庙会已经开始了。

yhi 盐 ①〈名〉"油盐酱醋"的"盐"。②〈动〉用盐制作食物使之味佳:黄瓜~一~再拌了吃。

yhi 衍 〈动〉沿着某物流下:睏觉睏得涎唾水也~下来了。|天落水从墙头浪~下来。

yhi 勚 〈动〉磨损:豁只螺丝钉老早~脱,怪勿得哪能转也转勿进去。◇勚,《集韵》去声祭韵以制切:"勚,《说文》,劳也,引诗:莫知我勚。"

yhi 咦 〈叹〉表示惊讶、出人意料:~,哪能介滑稽个!

yhibi/'yibi 嫌比 〈动〉嫌:我~辩地方勿清爽。

yhicaoyhima 现炒现卖 ①一边从锅中炒出来一边趁热卖:糖炒栗子,~。②喻当场学得的知识马上教给别人或用上去:我呒没忒多个剩货,今朝课堂浪讲个内容侪是~个。

yhijin 现金 〈名〉

yhifu 姨夫 〈名〉

yhicao 现钞 〈名〉

yhikexiao 现开销 ①当面辩个明白:我是欢喜~,勿欢喜闷辣肚里个。②当场解决问题:勿要当我好吃吃,阿拉到外头去~!③当场发难或给以回击:伊一点勿识相,我当场脱伊~!

yhishe 现在 〈名〉

yhisy 现世 〈形〉难为情,丢脸:侬做阿哥哪能抢弟弟个玩具啦?~哦?

yhisybao 现世报 〈名〉[詈]①会受报应的人。②不害臊的人。③(孩子)不成材、不学好。

yhima 姨妈 〈名〉妈的姐姐。

yhimen 移门 〈名〉能左右移动的拉门,可节省空间。

yhimolu 沿马路 靠街。

yhizong lokdhi 延中绿地 〈名〉

yhin 营

yhinnikyhuoe 营业员 〈名〉

yhinxi 引线 〈名〉缝衣针。

yhin xiaonoe/yhinxiaonoe 引小囡 逗小孩。

yhok 浴

yhokgang 浴缸 〈名〉
yhokge 浴间 〈名〉洗澡间。
yhokjin 浴巾 〈名〉洗澡用的大毛巾。

yhong 用

yhong 用 〈动〉
yhongshan 用场 〈名〉用处,本领:依辫个人真是一眼~也呒没!
yhongxinsy/yhong 'xinsy 用心思 ①用心:侬做功课要~。②用心计:伊老是~害人。
yhongji 雄鸡 〈名〉公鸡。
yhongnin 佣人 〈名〉帮工。

yhou 有

yhou 有 〈动〉
yhou dancy 有档次 有水准:依买辫两只木雕~个。
yhoudek 有得 〈副〉更要有,还要有:依勿听言话~苦了。|阿拉等辣海,~好戏看! 〈动〉①得以,能得到:我~吃,侬呒没吃。②有:我~一本侬要看个书。
yhou 'fesy 有 face 有面子:今朝依打扮得真~。
yhou 'filin 有 feeling 有感觉:伊个一举一动,常常使我~!
yhougashy 有介事 有这回事:人家讲侬欢喜伊,~哦?

yhouguedhico 有轨电车 〈名〉
yhou guxin 有个性 ①对一个男性长得不怎么样又不便直说他难看时的委婉表达:伊末,长得蛮~。②区别于大众,按自己方式生活:伊辫作派~。
yhouhodhou/yhou 'hodhou 有花头 ①有看头,有戏:还是辫只话剧有眼花头,还有两只呒没啥看头! ②有婚外恋:辫个男人倒看勿出,辣外头也会~个。③有本事:介难个事体侬也做好了,侬~个!
yhou jikmok 有节目 ①出去玩:对勿起,我今夜~了,只能下趟再陪侬出去。②有安排,有内容:今朝夜头已经~了。
yhoujin/yhou jin 有劲 〈形〉①很奇怪,噱头,引人发笑:依看伊做个事体~哦! ②怪,不可思议:人家好好叫辣讲,侬总归唱反调,侬老~个!
yhoulek 有了 够了:辫眼纸头,~,勿要再拨我了。
yhou likbo 有力把 ①实力雄厚,有本事:辫个老板~,拉长三角倚有伊个经营点。②有势力、有背景:辫两个老兄侬勿好去瞎碰个,伊拉是~个,侬哪能碰得过!
yhou liksen 有立升 实力雄厚,有本事:侬有几化立升,可以办得成辫件事体?
yhou lu 有路 ①有办法:借辫两本书,侬~? ②有后门:寻个好差使,侬~?

yhou mizy/yhoumizy 有面子 体面：大家侪称赞伊做得好,伊觉着交关～。

yhou pa 有派 有办法,有面子：伊一喊,人家侪来了,伊真～。

yhou pin(whe) 有品(位) 格调高,雅致：伊屋里虽然老轧个,但是布置得邪气～。｜伊个房间摆设一看就是～个人布置出来个,相当适宜。

yhouqiandhiao 有腔调 ①人的行为举止时髦潇洒有个性,有型,有内涵,有气质：跟～个男小囡辣辣一道,真是一种享受！②事情做得有章法,像样,样子好：伊做个事体～。

yhou 'sesy 有 sense 都从有感觉引出,外形好、潇洒,有品位：侬看辩个MM,真正～！

yhoushanshy 有常时 〈副〉有时候：伊～做做,～勿做,辣辣磨洋工。

yhou shanxin 有长心 能持久：吮没～个人,做勿好大事体,要～。

yhoushenguang 有辰光 〈副〉有时候：我～去,～勿去。

yhoushoedhou 有缠头 够麻烦的,多纠缠的：侬辩个人真～,老是绕牢我勿放。｜要解决好辩桩事体,～了。

yhousu/yhou su 有数 ①心中清楚,暗中已通：侬个事体我～,保管勿吃亏侬。②够交情,有交情：伊脱我老～个。③完全了解,有把握：我心里对自家个事体是～个。

yhousuyhoumak 有数有脉 ①一清二楚：侬心里向想个事体我～。②有交情：我脱侬～。③心中有数：依托我个事体,我～。

yhou whega 有还价 有商量余地；有条件可议：要伊做辩桩事体是～个。

yhouxi 有喜 〈动〉怀孕。

yhouxinxian/yhou 'xinxian 有心想 精力集中,有耐心：辩个小囡做功课真～。

yhouxinyhouxian 有心有想 有耐心：依看伊一家头～,拆拆装装,钻研技术！

yhouyaomjin 有要呒紧 做事不抓紧,慢吞吞,一点不心急的样子：别人急得勿得了,伊～个勿当一桩事体。

yhou yhin 有型 ①长相、身材很吸引人：帅哦！班级里就是伊最～哎！②有派头：伊拉认为手夹洋烟,喷云吐雾,属于～。

yhouzong/yhou zong 有种 〈动〉有能耐,有胆量：侬～立出来讲,勿要辣下面叽里咕噜。

yhouzongcekzong/yhou zong cek zong 有种出种 父母的习性潜移默化于子女,子女就像父母样（多用于贬义）：介小个人也是懒得出精,真是～！

yhou 油 〈形〉肥。

yhoubaoho 油爆虾 〈名〉油炸虾。

yhoudenzy 油墩子 〈名〉一种面粉做的食品,用椭圆形模型做成,内含萝卜丝等,油炸至熟。

yhoudhiao 油条 〈名〉①一种长条形

的油炸发酵的面食,常包在大饼中作早餐食用。②喻做事马虎,磨磨蹭蹭,吊儿郎当的人。③油滑的人,不守信用的人;老于世故、处事圆滑而不吃亏的人。

yhoudhiaozy 油条子 〈名〉一种油豆腐,呈条状。

yhoudhouwhaknao 油头滑脑 油滑,轻浮。

yhoudhouwhu 油豆腐 〈名〉油炸的小块豆腐制品。

yhouhuejikkak 油灰节掐 〈名〉灰指甲。

yhoumensen 油焖笋 〈名〉用油、酱油炒后再用微火煮熟的笋块。

yhoumijin 油面筋 〈名〉用面粉经发酵、油炸做成的一种球形食物。

yhouniok 油肉 〈名〉肥肉。

yhouqianhuakdhiao 油腔滑调 油滑,轻浮:立立稳,好好叫讲,勿要~!

yhoushakgue 油煠烩 〈名〉油条。

yhoutenguniok 油氽果肉 〈名〉油炸花生仁。

yhouyhijiancu 油盐酱醋 〈名〉泛指炊事中的必需品。

yhouzygakni 油滋隔腻 油腻得很。

yhouzyzy 油滋滋 〈形〉透出油来的样子。

yhoubao 邮包 〈名〉

yhoudhiyhuoe 邮递员 〈名〉

yhoudhong 邮筒 〈名〉

yhoujhuik 邮局 〈名〉

yhoupiao 邮票 〈名〉

yhoulokshan 游乐场 〈名〉游乐场所。

yhou modhou 游码头 旅游。

yhu 雨

yhu 雨 〈名〉

yhubhan 雨棚 〈名〉屋门前挡雨的天棚或简易挡板。

yhugakxik 雨夹雪 〈名〉雨雪相交。

yhuyi 雨衣 〈名〉[旧]油布做的雨衣。也泛指雨衣。

yhudhedhe 围袋袋 〈名〉围嘴儿。

yhujin 围巾 〈名〉

yhusen(dhou) 围身(头) 〈名〉套在衣服外的布兜,系在颈上和腰上,能遮住前身的衣裤,保护衣裤不脏。

yhunadhou 芋艿头 〈名〉①芋艿。②一种像芋艿的头型。

yhuniongse 羽绒衫 〈名〉内胆用羽绒、面子用尼龙或布制成的冬季保暖外衣。

yhuso 羽纱 〈名〉一种薄的纺织品,用棉、毛或丝等混合织布,用来做衣服里子。

yhuxinjikmok 余兴节目 ①在主节目演出或播出以后的小节目。②额外的表演。

yhuik 月

yhuik 月 〈名〉

yhuikbhak 月白 〈形〉如月色的

yhuikbin 月饼 〈名〉

yhuikguanggongzy 月光公主 〈名〉每月月初就把钱都用光的女孩:伊是~,侬看伊潇洒勿潇洒!

yhuikguang mesaonyu 月光美少女 〈名〉每个月在月头就把零用钱花光的女孩子。

yhuikguangshok 月光族 〈名〉把每月的工资全部潇洒地用光的那些人:我虽然比勿过持卡族介潇洒,也让我做几个月个~!

yhuiklian 月亮 〈名〉

yhuikliandhouli 月亮头里 月亮底下。

yhuiklik 月历 〈名〉一个月一页的历本,一般都兼有彩色图片。

yhuikpaoyhin 月抛型 〈名〉原指一种隐形眼镜,每月换掉一副。现喻指每月更换一次男友、女友的人:有个人谈起恋爱来,是个~。

yhuikjhik 越剧 〈名〉◇俗名"绍兴戏",源自嵊县"的笃班"。

yhun 运

yhundhao 运道 〈名〉运气:成功勿成功,就看侬~好勿好了。

yhunjiak 韵脚 〈名〉韵字,韵。

yhuoe 圆

yhuoe 圆 〈形〉

yhuoedhe 圆台 〈名〉圆桌。

yhuoedhemi 圆台面 〈名〉①坐八人以上的圆形的大桌面。②另制的圆形大桌面,需用时搁到小桌子上。③[俚]圆大的屁股,多形容女子的屁股大:依看伊养仔小囡以后,屁股大得像~。

yhuoegue 圆规 〈名〉

yhuoegungun 圆滚滚 〈形〉

yhuoezy 圆子 〈名〉①一种用米粉做的小而无馅的团子。②内含豆沙、芝麻或肉馅的糯米团子。

yhuoe 远 〈形〉

yhuoeke bakzak jiak 远开八只脚 距离、差距很远:伊拉屋里个经济条件脱阿拉比比是~了。

yhuoedouzoe 远兜转 绕远,弯远路:伊讲言话常常~,一眼也勿直截了当。

yhuoeqikshanbak 远七长八 很远;很久:伊离此地~,碰勿着头个。

yhushynge 远视眼 〈名〉

yhuoe 悬 〈动〉指空间或时间的分隔:~辣半当中。|~开交关辰光,记得还介清爽。

yhuoekong bakzak jiak 悬空八只脚 ①高不着地,虚假,与实际差得远:一个人要规规矩矩,讲言话勿要~,瞎吹!②离得很远:侬辩篇文章,离开题目范围真是~。

yhuoe 炫 〈形〉耀眼、酷:箒套衣服~啊!

yhuoegu 缘故 〈名〉①原由,原因:伊专门盯牢我上,啥个~!②行径:有话勿肯明讲,偷偷触壁脚,~勿对呀!

yi 依

'yi 依 〈动〉依从,同意:侬对伊是要啥~啥。

'yi 蔫 〈形〉①花、水果等萎缩。辣两朵花~了。②色不鲜:辣只布颜色老~个。

'yi 瘗 〈名〉疮痂或伤痂:疮疤浪再有一层~。◇《集韵》上声琰韵于琰切:"瘗,疡痂也。"

yi 㾿 〈动〉量比(长度):~尺寸做衣裳。|~~长短。◇㾿,《广韵》上声阮韵于切:"㾿,物相当也。"

yicek 演出 〈动〉

yifhekgu 意勿过 不好意思。

'yidokxi 腌笃鲜 〈名〉咸肉、鲜肉和竹笋合煮的汤菜。

'yi maobhin 医毛病 治病。

'yiliaoka 医疗卡 医生记录病情和用药的记录本子。

'yisan 医生 〈名〉

'yighek/'yihhek 伊个 那个(远指),另一个:我勿认得~人。|辣个物事我吃脱,~物事侬带回去。

'yimeer 伊妹儿 〈名〉电子邮件。◇英语 Email 的音译。

'yimi 伊面 那儿:我今朝要到外白渡桥~去。

'yiqi 悒气 〈形〉闲着无聊而感到寂寞。

'yishang 衣裳 〈名〉

'yishang liaozok 衣裳料作 〈名〉衣料。

yizy 椅子 〈名〉

'yizydi 烟纸店 〈名〉开在弄堂口的小杂货店。

'yizyhhong 胭脂红 〈形〉如胭脂一样的红色。

yik 一

yik 一 ①〈数〉数字1。②〈连〉用于关联,"一 yik……再 'ze……":辣趟~看见正品,~晓得以前买个俙是上当个。|"一 yik……总 zong……":~荡马路,~熬勿牢要买点物事回转去。

yikbaoqi/yikbao qi 一包气 一股子气:侬做个生活看看~。

yikbensezenjin 一本三正经 一本正经,很规矩,很庄重。有时用于嘲讽太死板,不合群:大家俙认为要随便一点,听其自然,侬勿要~了!

yikbhan 一碰 动不动:伊~就要动气。|两家头~就吵翻天。

yikbikwhudhuzan 一笔糊涂账 ①账目混乱不堪:侬看看,伊辣做啥账,完全是~!②把事做得一团糟:勿好叫伊办事体个,伊要做就是~。

yikdedakloksu 一对搭落苏 一对"宝贝":侬拆烂污,伊淘浆糊,两个真是~!

yikden 一等 〈形〉最厉害:伊开小差~。

yikdha whezy 一大会址 〈名〉中共一大会址。

yikdiyikwhak 一点一划 ①做人做事循规蹈矩，一丝不苟：像伊辮能~个做事体，怪勿得老师傅常常称赞伊认真。｜伊是个老实人~个，从来勿会拆烂污。②死板，不灵活：喔唷，伊只会~，从来勿行变换变换。

yikdok shetu 一沰涎唾 不屑一顾；感到很糟，很看不起：对伊做个生活，我，~！｜辮个人个人品，我看起来是~！

yikgamen 一家门 〈名〉一家子。

yikgayikdang 一家一当 家中所有的财物、家产：乃末是一侪贴进去！

yikghek kesy 一个K司 一件小事：勿要紧，~，我会脱侬做好个！◇K司，英语case的音译。

yikghonglongzong 一共拢总 〈副〉总共：真是浪费，算算~已经用脱几万块了！

yikguak lianxian 一刮两响 ①形容（干果）脆：辮小蒲桃吃起来~。②言谈或办事干脆利索：伊个言话，~，交关弹硬。

yikjiak gundao sheklokpu 一脚滚到十六铺 一下子滚得很远：惹我讨厌末，叫侬~！

yikjiakloksou 一脚落手 一口气，不停歇：让我拿事体~做光以后再来看侬。

yikjiakqi 一脚去 ①全完了：本来还可以修补一下，乃是~了。②全部拿走：辮眼青菜吃没几化了，~，便宜点。

③死了：伊毛病越来越重，~了。

yikjiak tikdao 'xibakliya 一脚踢到西伯利亚 滚开，踢得你远远的：当心我拿侬~！

yikjibhang 一见棒 〈形〉最好的。◇日语"一番"的音译兼意译。又写作"一级棒"。

yikjik 一级 〈形〉最好；上等；第一流：侬个字写得~！｜侬辮种衣裳~了！

yikju hhehho 一句言话 行，没二话：好个，~，明朝跟侬去做！◇"言话"，俗又作"闲话"。

yikkouga 一口价 〈名〉对已定的价格不讨价还价、一口说定的价：阿拉辮搭是~，侬看已经是便宜到再便宜也呒没了！

yikkouzong 一口钟 [旧]斗篷。

yikmeksek 一抹色 一种颜色到底，一种式样：路浪向个树枝修剪得~。

yikmenxinsy 一门心思 ①一个心眼：伊~欢喜小王。②专心致志：读书写字，侪要~，勿可以三心二意。

yikngemsasa 一眼呒啥啥 一点也没有什么：伊吃光用光，屋里向~了！

yikngenge 一眼眼 一点儿：我只买了~水果。

yikpiaohusek 一票货色 一路货（含贬义）：我看伊拉两个人完全是~。

yikqiandhou 一枪头 ①一下子（便成功）：侬还要分四趟五趟搬，我只要~。②一次性：是赢是输，~！

yiksanyiksy 一生一世 一辈子：辫桩事体勿脱伊办好，伊要骂我~。｜嫁拨伊受罪~。

yiksekyikyan 一式一样 一模一样：我拿字临摹得脱原稿~。

yikshangmjikgu 一场呒结果 白费精力，毫无结果：阿拉帮伊学了半年，还是~。

yikshysekek 一时三刻 马上，立等：辫段文字伊要我~赶出来个。

yiktakguakzy 一塌刮子 总共，统统：今朝一日天工夫，~卖脱廿斤菜。

yiktik yhak 一帖药 甘心顺从、佩服：老婆对伊是~，百依百顺。

yiktisyga 一天世界 形容到处都是、一塌糊涂：台子浪个书叠叠齐，勿要摊了~。｜一面盆个水泼得地浪~。

yikyansan 一样生 一个样子：两只枕头套~个。

yikzak din 一只顶 ①极好，最好，拿手极了：我做起蛋糕来是~。｜辫个人吹起牛来也是~。②程度最高的：辫个小囡皮得来~。◇俗写作"一只鼎"。

yikzak maktonghoe 一只袜统管 比喻一鼻孔出气；合穿一条裤子。

yik 噎 〈动〉

yik 揞 〈动〉用手遮盖：伊~牢仔一张牌，勿拨我看。◇揞，《集韵》入声盍韵乙盍切："揞，以手覆也。"

yik 掖 〈动〉拉挺：了~被头。

yik 抑 〈动〉按着吸干：拿水~干。

◇抑，《广韵》入声职韵于力切："抑，按也。"

yin 洇

yin 洇 〈动〉液体落在物上或顺着缝道儿向四处散开或渗透：打碎水缸隔壁~。｜辫种纸头要~水。◇洇，《广韵》平声真韵于巾切："湮，落也，沉也。"

yin 瀴 〈形〉凉，冷：天气~飕飕。｜水~得来。◇《集韵》去声映韵于孟切："瀴，冷也。"

yindokdok 瀴笃笃 〈形〉微凉的感觉：侬个皮肤~个。

'yindhou 因头 〈名〉①缘由：说话要听音，事体是有~个。②借口，岔儿：伊要寻~报复。

'yindhao/'andhao 樱桃 〈名〉

'yinwhe 因为 〈连〉伊是老相信我个，~我每趟事体侪做得交关周到。｜~过去心脏从来呒没发现毛病，所以我辫趟发病有点措手不及。

'yindiao 阴刁 〈形〉表面和善，暗里刁滑。

'yingoudhong 阴沟洞 〈名〉地上排水沟通往地下排水沟的洞儿。一般上面加有布满小洞的挡板。

'yinsen 阴损 〈动〉暗中损害别人。

'yinsensen 阴森森 〈形〉

'yinsyti 阴势天 〈名〉阴天。

'yinti 阴天 〈名〉

'yinyhanhuaqi 阴阳怪气 ①不直率，吞吞吐吐：讲言话勿要~，要爽爽快快。②不阴不阳,不死不活的样子:挦个人~个,呒没人欢喜伊。
yinyhuti(qi) 阴雨天(气) 〈名〉
'yinlian 荫凉 〈形〉因无阳光直射而凉快。
'yinliandhou 荫凉头 〈名〉凉快的地方。
yingao 印糕 〈名〉用带花纹的木模压制的糕。
yinsekpin 印刷品 〈名〉
yinsyqi 饮水器 〈名〉
yinyhinngejin 隐形眼镜 〈名〉戴在眼睛里,不易看到的镜片。

yo 唷

'yo 唷 〈叹〉①表示讽刺、挖苦:~,伊鸡变凤凰哧!②表示惊讶、出人意料:~,侬看暴风雨来了!

yok 淯

yok 淯 〈动〉用椒酒酱油浸藏鱼肉:挦块肉是~辣海个。

you 幼

youeryhuoe 幼儿园 〈名〉◇旧作"幼稚园 youshyyhuoe"。

yun 熨

yundou 熨斗 〈名〉

yuoe 鸳

'yuoeyan 鸳鸯 〈名〉鸳鸯鸟。〈形〉东西不相合、不相同而配成一对:侬看伊两只袜子是~个。

Z

za 喳

'za 喳 〈形〉尖着嗓子咋咋呼呼:小姑娘讲言话要文雅点,勿要~!

zasouzajiak 爪手爪脚 做事不熟练,使人看不入眼:要好好叫认真学点技术,勿要~。

'zaba 咋巴 〈形〉差劲,不利落,不行:侬个眼睛老~个,连我也看勿出了!

zak 着

zak 着 〈动〉①穿:鞋子~辣脚浪。|~衣~袜~鞋子。②下棋:~象棋。③略洒:菜浪向~点水。|鲜花浪要~点水辣海。◇《广韵》入声药韵张略切:"着,服衣于身。"

zak jhi 着棋 下棋

zak lidangku 着连裆裤 比喻互相勾结(合做坏事):两个人一直~,想方设法做坏事。

zak sy 着水 使水分渗入:小菜浪~非但看起来新鲜,卖得脱而且分量重,多赚钞票。

zakgua 着乖 〈形〉善于察言观色而行事;知趣:辫个小囡老~个,会讨人欢喜。

zakyishang/zak 'yishang 着衣裳 穿衣。

zak 咂 〈动〉用口舌品尝食物:~~滋味看。

zak 粠 〈动〉把粉调入粥、菜或水使成糊状:辫盆菜勿要忘记~腻。|~粥。◇粠,《集韵》入声陌韵陟格切:"粠,屑米为饮,一曰粘也。"◇俗作"扎"。

zak ni 粠腻 勾芡。

zak 囦 〈形〉坚硬,结实:~硬。|硬~~。◇囦,《玉篇》卷第二十九口部陟革切:"囦,囦囦,硬貌。"俗写作"扎"。

zak ce 扎采 用彩色绸布、纸条等结成美丽的装饰物。

zakden 扎墩 〈形〉身体健壮结实。

zakdheyhin 扎台型 ①出风头;有光彩;很神气:今朝球场浪,拨伊扎足台型。②要面子,争面子:勿管啥事体,伊老是要为自家~。③有面子:辣舞厅里,伊样样会跳,老~个。

zakgou 扎钩 〈名〉①用来表示正确的批改符号,形似钩子,故名。也用来表示使用这种符号的动作:老师来辫搭扎了只钩。②使门窗固定的钩子。

zakjin 扎劲 〈形〉有刺激;有趣。

zak mizy 扎面子 争面子;有面子:随便啥事体,伊总归要为自家~。|伊今朝老~个。

zakzy 扎致 〈形〉[旧]结实、牢靠、耐用:辫只包裹打得~个。

zan 睤

'zan 睤 〈动〉看望;略加探望:我朝病房里~了一~,呒没人。|~亲眷,望朋友。◇《集韵》平声阳韵中良切:"睤,目大也。"俗写作"张"。

zan 胀 〈形〉

zanhugu 胀鼓鼓 〈形〉

zandek yinxian shyyhong 长得影响市容 长得很难看:侬就勿要吹来,就凭侬辣只面孔,~,还好潇洒哦!

zangga 涨价

zang 装

'zang 装 〈动〉

'zang sendhou 装榫头 栽赃;加罪名巧设借口:伊是硬~,猪八戒反咬一口。

'zangqianzokxi 装腔作死 假作死样:侬勿要~赖辣床浪向,快点起来!

zang 奘 〈形〉胖;肥。

zangdenden 壮墩墩 〈形〉身体壮实:辣个男小囡~个,真好白相。

zanggao/zang 'gao 焋糕 在家里蒸做糕点。

zao 照

'zao 搔 〈动〉挠。

zao 早 〈形〉

zaoe 早晏 〈副〉早晚,迟早:一直勿听我言话侬~要吃亏倒霉。

zaofhe 早饭 〈名〉

zaogaofong 早高峰 〈名〉上班时间交通十分拥挤的时候。

zaolang 早浪 〈名〉早上,早晨:我~七点半离开屋里去上班。

zaolangxian 早浪向 〈名〉早上,早晨:我~七点半离开屋里去上班。

zaoshendhou 早晨头 〈名〉早晨:我~六点半碌起来。

zao bhadhou 照牌头 ①依靠别人的力量办事:辣眼事体我要~照着依了。②总归:辣盘棋~输拨侬!③按理:整理房间~是依做个。◇俗又写作"照排头"。

zaoxian 照相 〈名〉相片、照片。〈动〉摄影。

zaoxianji 照相机 〈名〉

zao caopiao 找钞票 找零。

zaodhou 灶头 〈名〉灶。

zaodhou 找头 〈名〉买东西时找回的零钱。

'zao nyuxi 招女婿

zao(pi)ge 灶(披)间 〈名〉厨房。

zaoku 罩裤 〈名〉穿在最外面的裤子。

zaose 罩衫 〈名〉罩在短袄或长袍外面的单褂。

zaoxhiu 罩袖 〈名〉①套袖。②中装衣料做袖子的部分。

zaozy 枣子 〈名〉

ze 嚽

ze 嚽 〈形〉赞誉事物之好:辣种纸头写起字来~得一塌糊涂。◇《广雅·

释诂一》："嫃,好也。"《广韵》去声翰韵徂赞切："嫃,一曰美好貌。"《玉篇》卷第三女部旦切："嫃,好容貌。"《通俗文》："嫃,服饰鲜盛谓之。"◇俗写作"赞"。

'ze 劅 〈动〉切,剁：~一斤肉。｜~肉浆。◇《玉篇》卷第十七刀部子践切："劅,剉发也,减也,切也。"俗写作"斩",如"斩一刀"。

'ze niok 劅肉 剁肉。

'ze hhoghek yhuik 再下个月 〈名〉

'zewhe 再会

'zecongdhou 斩冲头 枪打出头鸟；勿要冲辣前头,当心~。◇"斩""冲"为俗字,声调都不合。原来本字作"劅""儱"。

'zeyikdao 斩一刀 敲诈掉一笔钱：买衣裳当心勿要拨伊当侬洋盘~。

zek 折

zekge 褶裥 〈名〉衣服上经折叠而缝成的纹。

zeksoe 折扇 〈名〉平时折叠着,用时打开的扇子。

zekxiao 只消 〈副〉只需要：完成舒篇文章,我还~两分钟了。

zekyhou... ze... 只有……再…… 〈连〉表示条件关系：~我做自家个生意个辰光,我~觉着称心。

zekyhuoe 职员 〈名〉

zen 真

'zen 真 〈形〉

'zensy 真丝 〈名〉

'zensanwhek 真生活 ①艰辛,劳累的活计：舒份工作~,天天弄得我腰酸背痛。②真够受的：介许多事体要我半日天做完,~！

'zen 揓 〈动〉手挤压,挤出小洞：~奶。｜~牙膏。◇揓,《集韵》去声恨韵祖寸切："揓,《说文》,推也。《玉篇》：挤也。"◇俗写作"抌"。

zen 靧 〈形〉黑：霉~气。◇靧,《集韵》上声轸韵止忍切："靧,黑谓之靧。"《正字通》："靧亦作,阴湿之色曰霉。湿气著衣物,生斑沫也。"

zendhou 枕头 〈名〉

zendhoumibao 枕头面包 〈名〉[旧]普通的长方形面包。

zendi 正点 〈形〉①很棒、很好、很漂亮的意思。常表示一个人身材很好。②好的东西、漂亮的人,乃至事情干得漂亮,话说到点子上,都可以随声喝彩"正点！"：舒个人长得交关~,侬欢喜哦？

'zengak 蒸格 〈名〉蒸做糕点的台格。

zenhhanzenjin 正行正经 ①正式,认真：事体要~个做,勿要拆拆烂污。②正经的：伊~事体勿做,老是要投机取巧。

zenka 正卡 〈名〉正宗的、原装的、原版的,与"大卡"反义：侬一定要帮我买~,勿好是大兴个噢！

zenzong 正宗 〈形〉正统；真货,不是冒牌的：舒条裤子是~苹果牌,勿是冒牌货。

'zendenbe 砧墩板 〈名〉砧板。

zenzok 准足 〈形〉标准，准确：卖小菜分量要秤～。｜伊准准足足八点钟出门。｜托人办事要看～人。

zo 炸

zo 炸 〈动〉将食物放在沸油中使熟：～虾球。

zozybha 炸猪排 〈名〉将猪排涂上面粉或面包糠后用油炸成的食品。

'zo 揸 〈动〉用手指抓取东西：三只节头～田螺。｜～牌。◇揸，《集韵》平声麻韵庄加切："揸，《说文》，叉取也。"

zo bha 揸牌 玩麻将、扑克等牌时依次拿进牌。

'zoce 榨菜 〈名〉茎用芥菜。

zo nin 诈人 ①敲诈人：伊根本呒没撞伤，不过还辣装腔作势要～。②小孩为要达到某一要求或目的而借用威胁方法迫使大人让步：辂个小人要想买糖吃，现在赖辣地浪～了。

zoxizowhek 诈死诈活 死皮赖脸。

zosezan 痄腮胀 〈名〉腮腺炎。

zoe 转

zoe 转 〈动〉绕，兜：～了两条街。

zoe nidhou/zoenidhou 转念头 ①动脑子，想主意：侬辣转啥个念头，呆笃笃个。②转念一想：伊刚刚还讲要来，～又勿来了。

zoefang 转方 〈动〉复诊时病人不到场，由别人述说病情，请中医在原来的药方上稍作改动，或再开一张相同的方子。

zoele 转来 〈动〉回来；常特指回家。又称"回转来 whezoele"。

zoeqi 转去 〈动〉回去。常特指回家：我勿高兴白相了，我要～了。又称"回转去 whezoeqi"。

zoewe 转弯 〈动〉拐弯。

zoewegokzy 转弯角子 拐弯角。

zoejhin 最近

'zoemadi 专卖店 〈名〉专卖某家商品或某种名牌商品的商店：伊一下班，就一头钻进～。

zok 粥

zok 粥 〈名〉

zok 嗾 〈动〉小儿空吮：小囡吮没奶吃，嘴巴还辣辣一～一～。◇《字汇》："嗾，嗾吮，以口吸物也。"

zok 箏 〈动〉把散乱的条状物反复顿动弄整齐：拿辂眼柴～～齐再缚起来。｜侬牙齿～～齐再讲话。◇《集韵》入声尾韵张六切："箏，以手筑物。"俗作"捉"。

zok 斫 〈动〉用刀类工具砍割：～稻。｜～柴。

zok 足 〈形〉满：人侪坐～了，轧勿进去。

zok 作 〈动〉①当作。②装：装模～样。｜～妖～怪。③使性子闹，乱吵；

特指女子向男子闹别扭或小孩无端吵闹:瓣个小囡真会~！｜侬再~下去,当心吃生活!

zokjinzokgua 作精作怪 乱吵乱闹,耍无赖:伊常庄要来~,脱我过勿去。

zok kun 作睏 指婴儿哭闹一阵才肯睡觉。

zoknik 作孽 〈形〉值得同情,可怜:侬看伊拉一家门三个人住辣八平方个房子里老~个!〈动〉做伤害人的事:侬想想看,实在勿应该做瓣种~个事体。

zoknyu 作女 〈名〉难弄的、很会折腾的女子:瓣个女人绝对是个~,啥人敢讨伊做老婆算啥人倒霉。

zoktizokdhi 作天作地 指喜欢吵闹,不给人安宁。一般指又哭又叫的样子:伊昨天~,就是勿肯到学堂里去。

zokxi/zok xi 作死 〈动〉找死:侬到此地来挑衅,~!

zokxik 作雪 温度骤降,雪将下未下的天气状况。

zokxin 作兴 也许,可能:现在辰光还勿到,~伊会来个。

zokxizokwhek 作死作活 寻死觅活,比喻大闹特闹:今朝伊~作了一日天,侪是为仔勿肯脱伊买一件衣裳。

zokbedhou 捉扳头 找茬儿:我做得介好,侬做啥总归要来~?

zokfangshen 筑方城 打麻将。

zokzen 捉准 〈动〉把握准确:关键辰光侬一定要机会~。

zokgue 足惯 〈副〉①总是:伊~勿起劲。②终究:伊~会赢个。

zoksen 竹笋 〈名〉刚冒出土的嫩竹。

zong 中

'zong 中 〈形〉

'zongba 中巴 〈名〉中型巴士,中型客车。

zong 'dao 中刀 受刺激;遇到不好的事:看起来伊~忒深,我劝勿好伊。

zong dhouce 中头彩 ①倒霉:今朝真勿顺,~了!②头上被重击一下。

'zongfhe 中饭 〈名〉午饭。

zongfong 中风 〈动〉

zonghhok 中学 〈名〉

'zonghue 中灰 〈形〉深浅适中的灰色。

'zongjia 中介 〈名〉介绍职业等的中间联系人:现在个~市场要清理整顿一下。

'zonglangxian 中浪向 〈名〉中午:~12点钟,到饭厅里去吃中饭。

'zongnga hhekzy 中外合资 混血儿,戏谑语:小王前年告美国人结婚,侬看瓣个是伊拉个~。

'zongnin 中人 〈名〉买卖、交易的中间人。

'zongqiujik 中秋节 〈名〉

'zongqi 中气 〈名〉①胸中之气。②力气;有时也指精神状态。

zongsy 中暑 〈动〉

zong yi 中意 〈动〉满意,正中下怀。

zong 'zao 中招 〈动〉①受刺激遇到不好的事。②落入圈套。

'zongzang 中装 〈名〉

'zong 钟 〈名〉

'zongdhou 钟头 〈名〉小时,时间计量单位。

'zongdigong 钟点工 〈名〉上门做事,以钟点计酬的佣工。

'zong 终 〈副〉有大多数把握的预料:今朝伊~会得来个。|我讲得辩能仔细,侬~懂了!

'zong 㚇 〈动〉举步;两腿弯曲下蹲后,并拢向前跳:朝前一~,跳出三尺远。◇㚇,《广韵》平声东韵子红切:"㚇,飞而敛足。"

'zongsan 众牲 〈名〉①牲畜。②骂人若畜生。◇也写作"中牲"。

zongzy 粽子 〈名〉

zou 走

zou 走 〈动〉双脚交互向前移动。◇较抽象意义的"走",上海话说"跑",如"到外面去"上海话说"跑一转"。

zouhao zouhao 走好走好

zou jiaklu 走脚路 请人代为通融,走后门:伊勿大规矩,办事体只想~。

zoulang 走廊 〈名〉

zou ninga 走人家 串门儿。

zouqiao 走俏 〈形〉时行,正受青睐欢迎:彩电、冰箱侪是辫两年个~商品。

zou 'qinjuoe 走亲眷 走亲戚。

zou yhan 走样 〈动〉失去原来的样子。

zou yhou 走油 〈形〉①事情不佳,(这下)可苦了,可糟了:今朝碰着一个难题,真~!②不可开交,厉害得很,够呛:忙得来~,脚也要掮起来!|懒得~。〈动〉咸肉、火腿类食品变质。

zouyhouniok 熰油肉 〈名〉用油炸后再蒸使皮松软的猪肉菜肴。◇熰,又写作"走",是一种烹调方法。

zouzy 绉纸 〈名〉有皱纹的纸,常在娱乐结彩中用。

zu 做

zu dhou 做头 女子修理头发,多指烫头发。

zu dhoufak 做头发 做发型。

zu dhudhoumang 做大头梦 白日做梦:侬想要做我个女婿,真是~!

zugong 做功 〈名〉①演员的演技:伊个扮相、~侪不错个。②做活儿的手艺:~忒粗糙个衣裳我勿要。

zugongku 做功课 ①做作业。②对某件较复杂的事事先做一些预备操作:要去商量儿子到好学堂去读书,还是要先做~。③对某项数据变化进行记录、研究:我明朝要汇报研究结果,有几只数据还要算算准,今朝夜里还要~。

zu ninga 做人家 持家。

zuninga 做人家 〈形〉节俭。

zu shiti 做事体 做事情。

zu soujiak 做手脚 制造假象改变事情的原来面貌:伊辣账里做了交关手脚,现在查出来了。

zu ninkak 做人客 做客。

zusanwhek 做生活 〈动〉干活。

zusanyi/zu 'sanyi 做生意 〈动〉做买卖。

zusom 做舍姆 坐月子。

zutek 做脱 〈动〉①指事情做完。②把人搞死:当心我~依!

zuzan/zu zan 做账 〈动〉记账、核算。

zuzok 做作 〈形〉矫揉造作:伊演员做得勿像,动作忒~。|依看看伊,一副恶形恶状~个样子。

zy 痣

zy 痣 〈名〉

'zy 劗 〈动〉置刀或其他锥状硬物于物内:一根针~辣肉里向。◇劗,《集韵》去声寘韵侧吏切:"劗,插刀也。"

zy 子 作词缀用:台~。|牌~。|头头~。

zybo 嘴巴 〈名〉

zyngan guekdhou 'su/zynganhuekdhou 'su 嘴硬骨头酥 说得很硬,但临事退却:依勿要看伊神气活现,一碰着小事体,就~了。|勿要看伊平常辰光狠三狠四,一碰着顶头上司就软下来了,真是~。

zyshengao 嘴唇膏 〈名〉①唇膏,口红。②润唇膏。

'zyce shongzu 资产重组 再婚,戏谑语:老王已经~。

zy co 痓车 〈动〉[旧]晕车。

zy hho 痓夏 〈动〉夏季精神倦怠,胃纳不佳。◇痓,《广韵》去声遇韵之戍切:"痓,痓病。"

'zydhouniok 猪头肉 〈名〉猪头上的肉。

'zygoe 猪肝 〈名〉

'zylu 猪猡 〈名〉①猪。②骂人愚蠢似猪。

'zyniok 猪肉 ◇平时只称"肉",在与牛肉、羊肉等区分时称。

zyjianhhong 紫绛红 〈形〉略带紫的深红色。

'zymojian 芝麻酱 〈名〉芝麻磨成的酱。

'zypiao 支票 〈名〉

zyqinli 紫青莲 〈形〉紫色。

zykakjhi 指掐钳 〈名〉修剪指甲用的工具。

'zysen menyu 资深美女 〈名〉对年龄较大的女子的称呼,也称"成熟美女":今朝伊拉请了点~来,脱 MM 们谈谈亲身经验。

'zyshen 滋润 〈形〉湿润,油润:依个皮肤倒蛮~个。

'zysy 痄水 〈名〉疖痈出脓流出的带黄液体。◇痄,《广韵》平声脂韵旨夷切:"痄,积血肿貌。"

'zysypao 痄水泡 〈名〉烫伤或虫咬后在皮肤上形成的水泡。

词目义类索引

(词目右边的页码指词典正文的页码)

最基础词语

数词

八	6
半	17
九	82
两	98
零	99
六	101
五	113
二	116
廿	117
七	131
三	139
十	145
四	151
一	184

人称词

我	116
阿拉	3
侬	120
伲	111
伊	179
伊拉	179

指示词

迭搭	38
迭个	38
埃面	47
埃面一眼	47
埃眼	47
埃个	47
辩能样子	59
辩搭	61
辩个	61
辩面	61
辩能(介)	61
辩眼	61
伊个	184
伊面	184

疑问词

多少	46
阿里	69
阿里搭	69
阿里个	69
几	78
几化	78
几时	78
哪能	111
啥	136
啥地方	136
啥讲究	136
啥个	136
啥人	136
啥辰光	136
为啥	164

最常见词

哦	50

勿	51
介	54
事体	149
一眼眼	185

1 天

1.1 天文

背暗	12
日影	118
暗头里	122
太阳	153
太阳头里	153
星	174
月亮	183
月亮头里	183

1.2 气象

拗春冷	4
冰	16
冰胶	17
打雷	29
倒黄梅	31
台风	35
大水	41
多云	46
发冷汛	48
风	53
风头	53
下风头	70

虹	71
忽险	73
结冰	81
开晴	85
开烊	85
空阵头	87
冷天	92
雷阵雨	97
雷响	97
亮头里	98
亮光	98
凌泽儿	99
落雪	101
落雨	101
龙卷风	101
露水	102
毛毛雨	105
迷雾	108
热天	117
起雾	128
起阵头	128
秋老虎	134
霜	138
霜打	138
三伏天	139
着地雷	141
长脚雨	142
上风头	143

词	页	词	页	词	页	词	页
阵头风	146	大前日	41	礼拜	97	夜快头	177
阵头雨	146	大清老早	41	忙头里	104	夜里	177
天好	156	大前年	41	未了	108	夜里向	177
天冷	156	点	42	秒	108	现在	179
天热	156	晏歇	47	明年	108	月	182
天瀷	156	晏一歇	47	明朝	108	早晏	189
黄梅天	163	埃个辰光	47	磨黄昏	109	早浪	189
晴天	168	分	50	乃	112	早浪向	189
雪	173	尴尬头	57	乃下去	112	早晨头	189
雪珠	173	辫个辰光	61	年	116	再下个月	190
雨	182	辫个月	61	日隔日	117	最近	191
雨夹雪	182	辫抢	61	日脚	118	中浪向	192
阴势天	186	辫歇	61	日里向	118	钟头	193
阴天	186	号	69	清早	134		
阴雨天(气)	187	号头	69	去年	134	**2 地**	
荫凉	187	下半天	70	深更半夜	139		
荫凉头	187	下半日	70	长远	142	**2.1 处所**	
作雪	192	下半夜	70	上半日	142	边头	15
		下个月	70	上半天	142	边浪向	15
1.3 节令		后日	72	上半夜	143	壁角(落)	16
端午节	44	后年	72	上个月	143	埠	28
腊月里	92	后首来	72	辰光	146	当中	30
年初一	116	后天	72	昨日	147	当中横里	30
年夜头	116	近来	77	昨天	147	档子	30
清明节	134	近抢把	77	从前头	147	台阶	35
重阳节	147	旧年	77	天亮快	156	地段	37
小阳春	173	将来	80	黄昏头	162	地方	37
中秋节	192	今年	82	前个月	167	空档	87
		今朝	82	前两日	167	冷角落	92
1.4 时间		开年	85	前两日	167	屋里向	123
白天	10	刻	86	前年	167	着外头	141
半夜把	18	老底子	93	前日	167	贴隔壁	157
当今	30	老清老早	95	前(一)抢	167	幺二(三)角落	176
大后日	41	老辰光	95	前天	167	沿马路	179
大后年	41	老早	95	夜头	177	转弯角子	191
大后天	41						

2.2 方位

词	页
背后(头)	9
旁边	11
当口	30
当势	30
对过	31
对面	31
头里	40
方向	49
高头	56
下(底)头	70
下面	70
后头	72
后(底)头	72
里向(头)	98
门前	106
面前	107
外(底)头	113
外面	114
眼门前	115
趄角	141
上(底)头	143
朝后去	144
前头	167
斜对面	167

2.3 地面

词	页
坳坳	4
摆渡口	6
步行街	15
边沿	16
瘪塘	16
弹硌路	35
地皮	37
洞洞眼	39
高墩	56
角落(头)	62
圢圢	66
豁豁	74
豁口	74
灰尘	75
记认	78
空地	87
垃圾	90
烂污泥	96
两道	98
粒屑	99
潎	108
石头	141
石屑	141
石子	141
槽槽	144
水荡(荡)	151
水桥头	152
水泡(泡)	152
黄沙	163
河浜	165
河滩地	165

2.4 城乡

词	页
下只角	70
落乡	101
弄	101
弄堂	101
马路	109
码头	109
外地	113
外界	113
南西	120
三岔路口	139
上海	143
上海滩	143
上只角	144
十里洋场	145
市口	149
苏州河	151
黄浦江	163
吴淞江	165
徐家汇	167
乡下头	171
洋泾浜	178

2.5 景观

词	页
东方明珠	45
共青森林公园	61
虹口足球场	71
龙华寺	101
长风公园	142
上海博物馆	143
上海动物园	143
上海科技馆	143
上海历史陈列馆	143
上海体育场	143
世纪公园	152
静安寺	168
延中绿地	179
一大会址	184

3 人

3.1 身体

词	页
背心	9
皮	12
鼻头	13
鼻梁	13
鼻毛	13
屄	15
臂撑子	16
疤	17
拆尿	19
疲	19
赤膊	20
打嗝哆	29
打嗝儿	29
打瓣愣	29
打呵唏	29
打昏涂	29
打瞌盹	29
打喷嚏	29
打嚏	30
痰	35
臀疝	36
条干	38
头	39
头皮屑	40
头发	40
头颈	40
头胭	40
大块头	41
大模子	41
肚皮	41
肚皮眼	41
肚脐(眼)	41
豚	45
多(多)头	46
隔夜面孔	55
疔	56
盖	56
胳肋竹	58
胳肢窝	58
骱	58

膈儿	60	奶(奶)	111	腰眼	176	气色	129
肝	62	奶(奶)头	111	腰子	176	腔调老足	130
刮皷	64	脑子	112	魘	184	腔势	130
骨头	65	牙齿	113	痣	194	腔势浓	130
下身	70	牙子	114	嘴巴	194	吃相	133
寒毛	71	额角头	114	**3.2 气质**		生性	137
呵唏	73	眼睛	115	白相心	12	声气	138
昏涂	75	眼泪(水)	115	脾气	13	长心	142
肩胛	78	眼泡(皮)	115	拆污	19	神气	146
脚	79	眼乌珠	115	嗲劲	42	回往心	163
脚底(板)	79	肉皷皮	119	嗲声嗲气	42	魂灵三圣	164
脚节头	79	软档	121	肝火	62	魂灵(心)	164
脚馒头	79	屁股	126	功架	62	小囡脾气	172
脚丫(丫)	79	射尿	140	光火	64	兴头	174
脚髈	79	肠胃	142	涵养功夫	71	兴致	174
节头管	81	上身	143	火气大	74	心境	174
脊柱骨	81	涎唾(水)	145	记性	78	心思	175
噘嘴	82	舌头	145	脚花	79	心想	175
瞌盹	86	神经	146	脚筋	79	性子	175
块	88	寿斑	147	劲道	82	样子	178
块头	88	手	150	魁劲	88	运道	183
老茧	94	手臂巴	150	浪头	92	中气	192
瘤瘤头	97	手底心	150	老气	95	**3.3 亲属**	
肋棚骨	97	手节头	150	良心	98	阿姨	3
流鼻涕	100	手节揩	150	力道	99	阿婆	3
卵	100	尿	151	力作	99	阿公	3
卵脬	100	拖鼻涕	153	奶声奶气	111	阿哥	3
落窟	101	胃	163	眼火	115	阿姐	3
漏馋	102	户头	165	眼睛尖	115	阿嫂	3
卖相	104	胡苏	165	念头	116	爸爸	6
忘记心	104	唏咙	165	人品	118	伯伯	6
面架子	107	污	166	人性命	118	婆(婆)	15
面孔	107	心脏	175	人缘	118	表兄弟	16
眉毛	108	胸膛	175	气量	129	堂兄弟	34
模子	109	胸脯	175				

弟弟	37	儿子	116	电影明星	36	邻舍	100
弟新妇	37	娘	117	大姑娘	40	邻居	100
大姨姆妈	41	娘舅	117	驼背	41	流氓	100
爹爹	42	孃孃	117	驼子	41	聋聋	101
家之婆	54	囡儿	120	东家	45	聋子	101
公公	62	女婿	121	房客	50	陌生人	104
过房娘	63	亲眷	134	饭司务	51	妹妹头	105
过房爷	63	亲戚	134	服务员	52	门房	106
哥哥	63	嫂嫂	139	疯子	53	民工	108
姑娘	63	孙囡	139	家里	55	麻皮	108
舅妈	77	孙子	140	隔壁头	55	奶妈	111
寄爹	78	婶娘	140	工程师	62	外地人	113
寄娘	78	丈姆娘	142	乖囡	64	外国人	113
姐妹道里	78	丈人	142	乖心肝	64	业主	118
姐夫	79	侄囡	145	瞎子	66	男朋友	120
姐姐	79	侄子	145	下手	70	男小囡	120
老爸	93	太太	153	画师	71	男人	120
老婆	93	小叔	172	学生(子)	71	女人	120
老头(子)	93	小姨姆妈	173	警察	82	女小囡	120
老爹	93	新妇	174	经理	82	胖子	125
老公	93	爷	177	郎中	93	跷脚	130
老妈	94	爷老头子	177	老板	93	清洁工	134
懒扑鬼	97	爷叔	177	老板娘	93	亲家	134
姆妈	103	爷爷	177	老朋友	93	缺嘴	135
毛脚(女婿)	105	姨夫	179	老法师	93	少爷	138
毛脚新妇	105	姨妈	179	老家生	93	上手	143
妹夫	105	一家门	185	老公公	93	上手	143
妹妹	105			老姑娘	93	上司	143
晚娘	105	**3.4 一般称谓**		老好人	93	熟人	147
唔奶	111	矮子	3	老克拉	94	熟手	147
外婆	113	宝贝心肝	8	老面孔	94	厨师	148
外公	113	保姆	8	老师	95	师傅	152
外生	114	本地人	9	老太(婆)	95	师母	152
外生囡	114	白领	10	老太太	95	摊贩	155
外甥	114	秘书	15	两兄弟	98	瘫子	155

词目义类索引 | 199

乡下人	171	打桩模子	30	瞎眈鬼	86	屈死	135
小朋友	171	倒贴户头	31	空心模子	87	杀胚	137
小姑娘	172	捣蛋鬼	31	赖皮	90	生病人	137
小姐妹(道)	172	大亨	33	赖极皮	90	生手	137
小毛头	172	达人	33	辣妹	91	三八六零部队	139
小人	172	电喇叭	36	蜡烛	92	三夹板	139
小囡	172	垫刀头	37	猎头	92	三脚猫	139
小青年	172	喽头	38	浪荡子	92	柴草人	140
兄弟道里	175	大好佬	41	老狗	93	长脚鹭鸶	142
佣人	180	顶头上司	44	老刮铲	93	嘲人	144
医生	184	粉皮耳朵	50	老面皮	94	裁缝司务	144
中介	192	烦老太婆	51	老娘舅	95	馋(痨)坯	145
中人	192	浮尸	52	老实头	95	十三点	145
钟点工	193	废人	52	老手	95	十一点八刻	145
3.5 人品称谓		叫花子	56	老油条	95	寿头	147
阿飞	3	跟班	57	烂泥菩萨	96	寿头码子	147
阿猫阿狗	3	跟屁虫	57	烂屁股	96	缩头乌龟	150
阿木林	3	戆大	59	懒惰虫	97	缩货	150
阿屈死	3	乖人	64	礼拜族	97	手艺人	150
阿乡	3	拐子	64	连档码子	98	书喽头	151
巴子	6	桂花小姐	65	马大嫂	103	四零五零部队	151
爆人	8	好户头	67	买汏烧	103	四有新人	151
碰哭精	11	黑猫(警长)	68	猛门人	104	揭皮	153
白相人	12	厚皮	71	马屁精	109	余江浮尸	156
瘪三	16	花瓶	72	摸夜乌龟	110	天吃星	156
吵客	21	花痴	72	奶油小生	111	黄鱼脑子	162
出老	22	强人	76	嫩头	113	黄牛	163
出老码子	22	挤客	76	硬出头	114	黄牛肩胛	163
出气筒	22	倦人	77	娘娘腔	117	王伯伯	163
促掐鬼	24	尖嘴姑娘	78	软脚蟹	121	回头客	163
傀头	25	荇头	78	软耳朵	121	活狲屁股	164
戳儿手	25	脚色	79	哑子	122	乌龟贼强盗	166
痴姑娘	26	浆糊桶	79	劈腿	126	墙头草	168
痴子	26	浆糊师	80	吃客	133	死腔	169
		居家男人	82	轻骨头	134	相好	170

词	页	词	页	词	页	词	页
小八腊子	171	泡泡纱	125	吊八筋	42	连体衣	98
小白脸	171	朝阳格	144	吊带裙	42	两用衫	98
小刁麻子	172	人造棉	146	吊带衫	42	凉帽	98
小乖人	172	绸缎	148	钉纽子	43	领头	99
小黑炭	172	士林(蓝)布	149	短统裤	44	领套	99
小男人	172	丝光绵	152	短统袜	44	露脐装	102
小气鬼	172	狐狸皮	165	兜篷	45	袜统	104
小三子	172	线呢	169	风雪帽	53	袜子	104
小揭皮	173	香烟纱	171	风衣	53	毛巾绢头	105
小滑头	173	羽纱	182	夹里	54	帽子	105
小妖怪	173	衣裳料作	184	高帮皮鞋	56	面子	107
夜神仙	177	真丝	190	高跟皮鞋	56	棉袄	107
野蛮小鬼	177	**4.2 服装**		裥	57	棉毛裤	107
洋盘	177	压发帽	3	跟脚	57	棉毛衫	107
现世报	179	百裥裙	7	纨	62	迷你裙	108
作女	192	背带裤	9	滚边	65	马夹	109
4 衣		跑鞋	11	鞋垫	69	奶罩	111
4.1 衣料		抱裙	11	鞋套	69	衲	111
哔叽	16	皮带	12	鞋子	69	外套	114
灯芯绒	32	皮鞋	12	行头	69	尼龙搭扣	116
貂皮	43	平脚裤	14	绗	69	尼龙裤	116
维尼龙	52	衬里	23	汗衫	71	绒线裤	119
府绸	53	衬衫	23	旗袍	76	绒线衫	119
海夫绒	68	搭襻	28	茄克衫	76	纽头	119
花呢	73	打裥	29	球鞋	77	牛仔裤	119
乔其纱	77	裆	30	裙裤	78	纽子	119
麂皮	78	灯笼裙裤	32	裙子	78	襻	125
卡其(布)	83	大衣	33	绢头	82	缲边	130
揩油	83	踏边	33	拷边	84	揿纽	134
麻纱	108	踏脚裤	33	开衫	85	三翻领	139
人造丝	118	袋袋	35	裤子	88	三角裤	139
绒布	119	袋袋裤	35	裤裆	88	长统袜	142
绒线	119	头巾	40	喇叭裙	90	长统裤	142
		低腰裤	42	连裆裤	98	长统靴	142
				连衫裙	98	直统裤	145

缩水	149	项链	69	方糕	49	生煎馒头	137
手套	150	节挢油	81	饭	51	烧卖	138
套衫	155	接发	81	饭米糁	51	剩饭	142
T恤	157	耳朵环	116	饭泡粥	51	松糕	150
裥	158	手链	150	饭糗	51	梳打饼干	151
拖鞋	159	手镯	150	夹生饭	55	水饺	152
滑雪衫	162	蝴蝶结	165	夹心饼干	55	餲饼	153
卫生衫	164	小辫子	171	盖浇饭	57	汤包	154
无腰裤	165	嘴唇膏	194	锅贴	63	汤团	154
袖套	168	**5 食**		蟹壳黄	66	摊饼	155
袖子(管)	168	**5.1 米面**		盒饭	69	馄饨	164
西装	169	八宝饭	6	咸酸饭	70	小笼馒头	172
胸衣	175	瘪子团	16	花卷	72	小馄饨	173
腰带	176	半夜饭	18	汉堡包	73	夜饭	177
羊毛衫	178	赤豆糕	20	鸡蛋面饼	78	阳春面	178
围袋袋	182	赤豆粽	20	家常便饭	79	油墩子	181
围巾	182	炒麦粉	21	空心汤团	87	油条	181
围身(头)	182	炒面	21	冷面	92	油煠烩	182
羽绒衫	182	炒米花	21	老虎脚爪	94	月饼	183
衣裳	184	菜饭	22	烂糊面	96	圆子	183
一口钟	185	春卷	23	擂沙圆	97	印糕	187
罩裤	189	葱油饼	25	两面黄	98	早饭	189
罩衫	189	粢饭	26	罗宋面包	102	枕头面包	190
罩袖	189	粢饭团	26	面(条)	107	粥	191
褶裥	190	粢饭糕	26	面包	107	中饭	192
中装	193	大饼	32	面饼	107	**5.2 素菜+植物**	
4.3 妆饰		淘汤饭	34	面疙瘩	107	百页	7
宕头	34	蛋炒饭	35	米烧粥	107	崩瓜	7
耳环	47	蛋糕	35	麻球	108	伏豆芽	15
发带	48	苔条饼	36	馒头	109	扁豆	15
发夹	48	甜酒酿	37	年糕	116	扁尖	15
假头套	54	团子	38	泡饭	125	菠菜	18
戒指	54	大馄饨	41	披萨饼	126	赤豆	20
轧叉	59	曲奇饼	135	羌饼	130	草头	21

菜干	22	鸡毛菜	78	酸辣汤	149	洋菜	178
葱	24	酱菜	80	素鸡	151	洋山芋	178
刀豆	30	酱瓜	80	素肠	151	油条子	182
大白菜	32	卷心菜	82	素斋	151	油焖笋	182
大头菜	32	烤麸	84	四季豆	151	油豆腐	182
大蒜头	33	辣椒	91	水芹	152	油面筋	182
塘藕	34	萝卜	95	水面筋	152	芋艿头	182
甜芦黍	37	萝卜干	95	水笋	152	榨菜	191
地栗	37	芦黍	100	丝瓜	152	竹笋	192
豆苗	40	落苏	101	塔棵菜	153	粽子	193
豆板酱	40	绿豆	101	黄豆	162	**5.3 瓜果**	
豆芽菜	40	绿豆芽	101	黄豆芽	162	樱桃	4
豆腐	40	毛豆	105	黄瓜	162	白果	10
豆腐干	40	毛笋	105	黄芽菜	162	荸荠	12
豆腐花	40	霉夫	105	回汤豆腐干	163	荸荠	12
豆腐浆	40	霉干菜	105	荷兰豆	165	枇杷	13
豆腐衣	40	美芹	105	莴苣笋	166	苹果	14
豆制品	40	面筋	107	荠菜	167	葡萄	15
大白菜	40	米苋	108	斜塘藕	167	蒲桃	15
大菜	40	蘑菇	109	线粉	169	文旦	52
冬瓜	45	蘑菇菜心	109	西来花	169	橄榄	57
冬笋	45	木耳	109	西芹	169	红菱	71
发芽豆	48	藕	115	香菜	170	橘子	82
番茄	50	牛心菜	119	香椿头	171	菱	99
粉皮	50	蕊头	121	香菇	171	芒果	104
芥菜	54	蒿菜	123	香蕈	171	麻荔子	108
茭白	56	泡菜	125	小白菜	171	南瓜	120
橄榄菜	57	青团	134	小菜	171	生梨	137
咸菜	70	青辣椒	134	小寒豆	172	石榴	142
咸菜炒毛豆	70	生菜	137	小塘菜	172	水果	152
寒豆	71	山芋	139	小青菜	172	水蜜桃	152
寒豆藤	71	笋干	140	雪里蕻	173	西瓜	169
花菜	72	长豇豆	142	熏青豆	175	香蕉	171
烘山芋	73	蚕豆	147	药芹	177	雅梨	176
烘山芋	73	乳腐	149	洋葱头	178		

杨梅	178	蹄髈	37	鸡肉	78	肉酱	119
樱桃	186	蹄筋	37	鸡肫	78	肉松	119
枣子	189	童子鸡	39	鲫鱼	78	肉丝	119

5.4 荤菜+动物

鸭	3	大煤蟹	41	脚圈	79	肉汤	119
鸭膀	3	肚档	41	甲鱼	79	肉圆	119
鸭蛋	3	肚肠	41	酱煨蛋	80	肉粽	119
鸭肫干	3	肚子	46	腈肉	81	牛百页	119
爆鱼	8	方腿	49	橘黄	82	牛肉	119
排骨	9	凤爪	52	烤子鱼	84	牛肉干	119
排骨年糕	10	凤鸡	53	开洋	85	胖头鱼	125
白鲢	10	凤肉	53	癞(水)蛤巴	90	浦东鸡	127
白煤蛋	10	夹心	55	腊肠	92	浦东三黄鸡	127
白和蛋	10	蟹	66	老母鸡	95	千鱼	129
白乌龟	10	蟹粉	66	肋条(肉)	97	龆蟹	130
白斩鸡	10	海参	68	里脊	98	龆虾	130
蟛蜞	11	海蜇皮(子)	68	鲈鱼	102	青鱼	134
盆菜	12	海蜇	68	罗宋汤	102	青椒牛肉	134
皮蛋	12	海鲜	68	螺蛳	102	青蛙	134
叉烧	20	海带	68	门腔	106	青占鱼	134
炒菜	21	咸(鸭)蛋	70	面浇头	107	双档	138
炒茭白	21	咸鱼	70	面杖鱼	107	三鲜汤	139
炒虾仁	21	红烧肉	71	明虾	108	赚头	144
炒腰花	21	红肠	71	麻雀	108	茶叶蛋	146
草鸡	21	花鲢	72	鳗鲡	109	鳝丝	147
叉鳊鱼	23	虾	73	五花肉	113	时件	148
雌鸡	26	虾皮	73	鱼	113	鲥鱼	149
带鱼	27	虾仁	73	鱼鲜	113	沙丁鱼	149
大餐	32	火腿	74	鱼圆	113	狮子头	151
塘鳢鱼	34	豁水	74	鹅	116	水潽蛋	152
蛋白	35	裙带菜	78	热狗	117	汤三鲜	154
蛋黄	35	鸡	78	肉	118	汤水	154
田鸡	37	鸡鸭血汤	78	肉皮	118	黄鱼	162
田螺	37	鸡蛋	78	肉段	118	黄鱼鲞	163
		鸡丁	78	肉头	118	黄泥螺	163
		鸡脚爪	78	肉丁	118	黄鳝	163

词目义类索引 | 205

词	页	词	页	词	页	词	页	词	页
河蚌	165	冰砖	17	奶糖	111	油氽果肉	182
河豚鱼	165	饼干	17	奶茶	111	油盐酱醋	182
河蟹	165	醋	25	奶油	111	芝麻酱	194
河鲫鱼	165	桃爿	34	五香豆	113	**5.6 烹调**	
荷包蛋	165	袋泡茶	36	五香粉	113	爆	8
乌青	166	檀香橄榄	36	外卖	113	拌面	14
乌于	166	甜面酱	37	外烟	114	煸	15
乌贼鱼	166	豆油	40	热水	117	抄汤	21
荠菜肉丝	167	点心	42	牛皮糖	119	炒	21
西菜	169	掼奶油	62	南瓜子	120	炒菜	21
西餐	169	过桥	63	拼盆	126	串烤	24
香肠	171	黑洋沙	68	汽水	129	氽	24
小排(骨)	171	馅头	70	色拉油	137	炖	32
腰花	176	话梅	71	生油	140	炖蛋	32
羊肉	178	红糖	71	长生果	142	溏黄	34
雄鸡	180	候口	72	纯水	146	笃	44
油爆虾	181	花生酱	73	橙汁	146	裹馄饨	63
油肉	182	花生米	73	茶	146	熯	73
腌笃鲜	184	酱油	80	熟泡面	147	烘	73
炸猪排	191	浇头	80	沙冰	149	烩	75
众牲	193	九制陈皮	82	沙糖	149	煎	78
猪头肉	194	酒水	82	水果糖	152	烤	84
猪罗	194	敲扁橄榄	84	太妃糖	153	扣	87
猪肝	194	拷酒	84	温吞水	161	熘	100
猪肉	194	拷油	84	和菜	165	焖	106
5.5 调料零食		开火仓	85	胡椒粉	165	爊	115
爆炒米花	8	开水	85	鲜辣粉	169	热水	117
白开水	10	辣货酱	91	西瓜子	169	搨面	119
棒冰	11	辣油	91	香瓜子	171	起油镬	128
刨冰	11	冷盆	92	香烟	171	醋	130
啤酒	13	冷开水	92	小蒲桃	171	涮	137
冰糖	16	老酒	94	小吃	172	烧	138
冰淇淋	17	梨膏糖	98	雪碧	173	烧烤	138
冰霜	17	米醋	107	雪糕	173	煤	141
		麻油	108	盐	179		

佘	156	石库门	141	路梯	102	**7 行**	
渍	187	栈房	144	门	106		
耗	188	住	148	门堂子	106	**7.1 车船**	
耗腻	188	天主教堂	156	门臼	106	摆渡船	6
熬糕	189	墙壁	168	门球(球)	106	牌照	9
炸	191	墙脚跟	168	门槛	106	敞篷车	20
熠油肉	193	写字楼	170	门面	106	车子	24
		小区	172	马桶间	109	倒车	31
6 住		新邨	174	气窗	129	大巴	32
		新式里弄	174	晒台	136	电瓶车	36
6.1 房舍		洋房	178	厨房间	148	地铁	36
板壁	9			自来水	148	停车	38
别墅	13	**6.2 设施**		纱窗	149	飞机	52
平房	14	百叶窗	7	书房	151	飞机场	52
大楼房子	33	牌子	10	水落管子	152	公共汽车	62
大厦	33	篷	15	水龙头	152	轿车	77
低层房	42	玻璃窗	18	套间	155	脚踏车	79
多层	46	插销	19	天花板	156	吉普车	81
多层房	46	窗	20	天井	156	吉普卡	81
房间	50	超市	21	贴脚(线)	157	救命车	82
房型	50	打蜡地板	29	会所	163	空调车	87
房子	50	汰浴间	32	卫生间	164	老虎榻车	94
街面房子	54	电梯	36	混堂	164	老爷车	95
高层	56	地板	37	护墙板	165	轮盘	97
阁楼	62	防盗门	50	前门	167	轮胎	97
工房	62	扶手	52	小菜场	171	面包车	107
花园洋房	73	阶沿石	54	阳台	178	摩托车	109
裙房	78	钢窗	56	移门	179	汽车	129
酒吧间	82	过街楼	63	浴缸	180	三轮车	139
客堂(间)	83	画镜线	71	浴间	180	船	147
客厅	83	后门	72	雨棚	182	助动车	148
开间	85	花苑	73	阴沟洞	186	磁浮车	148
老虎(天)窗	94	健身房	76	灶头	189	榻车	153
二手房	98	淋浴房	100	灶(披)间	189	黄鱼车	163
毛坯房	105	露台	102	走廊	193		

词目	页码	词目	页码	词目	页码	词目	页码
无轨电车	165	**8 病**		鸡胸	78	损腰	140
小汽车	172	**8.1 疾病**		脚气	79	湿气	140
有轨电车	180			疬	80	肠胃炎	142
中巴	192	痱子	12	急惊风	81	折	145
7.2 交通		勃伦头	12	积食	81	神经病	146
班头	9	蹩腰	13	酒糟鼻(头)	82	坐板疮	148
车站	24	半边风	18	开皴	84	痔疮	148
大转弯	41	皴	23	咳嗽	86	水(赤)痘	151
驾驶员	54	抽筋	25	癞痢疮	90	脱肛	156
高架	56	打恶心	29	瘌痢(头)	92	痛	158
驾驶员	79	瞪	32	冷热病	92	勿适意	160
两脚车	98	瞪食	32	老痴	93	胃(气)痛	163
龙头	101	痰吼	35	老花眼	93	狐臭	165
买票	103	头昏	40	楞唄	97	乌青块	166
卖票员	104	头痛	40	栗子颈	99	癣	169
内环(线)	112	头浑	40	流火	100	臀阳棚	174
泊车	124	大脚疯	41	落枕	101	眚	174
拼车	126	肚皮痛	41	漏肩风	101	心嘈	175
拼的	126	肚皮射	41	盲肠炎	104	血压高	175
轻轨	134	刁嘴	42	毛病	104	腰子病	176
煞勿牢	136	冻疮	45	奶痨	111	油灰节指	182
塞车	140	冻瘃	45	脑膜炎	111	远视眼	183
闸	141	发高烧	48	牙齿痛	113	痄腮胀	191
站头	144	发寒热	48	癌	115	中风	192
十一路电车	145	发神经(病)	49	鹅掌疯	116	中暑	192
隧道	147	发痧	49	疑心病	116	疰车	194
自备车	148	疚	50	热疖头	117	疰夏	194
自驾游	148	风瘫	53	脓疱疮	120	痦水	194
司机	152	风疹块	53	脓头	120	痦水泡	194
横道线	162	感冒	62	軀	123	**8.2 治疗**	
小转弯	173	吭	67	千日疮	129	保身价	8
早高峰	189	佝病	74	青光眼	134	拔火罐	10
转弯	191	昏过去	75	生毛病	137	把脉	17
		近视眼	77	伤风	138	撮药	24
				升火	139		

搭脉	27	**9 生活**		隐身	60	板刷	9
打金针	29	**9.1 家具**		毛巾毯	105	氅	11
打针	30			棉花胎	107	棒头	11
动手术	39	矮凳	3	褥子	119	皮夹子	12
吊盐水	43	八仙桌	6	席子	168	皮鞋油	12
吊针	43	抽头	25	羊毛毯	178	肥皂	13
膏滋药	56	抽水马桶	25	枕头	190	肥皂粉	13
挂号	62	凳子	32	**9.3 炊具**		平头钳	14
刮痧	64	台子	35	杯子	9	冰箱	17
忌嘴	76	大厨	41	钵头	9	饼干听	17
开刀	85	家当	54	盆子	12	把手	17
开药方	85	家生	54	平底锅	14	半导体	18
看舌苔	86	厣橱	54	薄刀	15	玻璃台板	18
看医生	86	柜台	77	玻璃杯	18	插头	19
量血压	98	镜子	82	盎口杯	34	擦板	20
验血	116	靠背椅(子)	84	碟子	38	窗帘	20
按摩	122	木板床	109	饭碗头	51	草纸	21
赎药	147	五斗橱	113	钢宗镬子	56	秤	23
汤头	154	床	144	盖碗	57	餐巾纸	24
汤药	154	茶几	146	镬子	71	灯头线	32
体格检查	157	梳妆台	151	镬铲	71	灯泡	32
贴膏药	157	书橱	152	酒盅	82	汏头膏	32
挺死	158	写字台	170	筷(子)	88	汏脚毛巾	32
消食	173	夜壶箱	177	筷箸笼	88	台板	35
药膏	177	圆台	183	冷水壶	92	台布	35
药罐头	177	圆台面	183	茶杯	146	台灯	35
药片	177	椅子	184	汤勺	154	台历	35
药水	177	一家一当	185	脱排机	155	台钟	35
药汤	177	**9.2 卧具**		碗	166	电唱机	36
药引子	177	被头	13	蒸格	190	电吹风	36
药渣	177	被褥	13	砧墩板	191	电灯	36
洋白头	177	单被	31	**9.4 生活用具**		电灯泡	36
医毛病	184	垫被	36	摆件	6	电风扇	36
医疗卡	184	调羹	37	百得胶	7	电话	36
转方	191					电热毯	36

电视(机)	36	莲蓬头	97	榫头	140	洋伞	178
头箍	40	拎包	99	柴爿	141	引线	179
吊桶	42	拎鏨	99	日光灯	145	浴巾	180
滴滴头	43	螺丝	102	绳(子)	146	用场	180
钉	43	毛巾	105	自来火	148	雨衣	182
订书机	44	煤气	105	瓷砖	149	月历	183
畚箕	50	煤气灶	105	字纸篓	149	饮水器	187
房卡	50	门风	106	扇子	149	隐形眼镜	187
微波炉	52	门帘	106	缩折伞	150	熨斗	187
飞立浦	52	物事	106	塑料袋	150	扎钩	188
架子	54	面盆	107	手表	150	照相机	189
缸	55	棉纱线	107	手电筒	150	折扇	190
铰链	56	马桶	109	手巾	150	钟	193
胶水	56	马桶豁笼	109	手机	150	指掐钳	194
盖头	56	马夹袋	109	手机座	150	**9.5 生活行为**	
挂表	62	木梳	109	手推车	150	搬场	17
钩针	63	沐浴露	110	收录机	151	闯邻舍	20
固体胶	63	牙膏	113	收音机	151	打电话	29
罐头	65	牙刷	114	尿布	151	打电脑	29
花露水	72	豁口	114	掌板	154	打相打	30
鸡毛掸帚	78	捻凿	116	汤婆子	154	汏手	32
剪刀	78	年历(片)	116	套头	154	汏衣裳	32
脚盆	79	热水瓶	117	炭火盆	155	汏浴	32
脚炉	79	热水袋	117	拖线板	159	荡马路	33
卷筒纸	82	热水器	117	无线电	165	定被头	38
卷发筒	82	镊子钳	118	洗洁精	170	兜远路	45
揩(台)布	83	丫叉(头)	122	洗面奶	170	发微信	48
空调(机)	87	胀脚扶梯	124	洗手液	170	发帖子	49
宽紧带	89	鏨	125	洗衣机	170	翻报纸	50
喇叭箱	90	箅脚刀	128	香肥皂	170	付钞票	53
冷气	92	洒水壶	136	雪花膏	173	解忾气	54
晾衣裳竹	93	烧水壶	138	修正液	175	讲言话	55
榔头	93	扫帚	139	钥匙	177	茄山河	58
老虎钳	94	碎路	139	洋钉	178	轧车子	59
篮(头)	97	塞头	140	洋蜡烛	178		

轧闹猛	59	**9.6 恋爱婚育**		挂号信	62	蹩脚货	13
逛公园	62	谈朋友	35	航空信	69	扒分	14
掼垃圾	62	大肚皮	41	寄信	79	赤膊工资	20
过日脚	63	爱	47	空头支票	87	出纳	22
刮胡子	64	爱侬	47	快递	88	出摊	23
叫外卖	80	发电	48	快件	88	出账	23
揩灰尘	83	放电	49	美元	106	串	24
揩台子	83	嫁囡儿	54	欧元	123	打折头	30
揩面	83	嫁男人	54	取款	134	大卡	33
揩身	83	欢喜侬	75	长途电话	142	大路货	33
开饭	85	敲定	84	存根	146	踏分	33
揩抽屉	86	蜡烛包	92	存款	146	宕分	34
拉卡	90	来电	96	人民币	146	宕账	34
眼衣裳	93	闹新房	111	私房铜钿	152	调包	37
理物事	98	女朋友	120	汇款	164	调头寸	37
落眼泪	101	吃奶奶	133	汇款单	164	断分	38
买房子	103	吃喜酒	133	活期	164	铜钿	39
买物事	103	舍姆娘	149	信	174	底脚	42
买小菜	103	讨老婆	154	信封	174	吊价位	42
赚钞票	144	怀孕	163	信壳	174	吊篮头	43
存钞票	146	养小囡	178	信纸	174	跌停板	43
烫头发	153	有喜	181	现金	179	跌价	43
摊被头	155	招女婿	189	现钞	179	兜生意	45
脱裤子	156	做舍姆	194	邮包	182	发票	49
剃头	156	**9.7 邮电银行**		邮递员	182	份量	52
听唱片	158	包裹	8	邮筒	182	隔手账	55
拖地板	159	平信	14	邮局	182	合算/恰算	58
寻相骂	168	瓶	14	邮票	182	割肉	58
引小囡	179	钞票	21	伊妹儿	184	轧头寸	59
着衣裳	188	台币	35	印刷品	187	轧账	59
走亲眷	193	特快专递	36	支票	194	工钿	62
做人客	194	电报	36	**10 买卖**		管账	65
做生活	194	定期	38	**10.1 商业行为**		行情	69
做事体	194	港币	55	压岁钿	4	学生意	71
						学生意	71

货色	74	还价	164	**11 文教**		书	151
进账	82	潜力股	167			水笔	151
敲分	84	小金库	172	**11.1 文具**		回形别针	163
敲奖金	84	夜市面	177	报纸	8	活动铅	164
开盘	85	洋	177	白报纸	10	橡皮	168
开价	85	洋钿	178	便条纸	13	削铅笔刀	170
开户头	85	一口价	185	别针	13	小书	173
开销	85	涨价	189	簿子	15	圆规	183
开张	85	找头	189	笔袋	16	绉纸	193
开市	85	找钞票	189	笔记本	16	**11.2 教学**	
拉分	90	做生意	194	笔记簿	16	报告单	8
冷门货	92	做账	194	玻璃纸	18	报考	8
老爷货	95	**10.2 店铺**		彩铅	22	班长	9
零头	99	摆摊头	6	打字纸	29	背书	9
落脚货	101	便利店	13	打印机	30	本地言话	9
冒牌货	105	处理品	26	电脑	36	背书	12
傲价	115	打烊	30	电传	36	标点符号	15
热门货	117	大卖场	33	大头(别)针	41	笔划	16
起板价	128	夫妻老婆店	53	图章	41	测验	20
撬边	130	开店	85	黑板	68	充电	25
撬边模子	131	老虎灶	94	黑板揩	68	打分数	29
煞根价	136	面包房	107	浆糊	79	大(鏖)搞	32
生活	138	茶餐厅	146	铅笔	85	大学	33
赚外快	144	烟纸店	184	铅笔刀	85	读书	39
折本	145	专卖店	191	铅笔盒子	86	晏到	47
手头紧	151	**10.3 职位**		铅画纸	86	放假	49
收盘	151	跑街	11	蜡笔	92	放学	49
收据	151	董事长	45	蓝印纸	97	放夜学	49
讨扳账	154	合同工	70	练习簿	98	粉笔	50
讨价	154	后台老板	72	毛笔	105	文凭	52
套牢	154	会计	88	毛边纸	105	讲义	55
推扳货	155	推销员	155	墨水笔	106	改卷子	57
挺张	158	营业员	179	砚台	116	下课	70
统货	158	职员	190	牛皮纸	119	学堂	71
坏分	162						

考级	84	标舞	16	申曲	140	打落袋	29
考证	84	唱独脚戏	20	说书	140	打乒乓	29
考试	84	唱功	20	丝竹(家生)	152	打扑克	29
开国语	85	唱歌	20	滩簧	155	打游戏机	30
开学	85	唱山歌	20	跳舞	157	灯笼	32
开红灯	85	唱戏	20	听沪剧	158	大怪(路子)	32
课本	88	答鼓	27	华尔兹舞	162	荡秋千	33
课堂(间)	88	大剧院	33	滑稽	162	弹皮弓	35
老古(言)话	93	电影	36	滑稽戏	162	停辣杠头浪	38
立壁角	98	电子琴	36	沪剧	165	铜鼓	39
捺	111	调头	37	胡琴	165	斗蟗蚰	45
研	116	调龙灯	37	舞狮子	165	放炮仗	49
撇	126	调花枪	37	小提琴	172	放鹞子	50
撬课	131	迪(斯)科	38	夜场	177	翻跟斗	50
揿钉	134	吊嗓子	42	夜戏	177	万花筒	50
识字	140	的笃板	43	余兴节目	182	广播	65
上课	143	钢琴	56	越剧	183	学习144号文件	71
上场昏	143	歌	63	韵脚	183	豁虎跳	74
成绩单	146	滚绣球	65	演出	184	豁拳	74
迟到	148	海派	67	做功	193	篮球	97
竖	148	京戏	82			麻将	108
拖堂	159	九腔十八调	82	**12.2 棋牌活动**		片子	126
温书	162	开场戏	85	百搭	7	乒令乒冷气	126
划	162	看白戏	86	保龄球	8	砌长城	129
写字	170	看电视	86	白板	10	砌墙头	129
小学	172	看滑稽	86	办家家	12	跷跷板	130
夜报	177	留声机器	100	爬竹竿	14	三缺一	139
幼儿园	187	锣	102	迷野猫(猫)	14	竖蜻蜓	148
中学	192	锣鼓(家生)	102	变戏法	16	磁卡	149
		拿手戏	111	喋冬喋	22	手烫	150
12 娱乐		日场	118	搓麻将	24	四方会谈	151
		乒乓器	125	猜谜谜子	24	跳绳	157
12.1 歌舞戏曲		浦东说书	127	打保龄球	28	跳橡皮筋	157
压台戏	3	腔调	130	打牌	28	踢毽子	157
评弹	14	三角尺	139	打球	29	踢足球	157

词	页	词	页	词	页	词	页
兔子灯	159	吭没关系	103	佮	57	打朋	28
滑胡梯	162	吭啥谢头	103	轧道	59	打顿	29
横东道	162	慢走慢走	105	关子	65	打招呼	30
横输赢	162	明朝会	108	好白话	66	钝	36
香烟牌子	171	麻烦侬	108	黑良心	68	顶嘴	44
洋囡囡	178	侬好	120	结交	81	废讲	52
洋泡泡	178	侬早	120	老搭档	93	讲大勿出	55
游乐场	182	牵记侬	128	老口	94	讲账	55
游码头	182	请原谅	134	力把	99	瞎讲	66
扎采	188	请问	134	领头	99	言话	70
着棋	188	请侬	134	翎子	100	接嘴	81
照相	189	身体好哎	140	名片	108	賏声	93
揸牌	191	添侬麻烦	157	名气	108	吭没言话	103
筑方城	192	勿好算啥	160	名堂	108	碍口	115
13 交际		勿好意思	160	义气	116	閗僵	124
		勿碍啥	160	人道	118	攀谈	125
13.1 礼貌用语		勿要紧	160	人头	118	上腔	143
拜托侬	6	谢谢侬	167	人手	118	撞腔	143
拜哎	9	小意思	173	横对	161	还嘴	164
抱歉	11	意勿过	184	有路	180	和调	165
打搅侬	29	再会	190	有面子	181	**13.4 交往素质**	
对勿起	31	走好走好	193	有数	181	摆标劲	6
怠慢	36	**13.2 结友交情**		缘故	183	本事	9
晏歇会	47	牌头	9	因头	186	凭良心	14
饭吃过哦	51	出头	22	**13.3 对话争论**		菩萨心肠	15
烦费	51	搭档	27	摆句言话	6	标劲	15
勿搭界个	51	搭头	27	帮腔	7	拆烂污	19
勿送	51	搭得够	27	白话	10	出道	22
勿要客气	52	搭界	27	搬嘴	17	冲得出	25
勿要谢	52	搭桥	27	拆穿	19	吹喇叭	26
改日会	57	搭手	28	插嘴	20	吹牛三	26
过意勿去	63	搭子	28	吵	21	大路	33
交关抱歉	80	对劲	31	吵相骂	21	道理	34
留步	100	道伴	34	搭嘴	28	头子	40

头子活(络)	40	碰得着个啥	11	轧勿和	59	弄松	120
点子	42	碰额角头	11	轧一脚	59	牵头	128
嗲勿煞	42	碰着大头鬼了	11	搞头劲	59	去死	128
骨头轻	65	碰着侬算我路道粗		搞头势	60	吃瘪	132
花头	72		11	搁头	61	吃药	133
花头劲	72	白相我	12	刮三	64	劝相打	134
花巧	73	嫖	13	滚开	65	失撇	140
花样劲	73	变死	16	瞎乌搞	66	实底	145
歪路子	74	插蜡烛	20	好意思	67	缠	147
脚路	79	插上插下	20	候进	72	缠勿清	147
老底	93	睬	22	花功	72	是模子	148
老套头	95	出鬼	22	拆轧	76	输拨伊	151
拎勿清	99	出场	22	叫饶	80	揭鳖	153
路道	102	出手	23	空	87	烫平	153
路数	102	出洋相	23	拉平	90	讨饶	154
路子	102	叉一脚	23	赖	90	讨打	154
恶死做	123	穿绷	24	来路	96	讨(言)话	154
派头	124	触气	24	领盆	99	讨巧	154
骗骗野人头	126	搭腔	28	落场势	101	推头	155
窍槛	131	搭讪	28	落拓	101	回头	163
上道	143	搭讪头	28	买账	103	阴损	186
上路	143	打出手	29	脑子拨枪打过	112	捉准	192
上品	143	打开头	29	脑子格式化了	112		
捂搞	166	捣蛋	31	脑子进水	112	**14 动作**	
虚头	175	弹脱	36	拿侬掼出去	112		
噱头	175	动气	39	熬勿得	115	**14.1 上肢动作**	
诈人	191	短路	44	碍	115		
		丑煤球	45	我辩辈子认得侬	116	拗	4
13.5 交往事宜		兜得转	45	疑心	116	拗手	4
拗断	4	放刁	49	捏着侪	117	拗手劲	4
奥闷痛	4	烦勿清爽	51	绕轧	117	摆	6
摆魁劲	7	勿谈	51	饶	117	擘	6
帮帮忙	7	恰伙	58	认账	118	绷	7
扳差头	8	搞轧	58	侬好好叫	120	扳	8
板面孔	9	轧头	59	侬去死	120	扳节头(管)	8
						掰	8

畚	9	淘	34	豁水	74	研	113
爮	11	淘汤	34	甩	75	研	116
坌	12	掏	34	捷	76	捻	116
鏖	12	捆	37	挢	76	扭	116
鏖墨（水）	12	抟	38	撽	78	捏	117
扒	14	挏	39	浆	79	拗	119
缚	15	掂	42	扢	80	弄	120
滗	16	扚	43	揩	83	捺	122
把污	17	钉	43	揩脱	83	捺空	122
把尿	17	顶	43	掐	83	脹	124
搬	17	端正	44	搭	83	骈	124
剥	18	氚	45	囥	83	閛	124
撤	19	敠	45	敲	84	泡茶	125
掌	20	敠糖	45	拷	84	剞	125
抄	20	榴	45	开	84	破	125
抄尿布	21	盍	47	搕	86	燉	126
秒	21	朅	47	揹	86	扦	128
搀	21	解	54	刳	87	榘	128
搀一把	22	隔过去	55	拉	90	雀	129
撕	22	校	56	擷	90	抢	129
叉	23	拣	57	捌	91	镶	130
叉腰	23	减	57	眼	93	缲	130
戳	24	搿	61	捋	97	悄	130
搓	25	搁	61	捋袖子管	97	吃头塔	132
搭	27	摜	62	撩	98	揪	134
得	28	漧	62	撩水	98	酾	136
打	28	勾	63	捩	99	搔	137
打手心	29	箍桶	63	拎	99	漅	137
挡	30	捆	64	繗	99	生炉子	137
掸	31	关	65	剨	100	烧饭	138
掸遗尘	31	夯	67	撸	100	刷卡	140
掇	31	嗨	67	撸脱	100	射	141
汏	32	撂	68	攎	100	碾	142
盪	33	撑	69	摸	110	上	142
搏	34	花痒欠欠	73	拿	112	挪	145

盛	145	装	189	下勿下	70	笃头	44
凿	147	搔	189	豁脚	74	唊	54
凿眼子	147	剗	190	豁一转	75	晗	54
戳	147	剗肉	190	晃	75	跑头缩颈	62
揩	148	拨	190	开步	84	公吃	63
砂	149	揸	191	跨头势	86	欱	66
撍	150	筜	191	立	98	喊	67
收捉	151	斫	191	彔	101	殻	73
搨	153	做头	193	髂牵筋	125	龛	75
挲	154	做头发	193	跷	130	晛	75
讨	154	刵	194	三级跳	139	昫	87
摊	155	**14.2 下肢动作**		趣	141	望	104
摊床	155	摆挲盖	6	踏	141	铆	105
推	155	挑	8	上勿上	143	洒	107
捧	156	奔	9	脱脚	156	瞄	108
挑头路	157	跑	11	跳浜	157	胿	108
撑	158	跑路	11	赶	159	哇	113
托	158	遣	12	拖鞋皮	159	嗷	115
捅	158	蟠	14	滑脚	162	伛	123
敲	159	踤	14	浣	166	颗	126
喂	161	抄近路	21	趱	175	暝	128
搗	166	出松	23	远兜转	183	翘嘴	130
削	170	踵	25	转	191	吃	131
操	173	蹉	25	夔	193	吃饭	132
捎	173	打头	29	走	193	吃劲	132
捎耳朵	173	打滑挞	29	**14.3 头部动作**		吃茶	133
修面	175	踏	33	擘辫子	7	吃夜饭	133
阚	176	荡	33	靸	14	警	147
訔	178	踱方步	39	磣	23	嘞	150
訔汤	178	跌	43	触祭	24	拖	153
搚	186	跌跌踵踵	43	搭头	27	吞	156
掖	186	跌跤	43	嗒	28	舔	156
抑	186	趄	61	喝	28	囫囵吞	164
着	188	滚	65	蹲	31	相	170
着水	188					香	170

词目义类索引 | 217

笑勿动	173
噎	186
咂	188
眼	189
啃	191

14.4 身体动作

摆弓架	6
拔长	10
碰	10
白相	12
白相相	12
别	13
爬	14
爬起来	14
迷	14
匐	15
伏	15
鈉	17
进伤	17
屏勿牢	17
插档	19
儳	25
打头炮	29
动手动脚	39
投	40
佗	41
佗佗背	41
点饥	42
跌跟斗	43
顶勿牢	44
丁倒立	44
盯梢	44
兜圈子	45
发飙	48

发脾气	48
发痴	48
发嗲	48
发嗲	48
发嗲劲	48
发疯	48
发格	48
发戆	48
发响	48
发火	48
发极	48
发浪	48
发毛	48
发呆	48
发身	49
发情	49
发痒	49
扛	55
搅	56
觉	56
几	58
轧	58
揎	59
隑	60
逛	62
摜跤	62
工作	62
光	64
光饱	64
行	69
行勿落	69
行过去	69
候	72
擢	73
捐	76

溁	77
躥	77
厥倒	82
靠	84
瞘	89
瞘觉	89
浪荡	93
戾	98
蛮	105
孽	107
扭	119
嗡	123
泡	125
泡吧	125
煞痒	136
射	140
着窘	141
坐	148
坐臀中	148
脱力	156
颈	161
横一歇	162
回转来	163
回转去	163
焐	166
焐被头	166
捷	168
厣	170
捎地光	173
歇歇脚	174
歇手	174
醒	174
臀	174
拘	175
迓	176

央	176
䁖	184
转来	191
转去	191

14.5 言语行为

噢声能	4
叮嘱	44
讲究	55
怪	64
瞴	64
关照	65
瞎和调	66
闲扯	70
豁胖	74
极喊	77
叫应	80
誏里誏声	93
嘲	144
嘲人	144
唛	166
作睏	192

14.6 心理活动

巴望	17
当	30
当(仔)	30
妒忌	46
顾惜	64
欢喜	75
难为	112
黏	116
认得	118
认生	118
愿意	121
怕难为情	127

牵记	128	把家	17	过	63	惹	140
气勿过	129	搏一记	18	刮进	64	趱着	141
生心	137	扯	19	行	69	着	141
伤心	138	扯	19	下海	70	着港	141
上心	144	拆	19	豁	74	着冷	141
上心事	144	出空	22	拑	76	上档子	143
舍得	149	出空身体	22	看样	86	乘风凉	146
算计	149	出脱	23	拉倒	90	穋	148
勿称心	160	穿	24	拉网	90	擎风	154
稳	161	蹿	24	来	96	脱空	156
横竖	162	鏦	25	累	97	脱线	156
横竖横	162	吹	25	领	99	添麻烦	157
无所谓	165	打样	30	盂	101	挑	157
情愿	168	到把	30	落样	101	跳槽	157
相信	170	到家	30	呒没戏唱	103	贴补	157
想	171	到位	31	卖样	104	挺	158
想依	171	得发	31	慢半拍	105	挺剩	158
晓得	171	得法	31	慢热	105	偷畔（子）	159
心急	174	宕	34	捱	113	勿睬依	160
心痛	175	腾	36	硬上	114	勿连牵	160
要	176	垫	36	绕	117	勿爽气	160
要好	176	调	37	捱	122	勿作数	160
嫌比	179	调头	37	捱空	122	会钞	163
依	184	度死（日）	41	拍照（相）	124	护小囡	166
转念头	191	放生	49	撇清	126	详	167
中意	192	犯规	51	抢家当	129	寻	168
14.7 人事活动		勿上	51	抢羹饭	130	相帮	170
挨	3	解刚	54	撬反边	131	消夜	173
拗分	4	假伴头	54	吃进	132	要好看	176
摆平	6	赅	56	吃牢	133	用	180
摆地摊	6	跟进	57	吃没	133	有种	181
拨	9	轧进	59	吃着	133	一碰	184
别勿着	13	轧牢	59	吃准	133	作	191
屏僵	17	戆脱	59	生活	140	作死	192
		搞	59	识货	140	做脱	194

14.8 物态变化

词	页
迸	7
迸坼	7
崩脱	7
趵	8
白花	10
盪	14
埲	15
飙	15
拆空	19
墋	19
戳起来	24
搭牢	27
断档	38
渧	42
漰	44
涿	45
涿雨	45
勿着	51
梗	55
鲠	55
刮	64
刮坼	64
光足	64
冂	64
蕻	74
火着	74
豁开	74
豁脱	75
开坼	85
敂	87
挵	99
屦	99
没	106

词	页
胮缝	108
齾	114
齾脱	114
抨	124
濽	127
散	129
散丝	129
翘	130
龁	133
瓴	150
烫	153
煺	158
蜕	158
炀	178
衍	179
勋	179
悬	183
泅	186
走样	193

14.9 关系存现

词	页
阿是	3
辣(辢)	91
辣海	91
垃拉	92
呒没	103
是	148
有	180
有介事	180
有了	180

15 形容

15.1 外形

词	页
矮	3
凹	4

词	页
平	14
鬅	15
扁	15
瘪	15
凸	36
大	41
低	41
短	44
方	49
鼓	63
狭	69
下	70
厚	71
歪	74
尖	78
紧	81
阔	89
嫩	113
破	124
筐	129
曲	135
长	142
直	145
松	150
瘦	150
齐	167
斜	167
细	169
小	171
圆	183
中	192

15.2 表象

词	页
绷硬	7
板	8

词	页
板结	9
薄	14
蓬松	15
标致	16
出客	22
出俏	22
粗	25
粗糙	25
飡	28
登样	32
淡	35
大相	41
丁倒	44
多	46
晏	47
泛	50
浮	52
假	54
高	56
干	62
光生	65
光滑	65
好看	67
颟	67
颟肿	67
黑里俏	68
花俏	73
旧	77
赳	77
交关	80
进深	82
快	88
邋遢	92
两样	98
零碎	99

词目义类索引 | 219

乱 100
猛 104
毛 105
毛糙 105
慢 105
满 109
难看 112
难看相 112
硬 114
硬绷 114
浓 119
暗 122
齷龊 123
胖 125
漂亮 126
鞭 126
抢眼 130
清 134
槭 134
少 138
散 139
散松 139
碎 139
锃亮 142
造反 144
绽 144
熟 147
讨俏 154
添拖 157
跳 157
挺括 158
滑跶 162
活尣 164
活络 164
糊 165
乌苏 166
稀 168
细洁 169
显 169
乡气 171
小样 173
新 174
兴 174
许多 175
炫 183
鸳鸯 187
胀 189
类 189
早 189

15.3 味色

鸭头绿 3
鹦哥绿 4
本色 9
皮蛋青 12
苹果绿 14
草绿 21
草青 21
葱绿 24
桃红 34
淡天蓝 35
蛋青 35
甜 37
豆青 40
豆沙色 40
古铜色 63
蟹青 66
好吃 67
黑 68
耗 68
杏黄 69
咸 70
咸菜色 70
红 71
花青 73
姜黄 80
橘红 82
咖啡 83
咖啡色 83
苦 88
辣 91
玫瑰红 105
墨黑 106
墨绿 106
米色 108
米黄 108
麻辣 108
奶油色 111
外国红 113
藕色 116
腧 123
气味 129
气謷 129
青莲 134
秋香绿 134
生姜红 137
涩 140
藏青 142
酸 149
水绿 152
铁灰 158
铁锈红 158
黄胖绿 163
湖绿 165
香烟灰 171
血牙红 175
月白 182
胭脂红 184
中灰 192
紫绛红 194
紫青莲 194

15.4 感觉

懊憹 4
懊恅 5
奥妙 4
懊恼 5
便当 12
便宜 13
称心 23
弹眼 35
头大 40
的滑 43
烦恼 51
烦难 51
风凉 53
高兴 56
角索 62
好过 67
后生 72
花妙 72
响 74
吼势 74
晦气 75
近 77
焦 80
快活 83
开心 85
冷 92
啰苏 100

乐惠	101	滑爽	162	茄门	58	难为情	112
懵冲	104	武腔	165	茄脱	58	硬撑	114
面熟	107	焐抖	166	够事	63	眼热	115
难	112	焐心	166	孤单	63	眼痒	115
难过相	112	鲜	169	行俏	69	热昏	117
腻心	116	有劲	180	行情行市	69	软熟	121
热	117	恹气	184	佝	74	安登	122
热络	117	瀴	186	火冒	74	安生	122
肉麻	119	喳	188	豁边	74	安逸	122
肉痛	119	扎劲	188	虇	75	起劲	128
暖热	120	滋润	194	健	76	牵丝	128
糯	120	**15.5 境况**		僦	76	牵匀	128
恶心	123			嗖	76	气数	129
臌肿	123	凹拆	4	极酷	77	吃酸	133
怕	127	疲脱	13	倦	77	吃香	133
气闷	129	蹩脚	13	僵脱	80	湿	136
吃力	133	瘪脱	16	精光	81	刹枯	137
轻	134	把稳	17	紧猛	82	省	137
清爽	134	出世	23	贵	82	伤	138
衰痦	136	惨	24	苦恼	88	伤脱	138
煞根	136	触眼	24	苦脑子	88	悷	139
省轻	138	搭浆	27	夸张	88	上劲	143
爽	138	搭僵	27	宽舒	89	上紧	143
爽快	138	当心	30	拉风	90	罪过	144
爽心	138	倒灶	31	老交	94	罪过相	145
适意	140	停当	38	来三	96	馋痨	145
惹劲	140	定当	38	来事	96	沉	146
惹气	140	断命	38	烂	96	顺当	146
着肉	141	灛脚	44	亮	98	缩	149
腪	144	笃定	44	络乱	101	素净	151
贼腔	145	笃定泰山	44	麻烦	108	舒齐	152
重	147	笃坦	45	闹猛	112	坍惠	155
泰山	153	尴尬	57	闹热	112	坍台	155
贴肉	157	尴僵	57	难过	112	贴近	157
殟	161	尴里勿尴尬	57	难行	112	枉空	161
殟塞	161						

词	页	词	页	词	页	词	页
回剩	163	牢	95	温吞	161	唛	38
回潮	163	灵(光)	100	坏	162	独幅	38
写意	170	灵巧	100	混	164	刁	42
要好	176	灵活	100	旺	178	刁钻	42
要紧	176	马虎	104	油	181	顶真	44
远	183	盲	104	一等	184	懂经	45
蔫	184	木咽	109	一见棒	185	文气	52
颠	190	拿手	111	一级	185	梗	55
足	191	难板	112	咋巴	188	奸刁	57
作孽	192	硬劲	114	圆	188	贼刁	57
走俏	193	硬伤	114	扎墩	188	戆	59
走油	193	硬横	114	扎致	188	艮	61
		硬黄	114	孽	189	勾勒	63
15.6 性质		硬扎	114	真	190	乖	64
巴	6	硬张	114	正卡	190	刮皮	64
暴	11	剩	118	正宗	190	黑心	68
冰瀴	17	牛	119	准足	191	狠	68
脆	24	软	121	做作	193	下作	71
丹老	31	原封	121			猴极	72
大兴	33	杀搏	137	**15.7 德才**		倔	77
毒	38	杀辣	137	疲沓	13	倔强	77
头挑	40	生	137	疲塌	13	犟	80
大推扳	41	着底	141	巴结	17	精	81
顶脱	44	着实	141	把细	17	精乖	81
发噱	49	实结	145	草	21	精刮	81
服帖	52	时髦	148	出精	22	精明	81
疙瘩	58	时兴	148	出挑	23	鬼老(来)	82
好	68	时鲜	148	出挚	23	酷	86
结棍	81	馊	150	出位	23	酷索	87
结足	81	酥	151	促掐	24	抠	87
腈	81	蔌	151	痴	26	酷	88
经用	82	推扳	155	搭底	27	魁	88
考究	84	推为	155	大方	32	辣手	91
老结	94	横	161	道地	34	老坯	93
老爷	95	横绷	161	弹硬	35	老到	93

词	页	词	页	词	页	词	页
老茄(苶)	93	**15.8 生动形式**		笃笃转	45	紧绷绷	81
老鬼	94	矮墩墩	3	笃悠悠	45	金光锃亮	82
老魁	94	绷绷硬	7	方笃笃	49	鬼触触	82
老辣	94	白矄矄	10	文绉绉	52	鬼话三千	82
老卵	94	疲塌塌	13	浮薏薏	52	空落落	87
懒料	97	别别跳	13	福搭搭	53	苦搭搭	88
懒扑	97	薄嚣嚣	15	夹夹绕	54	宽搭搭	89
落拓	101	扁塌塌	15	夹矄势白	55	辣豁豁	91
乐开	101	瘪塌塌	16	尴里尴尬	57	蜡蜡黄	92
猛门	104	毕毕挺	16	茄搭搭	58	冷飕飕	92
毛躁	105	笔笃(势)直	16	戆搭搭	59	老渣渣	95
木	109	笔立势直	16	干绷绷	62	烂糟糟	96
恶	122	碧绿生青	16	孤单单	63	蓝荧荧	97
恶掐	123	冰冰澟	16	刮辣松脆	64	乱讲八讲	100
恶形	123	赤刮辣新	20	光溜溜	65	绿油油	101
吃价	132	臭烘烘	25	吓咔咔	66	毛乎乎	105
爽气	138	粗砺砺	25	狠搏搏	67	慢吞吞	105
识相	140	潖潖涕	28	黑洞洞	68	墨墨黑	106
随和	147	踏踏滚	33	黑骨隆冬	68	微微小	107
寿	147	淡洁刮搭	35	黑漆墨通	68	麻辣辣	108
坦气	155	淡滋滋	35	咸塔塔	70	木噱噱	109
坦和	155	甜津津	37	寒毛凛凛	71	嫩几几	113
脱底	156	定烊烊	38	寒丝丝	71	外行搭煞	113
挖揞	161	团团转	38	汗丝丝	71	硬拣拣	114
滑头	162	嗳头把戏	38	红通通	71	硬橛橛	114
捂	166	独刁刁	38	花拆拆	72	呆剥落丑	115
妗	169	大推大扳	41	呼呼烫	74	呆橙橙	115
啴嗻	170	嗲溜溜	42	灰托托	75	黏搭搭	116
小气	172	吊儿郎当	42	昏冬冬	75	热焖焖	117
噱	175	的的滑	43	极吼吼	77	剥支支	118
噱头(势)	175	的角四方	43	倦搭搭	77	肉胗胗	118
现世	179	的粒滚圆	43	娇滴滴	80	忸忸怩怩	119
阴刁	186	短悠悠	44	急绷绷	80	软冬冬	121
着乖	188	笃头笃脑	45	结绷绷	81	暗黜黜	122
				精精光	81	拍拍满	124

胖墩墩	125	索索抖	150	**16 虚词**		碰顶	124
胖勃愣登	125	松皱皱	150			煞	136
喷喷香	125	瘦刮刮	150	**16.1 副词**		煞快	136
气潲潲	129	水灵灵	152	板定	9	煞死	136
翘笃笃	130	塔塔潽	153	本生	9	赛过	139
青奇奇	134	温吞吞	161	罢勿来	9	着末脚	141
轻悠悠	134	滑溜溜	162	畅	20	着末生头	141
屈搭搭	135	黄亨亨	162	得来	31	常庄	142
煞煞白	136	活脱势像	164	㾒当	32	侪	144
煞煞静	136	混淘淘	164	大约摸(作)	33	索性	150
湿搭搭	136	糊达达	165	迭为	38	忒	156
湿漉漉	136	贱格格	167	勿	51	贴巧	157
湿几几	136	习习嫩	168	隔手	55	贴准	157
色迷迷	137	静幽幽	168	轧辣	59	齐巧	167
生皱皱	137	稀奇勿煞	168	瞎	66	邪气	167
生生清	137	稀溜溜	169	亨八冷(打)	66	像煞	168
生光的滑	137	妗夹夹	169	海威	68	歇歇	174
锃锃亮	138	死囫囵吞	169	豪恅	69	新近	174
涩搭搭	140	死洋洋	170	穷	77	有得	180
石骨挺硬	141	香喷喷	171	扣搭扣	87	有常时	181
石石硬	142	雪白滚壮	173	亏得	88	有辰光	181
杂格龙冬	142	血血红	175	辣末	91	一共拢总	184
长腰腰	142	要紧勿煞	176	辣陌生头	91	只消	190
嘲叽叽	144	野头野脑	177	老	93	作兴	192
潮搭搭	144	野豁豁	177	来得	96	足惯	192
直拔弄通	145	痒几几	178	来得(个)	96	终	193
直别别	145	油头滑脑	182	来死	96	**16.2 介词＋连词**	
直腰懒摜	145	油滋隔腻	182	蛮	105	帮	7
实别别	145	油滋滋	182	蛮好	105	拨	9
实结结	145	圆滚滚	183	末脚	106	得	31
神烊烊	146	漾笃笃	186	乃终	112	但是	36
重墩墩	147	阴森森	186	呆板(数)	115	勿管	51
寿搭搭	147	胀鼓鼓	189	原旧	121	介	54
寿头寿脑	148	壮墩墩	189	派派	124	告	56
酸几几	149						

词目义类索引

词	页	词	页	词	页	词	页
葛	58	也	69	空通	87	拆台脚	19
葛末	58	嚯	69	咪里吗拉	107	拆家棚	19
葛咾	58	嚎	70	喏	111	插外快	20
葛是	58	啦	90	喔	122	撑场面	20
既然	78	唻	96	喔唷	122	炒冷饭	21
即使	81	了	97	啪拉	124	操心思	21
垃拉	92	了噢	97	呸	125	出风头	22
浪	92	了末	97	乓令乓冷	126	出花头	22
浪向	92	末	106	扑托	127	出毛病	22
咾	95	喏	111	踢力沓蜡	157	出说话	23
乃末	112	人家讲	118	喂	163	戳壁脚	24
除脱仔	149	起来	128	屑力索落	174	触霉头	24
脱	155	是哦	148	嘘	175	搭架子	27
脱仔	156	听讲	158	咦	179	搭积木	27
要勿是	176	横冷横冷	162	唷	187	搭手脚	28
要末	176	就是讲	168			搭一脚	28
要是	176	就是讲呀	168	**16.5　词缀**		打过门	29
因为	186	呀	176	叫	80	打回票	30
只有	190	伊拉讲	179	兮	170	打圆场	30
		伊讲	179	相	170	汏脑子	32
16.3　助词				子	194	淘浆糊	34
对哦	31	**16.4　叹词+拟声词**				垫台脚	36
哦	50	啊	3	**17　熟语**		调频道	37
个	60	阿潸阿潸	3			调枪头	37
个啊	60	啊呀	4	**17.1　三字格**		调枪花	37
个啊	60	啊呀呀	4	拗造型	5	动手脚	39
个咳	60	噢	4	拜菩萨	6	大勤共	41
个嚎	60	蓬拆拆	15	摆POSE	6	据斤两	42
个啦	60	的粒笃落	43	百有份	7	吊胃口	43
个呀	60	的铃铃	43	绷场面	7	发调头	48
个噢	61	哎	47	扳散丝	8	放白鸽	49
个噢	61	郭嘟	62	避风头	13	放倒钩	49
好咪	67	哼	68	别苗头	13	放野火	49
好了	67	咳	70	搬砖头	17	放一码	50
啊	69	嗳	70	拆棚脚	19	翻毛腔	50
				拆穿绷	19		

万金油	51	呒啥啥	103	煞风景	136	有节目	180
勿领盆	51	买面子	103	少根筋	138	有力把	180
讲斤头	55	卖关子	103	说鬼话	140	有立升	180
校路子	56	卖交情	104	上台面	143	有品(位)	181
轧苗头	59	外插花	113	造反倒	144	有腔调	181
隮牌头	60	咬耳朵	115	收骨头	151	有长心	181
摜派头	62	碍手碍脚	115	收魂灵头	151	有缠头	181
摜浪头	62	人来疯	118	揭便宜	153	有还价	181
瞎来来	66	拍马屁	124	掌勿牢	154	有心想	181
好吃饭	67	乓乓响	125	讨口风	154	一包气	184
好吃吃	67	撬情操	126	套口风	154	一脚去	185
好算算	67	劈硬柴	126	讨口气	154	一抹色	185
好手脚	67	起蓬头	128	讨惹厌	155	一枪头	185
学样劲	71	牵头皮	128	讨手脚	155	一帖药	186
豁翎子	74	抢跑道	130	退招势	155	一样生	186
借因头	79	抢上风	130	天晓得	156	一只顶	186
脚碰脚	79	吃牌头	132	添手脚	157	扎台型	188
接翎子	81	吃白食	132	跳黄浦	157	扎面子	188
敲木鱼	84	吃赔账	132	铁公鸡	157	装榫头	189
敲竹杠	84	吃得开	132	听壁脚	158	照牌头	189
开大兴	85	吃得准	132	通路子	158	斩冲头	190
开洋荤	85	吃豆腐	132	勿入调	160	斩一刀	190
看勿懂	86	吃勿消	132	勿识头	160	真生活	190
看脚路	86	吃勿准	132	勿作兴	160	捉扳头	192
看山色	86	吃轧档	132	寻吼势	168	中头彩	192
看三四	86	吃轧头	132	寻开心	168	走脚路	193
看野眼	86	吃搁头	132	香鼻头	170	走人家	193
快手脚	88	吃官司	132	小儿科	172	做功课	193
拉牌头	90	吃下脚	132	小乐惠	172	做人家	193
喇叭腔	90	吃老公	133	野得出	177	做人家	193
捞横档	95	吃螺蛳	133	野路子	177	做手脚	194
捞外快	95	吃上风	133	现开销	179	**17.2 四字格**	
领市面	99	吃生活	133	用心思	180		
露风声	102	吃死饭	133	有档次	180	阿爹拉娘	3
呒清头	103	清一色	134	有花头	180	炒冷饭头	21

出花样经	22	快手快脚	87	拍手拍脚	124	熟门熟路	147
出精出怪	22	瞌痴懵懂	89	起早落夜	128	寿头板气	147
痴头怪脑	26	辣手辣脚	91	牵风引头	128	揩藤摸瓜	148
搭手搭脚	28	老鬼失撇	94	牵丝攀藤	128	坐冷板凳	148
打擦边球	28	老吃老做	95	千年难板	129	坐跷跷板	148
当耳边风	29	老三老四	95	七丁八倒	131	坐南朝北	148
当着勿着	30	来得正好	96	七勿牢牵	131	自说自话	148
弹眼落睛	35	来煞勿及	96	七歪八牵	131	扇小扇子	149
投五投六	40	勒杀吊死	97	七荤八素	131	水淋溚渧	152
万宝全书	50	另有一功	100	七挢八裂	131	脱头落襻	155
假痴假呆	54	乱话三千	100	七零八落	131	天地良心	156
加油加酱	54	六神无主	101	七手八脚	131	拖泥带水	159
搞七廿三	60	卖样勿煞	104	七弯八曲	131	勿得勿然	160
勾肩搭背	63	卖野人头	104	七支八搭	131	勿二勿三	160
狗屁倒糟	63	眯花眼笑	107	吃冰淇淋	132	勿三勿四	160
蟹手蟹脚	66	面熟陌生	107	吃弹(皮)弓	132	勿着勿落	160
瞎三话四	66	木知木觉	109	吃定心丸	132	挖空心思	161
吓人倒怪	66	五颜六胂	113	吃辣货酱	133	活剥鲜跳	164
好说好话	67	五颜六色	113	吃嫩豆腐	133	无天野地	165
狠三狠四	68	硬吃硬做	114	吃生米饭	133	前公尽弃	167
咸鱼翻身	70	硬装榫头	115	吃生意饭	133	前脚后脚	167
言话一句	70	熬辛吃苦	115	吃辛吃苦	133	前世一劫	167
红颜绿色	71	眼花落花	115	少有少见	138	前世作孽	167
红男绿女	71	眼青鼻肿	115	三头六面	139	寻死作活	168
花功道地	72	热大头昏	117	三日两头	139	稀里晃汤	169
呼幺喝六	74	热吹潽烫	117	三青四绿	139	死蟹一只	169
昏头落蹱	75	热昏颠倒	117	趣进趣出	141	死样怪气	169
强凶霸道	76	日长世久	118	十日八夜	145	小菜一碟	171
犟头倔脑	76	日长夜大	118	贼头狗脑	145	小家败气	172
极出乌拉	77	糯米心肠	120	贼塌嘻嘻	145	小即零仃	172
尖头把戏	78	软皮搭拉	121	神昏颠倒	146	心惊肉跳	174
敲钉转脚	84	捱求苦脑	122	神气活现	146	性命交关	175
看西洋景	86	捱拉勿出	122	神妖鬼怪	146	揎拳捋臂	175
哭出乌拉	87	伛腰曲背	123	神志无主	146	吆五喝六	176
哭作扁把	87	派头一六	124	拾皮夹子	146	妖形怪状	176

现炒现卖	179	拆穿西洋镜	19	吃冤枉官司	133	倍司	12
有数有脉	181	拆空老寿星	19	湿手搭面粉	136	博克胸	15
有心有想	181	搭豆腐架子	27	省个一百省	137	瘪的生司	16
有要吭紧	181	大高而勿妙	32	三日两横头	139	布丁	18
有种出种	181	钉头碰铁头	44	狮子大开口	152	差头	19
油腔滑调	182	勿是生意经	52	贪心吃白粥	158	插朴	20
远七长八	183	戆进勿戆出	59	浑身勿搭界	164	戳子	24
一点一划	185	过二勿过三	63	换汤勿换药	164	打开水	29
一沰涎唾	185	好叫好哎	66	捂搞百叶结	166	德律风	31
一刮两响	185	好心有好报	67	谢谢一家门	167	道勃儿	34
一脚落手	185	火车开过头	74	像真一个样	167	道林纸	34
一门心思	185	掐掐小辫子	83	像煞有介事	168	台头	35
一票货色	185	客气当福气	83	小贼出外快	172	台型	35
一句言话	185	敲橡皮图章	84	新开豆腐店	174	电倍司	36
一生一世	186	开空头支票	85	摇头豁尾巴	179	提拉米苏	37
一式一样	186	开年礼拜九	85	远开八只脚	183	嗲	42
一时三刻	186	开无轨电车	85	悬空八只脚	183	笃定马思开	44
一天世界	186	空口说白话	87	一本三正经	184	厄隁	47
一塌刮子	186	老鬼勿脱手	94	一笔糊涂账	184	法兰盘	48
阴阳怪气	186	老实勿客气	95	一对搭落苏	184	法兰绒	48
爪手爪脚	188	烂污三鲜汤	96	一眼吭啥啥	185	方棚	49
着连裆裤	188	两头勿着港	98	一场吭结果	186	番茄沙司	50
装腔作死	189	闷声大发财	106	一只袜统管	186	番斯	50
正行正经	190	五分钟热度	113	嘴硬骨头酥	194	凡尔	51
诈死诈活	191	五斤吼六斤	113			凡立丁	51
作精作怪	192	硬装斧头柄	114	**18 借词**		梵哑铃	51
作天作地	192	眼勿见为净	115			凡士林	51
作死作活	192	耳朵打八折	116	阿司匹林	3	维他命	52
做大头梦	193	捏鼻头做梦	117	肮三	4	味之素	52
17.3 五字格		人生路勿熟	118	奥特曼	4	咖喱	54
		人心隔肚皮	118	奥斯开	5	咖辣	54
板板六十四	9	拼死吃河豚	126	泵补	7	高尔夫球	56
碰鼻头转弯	11	枪打出头鸟	130	磅	7	加仑	58
半半六十日	18	吃萝卜干饭	133	磅秤	8	搞尔	60
半山勿(尴)尬	18	吃力勿讨好	133	白兰地	10	隑路	60
				白脱(油)	10		

隑司	60	派	124	**19 新流行语**		关脱	65
搁落三姆	61	派对	124			骨感美人	65
哈夫哈夫	66	派力司	124	煲电话粥	8	海派 AA 制	68
俱乐部	77	派司	124	拨依一盒水彩笔	9	黑暗料理	68
卡宾枪	83	拍纸簿	124	本草纲目	9	黑暗料理街	68
卡车	83	泡芙	125	排骨美女	10	花边女友	72
卡片	83	泡立水	125	白骨精	10	花样美男	73
卡通片	83	披耶那	126	操机	21	解套	79
卡哇伊	83	朴落	127	操网吧	21	接了一张罚款单	81
开司米	85	巧克力	131	操夜	21	绩优股	81
开麦拉	85	萨克斯风	137	搓人	23	可爱	88
克拉	86	色拉	137	大白	32	垃圾股	91
克罗米	86	三明治	139	大脑缺氧	33	老妖个	95
可可	88	着生头里	141	宕下来	34	练戆	98
课程	88	沙发	149	同学录	39	联网	98
拉差	90	沙蟹	149	同学会	39	吭没辫个故事个	103
赖三	90	水门汀	152	同居蜜友	39	买根线粉吊杀	103
拉斯卡	90	司必灵锁	152	同室蜜友	39	内存忒少	112
腊克	92	司的克	152	同城约会	39	我 call 依	116
来苏尔	96	脱趋(包)	156	肚皮里塞只洋山芋		依长得老有创意	120
令	99	吞头势	156		41	原始股	121
麦克风	104	听	158	嗲透了	42	派	124
麦克麦克	104	听头	158	多望依吃茶喧杀	46	去阿里潇洒	128
米达尺	107	土司	159	放水	49	青蛙王子	134
免提听筒	108	挖儿丝	161	勿要介可爱好哦	52	少女系男生	138
摩登	108	瘟牲	161	废脱	52	惹火	140
摩丝	109	回丝	163	高维修女子	56	撞落袋	144
马达	109	混克拉司	164	高四3班	56	神童	146
马赛克	109	混腔势	164	高中四年级	56	淑男	150
码子	109	席梦思	168	根号3	57	挑染	157
慕司	109	香波	170	跟包	57	跳水	157
拿摩温	111	小开	172	搞笑	58	绝版	168
霓虹灯	116	雪纺	173	掼依三条横马路	60	绝代佳人	168
热水汀	117	雪茄烟	173	关公	65	袖珍男	168
牛轧糖	119			关机	65	死到角角里去	169

死蟹了	169	妖	176	有派	181	一脚踢到西伯利亚	
死机	169	妖人	176	有 sense	181		185
先上车后买票	170	洋山芋吃多了	178	有型	181	长得影响市容	189
香飘	171	养眼	178	月光公主	183	正点	190
小白	171	伊戆,掌也掌勿牢		月光美少女	183	中刀	192
小开司	172		179	月光族	183	中外合资	192
新好男人	174	有 face	180	月抛型	183	中招	193
信生活	174	有 feeling	180	一个 K 司	185	资产重组	194
信骚扰	174	有个性	180	一脚滚到十六铺	185	资深美女	194